U0925947

睦邻外交视域下的中国与阿富汗关系研究（1949—1979）

张　安◎著

世界知识出版社

图书在版编目（CIP）数据

睦邻外交视域下的中国与阿富汗关系研究（1949—1979）/张安著.—北京：世界知识出版社，2020.3

ISBN 978-7-5012-6196-3

Ⅰ.①睦… Ⅱ.①张… Ⅲ.①中外关系—国际关系史—研究—阿富汗—1949—1979 Ⅳ.①D829.372

中国版本图书馆CIP数据核字（2020）第041106号

书　　名	睦邻外交视域下的中国与阿富汗关系研究（1949—1979） Mulin Waijiao Shiyuxia de Zhongguo Yu AFuHan Guanxi Yanjiu (1949—1979)
作　　者	张　安
责任编辑	车胜春　王晓娟
责任出版	赵　玥
责任校对	陈可望
封面摄影	杨明交
出版发行	世界知识出版社
地址邮编	北京市东城区干面胡同51号（100010）
网　　址	www.ishizhi.cn
电　　话	010-65265923（发行）　010-85119023（邮购）
经　　销	新华书店
印　　刷	北京虎彩文化传播有限公司
开本印张	710毫米×1000毫米　1/16　21印张
字　　数	300千字
版次印次	2020年4月第一版　2020年4月第一次印刷
标准书号	ISBN 978-7-5012-6196-3
定　　价	52.00元

基 金 项 目

教育部人文社会科学研究青年基金项目《新中国成立以来中阿关系发展演变的历史考察和经验研究》（项目批准号：15YJC770043）

内容摘要

1949年新中国的成立，开启了中国近现代周边外交的新时代。在中国共产党的领导下，中国政府在继承中国古代“以善待邻”的优良传统，汲取中国近现代周边外交之经验教训的基础上，确立了新中国以“睦邻”为核心内容的周边外交之理念、战略、政策。

阿富汗是中国的周边邻国之一。从新中国成立到1979年苏联入侵阿富汗，中阿关系历经风雨，走过了30年的历程。期间，既有20世纪50年代和60年代前期顺利推进的时期，也有“文革”爆发后特别是达乌德政变后中阿关系曲折发展的阶段。但不管怎么说，这一时期，既是中阿关系中不可或缺、不可忽视的阶段，也为当前的中阿关系奠定了基础。综观这一时期的中阿关系，不惟可以发现它蕴含的历史经验是中国共产党和中国政府和平外交、睦邻外交的宝贵精神财富，亦可发现它具有的现实启示对当前中阿关系的发展及中国与周边其他国家的关系有重要的借鉴意义，更可发现它在新中国的独立自主和平外交特别是睦邻外交中的重要地位。这一时期的中阿关系表明：搞好睦邻外交，必须始终坚持和平共处五项原则，相互尊重，互谅互信；必须始终同周边国家建构利益共同体，互惠互利；必须奉行平等对待小国的基本准则；必须妥善解决历史遗留问题，消除国家关系发展中的障碍；必须审时度势，科学分析、把握当事国的国际国内局势。

然而，以往学界对中阿关系的研究，虽取得一些积极的、有益的成果，但大多集中于“9・11”事件之后的时事分析和追踪研究，而对

1949—2001年间的中阿关系鲜有着力。基于此，笔者特别择取1949—1979年的中阿关系为研究对象，力图在收集、整理、归纳、提炼第一手研究资料的基础上，以历史发展时序为经，以历史专题为纬，按照历史的推演顺序和发展框架，通过历史叙事、“以史解史”，对1949—1979年间之中阿关系史上一些具有代表性的重大历史事件和关键性问题进行回顾和缕析，以把握中阿关系发展演变的历史轨迹，理清中阿关系发展演变的基本线索，解析复杂、多变的中阿关系及剖析其背后的历史缘由，以期以特定时段的专门性研究，在一定程度上和一定范围内改变以往研究的不平衡状态，在丰富、深化、提升中阿关系史之整体性、综合性研究方面有所突破和创新。

关键词：中国；阿富汗；中阿关系；睦邻外交

目　　录

绪　论

一、选题意旨

1949年新中国的成立，开启了中国近现代周边外交的新时代。在中国共产党的领导下，中国政府在继承中国古代"以善待邻"的优良传统，汲取中国近现代周边外交之经验教训的基础上，确立了新中国以"睦邻"为核心内容的周边外交之理念、战略、政策。新中国成立以来的70年间，尽管其睦邻外交的理论与实践经受了种种考验，但总的来说，是非常成功的，中国与周边国家之间友好合作关系的逐步确立和不断发展，为国内建设创造出了一个和平稳定的周边环境，使睦邻外交成为新中国全方位外交的有机组成部分和重要内容、重要实践和体现途径。而其中，中阿（阿富汗）关系的发展演变即是新中国睦邻外交的一个突出典范和最佳诠释。正是在中国共产党和中国政府睦邻外交之理念、战略、政策的指导和推动下，中阿两国之间的友好合作关系在新中国成立以来的70年间得到巨大的发展和演进，尽管在这个过程中，也不断遭遇各种挑战和困难而几经反复和曲折，但是，中阿两国之间的友好合作关系的坚实基础已经奠定，并且已经呈现出不可逆的发展大趋势。

但对大部分人来说，阿富汗是一个既熟悉又陌生的国家。说它熟悉，是因为"9·11"事件后，阿富汗的恐怖主义活动曾充斥中国的媒体。说它陌生，是因为很多人对阿富汗并不真正的了解，甚至有人不知道它是与中国陆地相连的邻国，更遑论了解中阿关系发展演变的历程。特别值得一提的是，迄今为止，学术界也主要关注"9·11"事件后的中阿关系，而对“9·11”事件前的中阿关系则鲜有问津。正是有鉴于此，笔者特别择定1949—1979年间中阿关系的发展演变，作为全面、系统地解析新中国成立以来70年间的中阿关系史之重要起点和重要突破点，作为全面、系统地解析新中国成立以来70年间睦邻外交史和中国共产党执政史的一个特殊窗口和特殊平台，以此探索性研究来尝试着进一步拓展、丰富和深化中阿关系史、睦邻外交史、中国共产党执政史的研究视野和研究内容。

具体而言，之所以特别择定1949—1979年间中阿关系的发展演变，作为本书的研究主题和研究对象，主要基于以下考量——这也是本选题的意旨之所在：

第一，自新中国成立到苏联入侵阿富汗，是新中国成立以来70年间中国与阿富汗睦邻友好关系发展演变的重要历史阶段，直接决定了当前及今后中阿睦邻友好关系之发展演变的基本路向和基本面貌，其影响重大而深远，是深化研究中阿关系的重要起点和重要突破点，可以汲取和借鉴的历史经验教训和现实启示是非常丰富而深刻的。但是，令人遗憾的是，恰恰是这一段历史，又是目前国内学界在中阿关系研究领域中前期研究成果和学术积累最薄弱的环节，其研究现状与该选题巨大的研究价值和意义极其不相称。因此，通过对这一时期中阿关系的研究，有助于在一定程度上和一定范围内改变以往研究的不平衡状态，拓宽研究领域，丰富、深化和拓展中阿关系史、新中国睦邻外交史及中国共产党执政史的研究视野和研究内容。

第二，从地缘政治的视角看，中阿关系的好坏与否，不仅影响着中国周边安全环境，而且关系到中国国内的社会稳定和民族团结，进而直接牵动着中国国内形势以及发展战略。而阿富汗地处欧亚大陆腹心地带的战略要冲地位更是决定了中阿关系成为直接影响着“一带一路”战略能否顺利向西推进的关键点之一。因此，通过对这一时期中阿关系的研究，不仅对弄清中阿友好合作关系的来龙去脉，探求隐藏其中的历史演进的因果关联和逻辑准则有着重要意义，而且可以为继续推动中阿友好合作关系向前发展提供有益的历史经验和现实启示。

第三，在新中国成立以来70年间中阿关系的发展演变中，1949—1979年这一时段具有独特的不可替代的学术研究价值——因为它不仅见证了新中国成立以后中阿睦邻友好关系的初创和奠基的历史，而且见证了新中国睦邻外交的初创和奠基的历史。尽管它没有像同一时期中苏、中印等双边关系那样跌宕起伏、大起大落，但是其复杂曲折、一波三折的明晰脉络和鲜明特征，也非常值得我们去深入探究，非常值得我们从积极方面去总结和汲取其中的历史经验和历史遗产。因此，加强对这一时期中阿关系的研究，从学理的角度来讲，对于解读、分析冷战时期新中国与周边不同类型国家尤其是与民族主义国家之间之睦邻友好关系发展演变的规律——包括解读、分析冷战时期新中国与周边不同类型国家尤其是与民族主义国家之间圆满解决双边历史遗留问题以及在和平共处五项原则的基础上建立建设平等和谐的新型睦邻友好关系的路向和模式等，都将大有裨益；对于全面、系统地解析新中国成立以来中国共产党在外交领域尤其是睦邻外交领域的执政经验、执政能力，以点带面地探究新中国成立以来党和国家处理同周边国家关系的历史经验，为新形势下党和国家的睦邻外交提供历史智慧和重要借鉴等，也大有裨益。

二、国内外相关研究的学术史梳理及研究动态

国内外学界对中阿关系的研究大致分成三个阶段：

第一，奠基阶段。

这一阶段主要是苏联入侵阿富汗之前。自西汉时期张骞通西域，中国历代典籍中对中阿关系的记载就不绝于缕。司马迁在《史记》中就记载了张骞曾到过今天的阿富汗地区之“大夏”“大月氏”等西域小国。自此以后，历代正史皆立西域传，其中或多或少均有着关于中阿

关系的记载。此外，中国古代的方志、个人游记、官方及个人的舆地、货殖著述等中，也有着不少提到中阿关系，为后人了解古代中国和阿富汗的交往保留了宝贵史料，有着重要的参考价值。总的来说，中国古代的文献典籍中对阿富汗的记载还是比较多的。

近代以来，面对“千年未有之变局”，面对深重的边疆危机，越来越多的有识之士开始“开眼看世界”，关注世界各国的舆地政情，从而掀起中国近代边疆史地研究第一次高潮。“道咸而后，下逮同光，边隅多事，海禁复开，学者渐留心于西北徼外舆地，及异国风土民情。”① 据统计，从鸦片战争爆发到清灭亡，仅研究西北边疆史地的著作，就达到300多种。② 其中不少涉及到阿富汗和中阿关系，如《海国图志》《瀛环志略》《康輶纪行》等。在中国历史上，第一部专门介绍阿富汗的著作《阿富汗考略》③，正是在这样的背景下诞生。1907年（清光绪三十三年），清政府学部编译图书局又编印了《阿富汗土耳其斯坦志》《阿富汗斯坦志》与《阿富汗斯坦新志》。这几本论著，尽管还比较肤浅，甚至有不少讹误，但在当时条件下能对阿富汗的历史、社会风俗、地理状况、宗教情况等有着较为详细的介绍，实属不易，其中也提到中阿两国之间的交往情况。此外，面对英俄强占中国的帕米尔地区而引发的边疆危机，鉴于帕米尔地区地理记载不详，清末许多有识之士撰写了大量考证帕米尔的著作，为中英俄交涉提供了翔实的历史、地理依据。④ 面对英俄的巧取豪夺，清政府一度进行据理力争，其中的一

---

① 支伟成:《清代朴学大师列传》(下册)，上海泰东图书局1935年版，第447页。

② 参见王记录:“清代西北边疆史地研究述论”,《兰州学刊》1989年第6期。

③ 龚柴:《阿富汗考略》,《小方壶斋舆地丛钞》，上海著易堂铅印本，1891年（清光绪十七年）刊行。

④ 主要有：钱恂《帕米尔分界私议》和《帕米尔图说》、胡详鑅《帕米尔辑略》、许景澄《帕米尔图说》、阙名《帕米尔属中国考》、王锡祺《坎巨提帕米尔疏片略》、许克勤《西域帕米尔舆地考》、叶瀚《西域帕米尔舆地考》、胡祥禄《帕米尔辑略》、徐崇立《帕米尔山水道里记》、薛福成《帕米尔及附近诸地考略》等。参见邓衍林:《中国边疆图辑录》《近代中国史料丛刊》(第11辑)，文海出版社1984年版。

些当事人留下珍贵的历史资料。尤其是许景澄在1890—1898年长期主持中俄帕米尔交涉期间有着大量奏疏，其去世后相继排印，为我们了解沙俄抢占中国帕米尔地区及中阿边界的由来，提供了重要史证。①

中华民国时期，阿富汗与中国的官方往来甚少。学界对阿富汗的关注也较少，涉及到中阿关系的著作、论文也不多，且多是隐含于对英俄角逐中亚、强占中国帕米尔的研究之中。② 如一度主政新疆的杨增新留下了大量和英国交涉阿富汗侨民以及新疆地方政府如何处理阿富汗侨民相关问题的文牍，后相继出版《补过斋文牍》《补过斋文牍续编》《补过斋文牍三编》等，为我们了解当时的情况留下了大量第一手材料。1936年曾问吾出版的《中国经营西域史》，既叙述了古代至近代的中阿关系，其中特别是清代的中阿关系，又在阐述“新疆之界务”时论及中阿边界问题之缘起，还在对清末新疆地区的英侨人数、原籍和分布情况进行具体统计时涉及阿富汗侨民。③

新中国成立后，较长时间内对中阿关系的重视程度也不够。新中国成立初期，出于睦邻友好的需要，为加深对周边国家的了解，国内掀起了一股编写和翻译周边国家基本国情著述的热潮。在这种背景下，1953年6月中央军委联络部编印《阿富汗概况》④、1954年中国外交部情报司编写《中华人民共和国与亚洲国家关系》、1955年周一良著《中国与亚洲各国和平友好的历史》⑤、1959年朱克著《阿富汗》⑥ 等，对阿富汗的国情及中阿关系作了概述。这些著作虽只是通俗性读物，而不属于严格意义上的学术研究著作，但其对阿富汗和中阿关系的介绍为

① 北洋政府外交部在1918年及1921年排印《许文肃公遗稿》12卷。

② 笔者遍访国家图书馆、中国人民大学图书馆、北京大学图书馆等图书馆及运用各种搜索引擎网上查找，只找到中华民国时期专门性介绍阿富汗的著作一本：1929年宁墨公在翻译外国军事资料的基础上编写的《阿富汗内战记》，由国民革命军军事杂志社1929年出版。

③ 参见曾问吾：《中国经营西域史》，商务印书馆1936年版。

④ 中央军委联络部：《阿富汗概况》（内部参考资料），1953年6月编印。

⑤ 周一良：《中国与亚洲各国和平友好的历史》，上海人民出版社1955年版。

⑥ 朱克：《阿富汗》，世界知识出版社1959年版。

后人的研究打下了良好的基础。此后相当长的时期内，中阿关系研究较少有人触及。

这一时期国外学界对中阿关系的关注，主要体现在两个方面：一是一些西方学者的关于阿富汗的著作或游记中在叙述英俄强占中国帕米尔地区时涉及到中阿边界问题。如英国学者珀西·塞克斯的《阿富汗史》。[①] 此外，俄国M. A. 捷连季耶夫所著《征服中亚史》，以大量的英俄文献为依据，在叙及英、俄对帕米尔的争夺中，对中阿边界的形成也有所涉及。[②] 二是开始出现宏观介绍中阿关系的论著。代表性的如1966年戴深玉（音）在《中国季刊》发表《中国和阿富汗》一文，简略介绍了自张骞通西域到20世纪60年代的中阿关系之2000多年历史。[③] 迪利普·穆克吉的《达乌德统治下的阿富汗与邻国的关系》提到了达乌德第二次执政后的阿富汗对华政策。[④] 沙欣·F. 迪尔的《喀布尔阴谋：阿富汗的大国博弈》概述了新中国成立后到20世纪70年代前期的中阿关系。[⑤]

第二，正式展开阶段。

这一阶段从苏联入侵阿富汗到2001年“9·11”事件的爆发。1979年苏联入侵阿富汗后，随着阿富汗在中国周边外交中地位的上升，国内学界对中阿关系的研究取得突破性的进展。彭树智的《阿富汗史》、刘宏煊的《中国睦邻史——中国与周边国家关系》[⑥]、裴坚章的《中华

---

① ［英］珀西·塞克斯著，张家麟译：《阿富汗史》，商务印书馆1972年版。

② ［俄］M. A. 捷连季耶夫：《征服中亚史》，商务印书馆，1980年武汉大学外文系翻译的第一卷出版、1983年新疆大学外语系翻译的第二卷出版，1986年西北师范学院翻译的第三卷出版。

③ 参见：Shen-Yu Dai，*China and Afghanistan*，The China Quarterly, No. 25 (Jan.- Mar., 1966), p. 213-221.

④ 参见：Dilip Mukerjee，*Afghanistan Under Daud: Relations with Neighboring States*, Asian Survey, Vol. 15, No. 4 (Apr., 1975), pp. 301-312.

⑤ 参见：Shaheen F. Dil，*The Cabal in Kabul: Great-Power Interaction in Afghanistan*, The American Political Science Review, Vol. 71, No. 2 (Jun., 1977), pp. 468-476.

⑥ 刘宏煊：《中国睦邻史——中国与周边国家关系》，世界知识出版社2001年版。该书第四章“中国与南亚诸邻”以时间为序简略介绍了从古代到20世纪末的中阿关系。

人民共和国外交史》[1]、田曾佩所著《改革开放以来的中国外交》[2]、李广义的《中国周边关系与安全环境》[3]等著作中都有中阿关系的整体性研究。其中，对中阿关系整体性研究比较深入的学者是彭树智，他利用中国古代的文献典籍、阿富汗的出土文物等，阐述了两国悠久的历史往来及阿富汗建国后和中国的关系，是迄今为止国内宏观研究中阿关系最为系统的著述。[4]

中阿边界问题的研究也取得较大进展。既有阿拉腾奥其尔、马大正等以简略的语言介绍了中阿边界问题的概貌[5]，也有费孝通和吴文藻把收集的大量帕米尔及其附近地区历史、地理、民族的英文资料编辑成册，为我们深入了解中阿边界问题的由来提供了迄今为止最全面、最完整、最详实的西方英语世界的资料。[6]《新疆通志·军事志》则以"中阿边防线"为名用一节专门叙述了中阿边防线的历史变迁。[7]此外，还有学者关注新疆的阿富汗侨民问题。郑振东利用新疆自治区档案馆馆藏档案，阐释了中华民国年间英国在中国新疆地区非法发展阿富汗侨民问题。他认为，中华民国时期，英国殖民主义者在中国新疆地区假借保护国名义诱使在华阿富汗商民冒充英侨，图谋培植亲英势力，

① 裴坚章:《中华人民共和国外交史》，世界知识出版社1994年版。该书分三卷，叙及从1949年到1978年的中阿关系。

② 田曾佩:《改革开放以来的中国外交》，世界知识出版社1993年版。该书主要概述了改革开放以后的中阿关系。

③ 李广义:《中国周边关系与安全环境》，陕西人民教育出版社1989年版。该书概述了新中国成立后至20世纪80年代末的中阿关系。

④ 彭树智在1993年版的《阿富汗史》(陕西旅游出版社1993年版)的基础上，与黄杨文共同出版了《中东国家通史——阿富汗卷》(商务印书馆2000年版)一书。

⑤ 参见阿拉腾奥其尔："中阿边界"，《中国边疆史地研究》1990年第2期；马大正:《中国边疆经略史》，中州古籍出版社2000年版。

⑥ 该书2004年以《穿越帕米尔高原——帕米尔及其附近地区历史、地理、民族英文资料汇编》为名，作为《社会学人类学译丛》中的一本，由民族出版社正式出版。参见"《社会学人类学译丛》出版说明"，《穿越帕米尔高原——帕米尔及其附近地区历史、地理、民族英文资料汇编》，民族出版社2004年版，第3页。

⑦ 参见新疆维吾尔自治区地方志编纂委员会编:《新疆通志·军事志》，新疆人民出版社1997年版。

以利与沙俄争霸并进而侵吞中国。中华民国各级政府采取了加强通商管理、推行中英会查英侨制度、抵制英人推行在疆英侨“注册新例”等一系列对策，使英国殖民主义者的种种政治图谋受到一定遏制。[①]

而《周恩来外交文选》[②]、《毛泽东外交文选》[③]等的相继编成，披露了大量历史文献，为中阿关系的研究确定了最基本的原则和方向。一些中国共产党和中国政府领导人的年谱、生平纪事及中国对外关系大事记等相继面世，其中代表性的有《周恩来年谱（1949—1976）》[④]、《刘少奇年谱》[⑤]、《陈毅年谱》[⑥]、《周恩来外交活动大事记》[⑦]、《中华人民共和国外交大事记》[⑧]、《中国西亚关系大事记（1949年10月至1982年12月）》[⑨]等，也为中阿关系的研究提供了大量珍贵史料。而《耿飚回忆录》[⑩]、康矛召的《外交官回忆录》[⑪]、《马寒冰文集》[⑫]等一些中国外交部和中国驻阿富汗使馆的工作人员及国内出访阿富汗人员出版的回忆录，从自身所处的位置和环境，从不同角度对中阿关系中一些不为人知的历史细节做了翔实的叙述和回忆。

---

① 参见郑振东：“民国年间英国在新疆非法发展侨民事考”，《中国边疆史地研究》，2000年第3期。

② 中华人民共和国外交部、中共中央文献研究室编：《周恩来外交文选》，中央文献出版社1990年版。

③ 中华人民共和国外交部、中共中央文献研究室编：《毛泽东外交文选》，中央文献出版社1994年版。

④ 中共中央文献研究室编：《周恩来年谱（1949—1976）》（上、中、下），中央文献出版社1997年版。

⑤ 中共中央文献研究室编：《刘少奇年谱》（下），中央文献出版社1996年版。

⑥ 刘树发主编：《陈毅年谱》（下），人民出版社1995年版。

⑦ 中华人民共和国外交部外交史研究室主编：《周恩来外交活动大事记》（1949—1975），世界知识出版社1993年版。

⑧ 宋恩繁、黎家松主编：《中华人民共和国外交大事记》（4卷），世界知识出版社1997年版。

⑨ 刘仲华、徐拓主编：《中国西亚关系大事记（1949年10月至1982年12月）》，中国社科院西亚非洲研究所1983年编印。

⑩ 耿飚：《耿飚回忆录（1949—1992）》，江苏人民出版社1998年版。

⑪ 康矛召：《外交官回忆录》，中央文献出版社2000年版。

⑫ 马寒冰：《马寒冰文集》，新疆人民出版社1989年版。

这一时期海外学界关注比较多的是苏联入侵阿富汗时期的中阿关系。杰拉尔德·西格尔以苏联入侵阿富汗为切入点，剖析了近代以来中阿关系演变中的苏联（俄罗斯）因素。他还利用《人民日报》、《光明日报》、新华社消息等中国国内公开的新闻和评论，分析了中国对苏联入侵阿富汗的外交反应。[①] 埃马迪·哈菲祖位则在叙述中阿关系的基础上，分析了苏联入侵阿富汗之前中国对于阿富汗的经济发展和现代化计划的态度，探讨了中国对苏联占领阿富汗时期（1979年12月至1989年2月）的立场和支持其全国抵抗运动的政策。[②] 卡塞尔·艾琳则认为苏联侵犯了中国在阿富汗的利益，是1980年代中苏对抗的重要原因。[③] 而台湾学者张大军是这一时期少有的专门论述中阿边界问题的学者。他在《新疆风暴七十年》一书的第四册，不仅在阐述英俄入侵帕米尔时涉及中阿边界问题的缘起，而且用一节内容较为系统地论述了新疆与阿富汗界务。[④]

第三，繁荣发展阶段。

2001年“9·11”事件爆发后，阿富汗局势与中国关系研究一跃成为学界热点。这一时期，国内外解密了大量相关外交档案，如从2004年开始，中国外交部先后三次解密1949—1965年的新中国外交档案，其中就涵括了这一时段的中阿关系方面的内容。而英国、俄罗斯、美国等国外的档案馆不仅解密了不少相关档案，而且开发了一系列数据库，如“英国外交部：印度、巴基斯坦与阿富汗（1947—1980）”数据库、“解密后的数字化美国国家安全档案”数据库（DNSA）、“美国国会

---

① 参见：Gerald Segal，*China and Afghanistan*, Asian Survey, Vol. 21, No.11 (Nov.1981), p.1158-1174.

② 参见：Emadi Hafizullah: *China's Politics and Developments in Afghanistan Journal of Asian and African Studies*, Vol. 28, Numbers 1-2, 1993, p.107-117.

③ 参见：Qaiser Aileen，*China's Interests in Afghanistan: In the Context of Sino-Soviet Rivalry*. Strategic Studies, Vol/ 10, Winter 1987, p.56-66.

④ 参见张大军：《新疆风暴七十年》（第四册），台北兰溪出版社有限公司1980年版，第1653—1740页。

文件集”数据库（Archive of Americana）、“解密档案参考系统”数据库（DDRS）等。这些都为中阿关系的研究提供了丰富的档案资料。不仅如此，国内外学界还出版了大量论著。其研究的重点或兴趣点主要有：

第一，阿富汗的安全形势对中国的影响及中国的应对。学界一致公认由于阿富汗与中国相邻，其国内安全形势对中国安全特别是西部边境地区的安全，有着重要影响。代表性的观点有：张家栋在分析基地组织、伊斯兰党、“东突”组织、塔利班组织等与中国国家安全相关的非政府武装组织或恐怖组织的基础上，指出“9・11”事件之后，阿富汗不仅成为基地组织的活动场所，还成为其向中亚甚至中国拓展的前进基地。“东突”在阿富汗的存在还是相当可观的。并且，随着美国和联军打击活动的升级，“东突”在基地网络中的重要性和影响反而随之上升。[①] 荣鹰的《阿富汗问题与中国西部周边安全》认为，2007年以来，阿富汗国内安全形势持续恶化，已成为影响中国西部周边安全的重大威胁之一。[②] 赵华胜指出，中国在阿富汗问题上有自己独立的利益、关切及政策。中国将自己定位为积极的参与者，但又保持低调立场。中国积极参与阿富汗经济重建，提供财政支持和各种援助。中国支持国际社会对阿富汗的帮助，但又避免直接军事卷入阿富汗。中国谨慎地对待塔利班问题，避免与其直接发生冲突。中国希望“喀布尔进程”能够顺利进行，以使阿富汗政府发挥更大的自主性、承担更多的责任，并且支持阿富汗实现民族和解。与此同时，中国也在为各种预想不到的情况做准备。[③] 何杰认为，恐怖主义、极端主义威胁以及毒品走私严重等非传统安全问题威胁着中国国家安全和社会经济发展。而这些问题均与阿富汗密切相关。中阿两国应从战略高度加强政治互

① 参见张家栋：“中国周边恐怖主义形势及其影响”，第六届“恐怖主义与国家安全”学术暨实务研讨会论文，2011年。

② 参见荣鹰：“阿富汗问题与中国西部周边安全”，《当代亚太》2009年第1期。

③ 参见赵华胜：“中国与阿富汗——中国的利益、立场与观点”，《俄罗斯研究》2012年第5期。

信和经济联系，从而共同寻求建立应对非传统安全领域挑战与威胁的有效机制，促进合作的进一步发展。①

“9·11”事件前后，阿富汗局势尤其对中国新疆地区安全环境产生了重大影响。学界普遍相信阿富汗的稳定将极大地有助于中国应对“东突”势力在中国新疆地区构成的民族分裂主义挑战。但塔利班势力的死灰复燃和阿富汗安全形势恶化增大了对中国新疆地区稳定的威胁。王亚宁对此进行了深入分析，认为武器流失、毒品走私、伊斯兰原教旨主义思想蔓延、塔利班武装支持中国新疆地区分裂势力、美国将利用反恐插手中国新疆地区事务等给中国新疆地区的社会稳定与民族团结，带来了许多不可忽视的问题，并对中国新疆地区公安边防工作提出了新的挑战。② 马品彦、贾春阳等持相同观点。而边振辉专门就阿富汗毒品问题对中国新疆地区安全环境的影响进行了深刻分析。他指出，中国新疆地区与阿富汗在地理上相邻，再加上宗教信仰相同，大量毒品渗入到中国新疆地区境内，对中国新疆地区的边境安全环境带来严重的威胁，诱发了大量的刑事、治安案件发生，破坏了中国新疆地区的安全环境。③ 国外不少学者对阿富汗局势对中国新疆地区的负面影响也有着大量论述。如马丁·麦考利在阐述阿富汗和中亚关系的过程中认为，一个稳定和繁荣的中亚符合中国的利益。但“疆独”分子不仅为中亚国家的独立运动，而且为塔利班在阿富汗的成功而受到激励。这一点值得中国警惕。④ 弗雷德里克·斯塔尔强调，有充分的证据证明，被塔利班招募的维吾尔族人在阿富汗接受训练，并曾参加过对北

① 参见何杰：“中国与阿富汗非传统安全领域合作初探”，《江南社会学院学报》2017年第1期。

② 参见王亚宁：“九十年代以来阿富汗局势及对新疆安全环境的影响”，《武警学院学报》2002年第4期。

③ 参见边振辉：“论阿富汗毒品问题对新疆安全环境的影响”，《中国公共安全》（学术版）2010年第2期。

④ 参见：Martin McCauley: *Afghanistan and Central Asia a Modern History*，Pearson Education Limited, 2002.

方联盟的战斗。塔利班的失败可能会解决中国的阿富汗问题（“疆独”问题），但又产生了另一个问题，即美国在新疆附近的军事存在。①

第二，阿富汗毒品问题对中国的影响及中国的应对。“9·11”事件之前的阿富汗，毒品就已泛滥成灾。塔利班倒台后，“毒品经济”仍未能有效遏制。最近几年，阿富汗每年都有大量毒品走私到中国。②而且“疆独”分子积极参与其中并获利甚多，严重威胁着中国西部尤其是中国新疆地区的稳定。辛万翔的硕士学位论文就对阿富汗毒品传入中国的情况等进行了简要介绍。③邵育群着力分析了阿富汗毒品问题对中国的影响及中国的地区责任。她指出，作为负责任的地区大国，中国应该在参与打击阿毒品问题的国际合作中发挥更积极的作用：第一，在双边层面上，中国可与阿富汗就农业发展、替代种植等加强交流，为其提供人员培训。第二，在多边层面上，中国可更积极地推动上合组织框架内的打击阿毒品合作，特别是中国与中亚国家的边境管理合作。但是，中国更主动地参与国际合作并不是没有障碍的。如果不能妥善处理以下几个问题，中国就不可能有效地参与相关国际合作：第一，中国应综合考虑阿富汗经济恢复与安全形势的关系，以适当的形式提出对阿重建及地区未来发展的看法，发出地区大国的声音。第二，中国应妥善处理与北约的关系。第三，中国应尽量消除某些国家的疑虑。④还有学者如边振辉、禹会环等专门就阿富汗毒品问题对中国新疆

---

① 参见：S. Frederick Starr: *Xinjiang: China's Muslim Borderland*, Studies of Central Asia and the Caucasus, 2004, p.158.

② 据联合国毒品与犯罪办公室统计，最近几年，每年有15—17吨产自阿富汗的海洛因通过走私进入中国。参见：United Nations Office on Drug and Crime, *Addiction, Crime and Insurgency: the Transnational Threat of Afghan Opium*, p10. http://www.Unodc.org/documents/data–and–analysis/Afghanistan/Afghan_Opium_Trade_2009_web.pdf.

③ 参见辛万翔：“阿富汗毒品问题研究”，兰州大学2009年硕士学位论文。

④ 参见邵育群：“阿富汗毒品问题及其相关国际合作——中国的角色分析”，上海市社会科学界第六届学术年会入选论文，2008年；邵育群：“阿富汗毒品问题及相关国际合作”，《现代国际关系》2009年第1期。

地区安全环境的影响进行了分析，并提出了维护新疆安全环境的具体措施。[①] 此外，还有学者专门分析了阿富汗禁毒政策对中国的影响。[②]

第三，中国在阿富汗重建中的作用。学界普遍认为，阿富汗的重建包括三个部分：政治重建、安全重建和经济重建。中国应发挥一定作用。但到底该发挥多大的作用和影响，国内外学界不同学者的意见并不一致。

“9·11”事件之后相当一段时间内，大部分国内学者认为，中国在阿富汗事务上要谨慎。如史澜、李文经等认为，“在阿重建过程中，中国所能提供的援助是有限的，在阿未来的政治安排上，中国所能发挥的直接影响也很有限，因此，中国一定要有多做实事的打算，不要卷入不同政治势力之间的争吵。”“中国应着眼长远，不在眼前一时一事上与其他大国争锋。”[③] 朱永彪、曹伟认为，阿富汗问题不仅仅关乎中阿关系、中美关系，更关系到中国的地区战略、外交战略、安全战略等。因此，对阿政策的调整必须慎之又慎。中国应该坚持已有的做法，即在参与面上有所保留，有所为，有所不为。在当前形势下，中国应继续坚持在阿安全重建问题上有限参与，但应扩大在阿政治、经济、文化、教育重建等方面的参与。[④] 陈继东认为，作为阿富汗的邻国，中国在寻求阿富汗问题解决的过程中可以发挥一定的积极作用，但需谨慎应对，注意立场的平衡。[⑤] 郭才华认为，美国撤军后，阿富汗形势将更趋复杂，对中国来说，最好的选择应是作为一个场外观察员，并尽最大努力影响其国内政局朝向有利于中国国家利益的一面发展，而不

① 参见边振辉：“论阿富汗毒品问题对新疆安全环境的影响”，《中国公共安全(学术版)》2010年第2期；禹会环：“阿富汗毒品问题及其对中亚安全的影响”，新疆师范大学2010年硕士毕业论文。

② 参见乔子愚：“阿富汗禁毒政策对中国的影响探析”，《云南警官学院学报》2017年第2期。

③ 史澜、李文经：“阿富汗重建是一场新的较量”，《当代亚太》2002年第4期。

④ 参见朱永彪，曹伟：“阿富汗问题与中国的关联”，《南亚研究季刊》2012年第1期。

⑤ 参见陈继东：“阿富汗困局与中国的应对”，《南亚研究季刊》2013年第4期。

是上场参赛。[①]

但也有部分学者认为，中国是阿富汗稳定与重建的主要利益攸关方，可以更主动地参与阿富汗问题。如张力认为，无论从地缘政治还是外交安全的角度看，中国均是阿富汗和平与重建的主要利益攸关方，阿富汗及南亚的稳定与中国的国家利益关系密切。这一现状要求中国在正确评估局势和确定自身利益的基础上制定应对战略。[②] 王世达认为，自2009年以来，奥巴马政府多次表态希望中国“在更大程度上介入阿富汗事务”。中国是否应该出兵以及是否开放中阿边境瓦罕走廊，也在中国国内引起热议。鉴于阿富汗问题影响我国的西部安全和发展，中国要有“阿富汗战略”，积极主动帮助阿富汗早日实现各派和解和经济发展，并最终实现长治久安。[③] 邵育群认为，中国应从维护周边稳定角度出发，对南亚、中亚采取更积极进取的战略，与美国进行经济领域的“试验点”合作。[④]

随着美国宣布开始撤出阿富汗及中国“一带一路”倡议的提出，国内关于中国应加大参与阿富汗问题力度的呼声不断加大。代表性的有：宋志辉、马春燕认为，中国作为阿富汗的重要邻国，同时也是联合国安理会常任理事国，除了经济领域的合作外，同样作为恐怖活动的受害者，中国应该，也必须在阿富汗事务中发挥更加积极的作用。[⑤] 何明认为，阿富汗问题对中国战略安全的影响越来越大，阿富汗重建问题已演化为影响中国能否顺利崛起的要素之一。因此，阿富汗问题成为了中国无法回避的课题。中国必须找到一个与自身成长方式相符合的“阿富汗问题钥匙”，这既是中国成长中无可回避的责任，更是为

① 参见郭才华：“中国对阿富汗政策研究”，《东南亚南亚研究》2017年第1期。

② 参见张力：“中国对阿富汗局势稳定的作用探索”，《南亚研究季刊》2010年第4期。

③ 参见王世达：“时局呼唤中国版阿富汗战略”，《世界知识》2010年第4期。

④ 参见邵育群：“2014年后美国的阿富汗政策及中美互动”，《南亚研究》2013年第3期。

⑤ 参见宋志辉、马春燕：“阿富汗重建中的大国博弈与中国的选择”，《南亚研究季刊》2013年第2期。

保障自身安全的战略选择。①

国外一些学者也认同中国在阿富汗问题上的谨慎态度，并分析了中国谨慎的原因。巴德拉库玛（印度外交官、前驻土耳其大使）认为，中国在阿富汗沿袭了一种“绝不当头”的外交传统。② 美国中东事务专家肯尼思·卡兹曼在向美国国会的报告中指出，中国对支持美国打倒塔利班的军事行动并不感兴趣，可能是由于中国对周边美国军事力量的谨慎态度所致。③ 但美国、英国及德国等西方国家乃至阿富汗政府本身，都多次公开或私下向中国表示希望中国在阿富汗事务上发挥更大作用，甚至中国在阿富汗可以扮演“决定性”的角色。不少西方媒体也推波助澜，希望中国直接派兵、开放瓦罕走廊等。如2011年5月25日美国《纽约时报》称“中国对美国终结阿富汗战场起关键作用”。很多国外学者也持相同观点。美国学者阿兹·霍奇认为，大量的证据表明，西方政府提供的有限制条件的援助交出的“成绩”，并没人们希望的那么优秀。然而，西方的经济寒冬标志着，中国将成为新阿富汗黄金飞跃期的主要参与者——华盛顿最好应该尽快认清这一事实。④ 甚至有西方学者直接批评中国对阿富汗的援助显然过低，其自身实力与责任不成正比。⑤ 不少外国学者还信誓旦旦地表示，中国一定会更深切地介入阿富汗问题。如俄罗斯《国家战略问题》杂志主编阿日达尔·库尔托夫表示，中国一定会参与解决阿富汗安全问题，因为中国希望阿富汗稳定，这是保持中国西部地区稳定和创造“丝绸之路经济带”所

---

① 参见何明：“阿富汗重建与中国的战略安全”，《印度洋经济体研究》2014年第1期。

② 参见：M. K. Bhadrakumar, *Neutral Afghanistan Servers regional cooperation*, The Hindu, June 16, 2011. http://www.thehindu.com/opinion/lead/artide2107404.ece.

③ 参见：Kenneth Katzman, *Afghanistan: Post-Taliban Governance, Security, and U.S. Policy*, CRS Report for Congress, June 18, 2009.

④ 参见阿兹·霍奇：“美国解决阿富汗难题需要中国”，《世界报》2010年6月30日，第5版。

⑤ 参见：Jeffrey W. Hornung，*Why China Should Do More in Afghanistan*. http:/ /thediplomat.com/2012/08/01/why–china –should–do–more–in–Afghanistan.

必需的条件。[①] 还有外国学者认为，中国一直希望能够迅速填补以美国为首的国际安全援助部队撤出阿富汗的战略空白。从而包抄印度等地缘竞争对手，以及攫取阿富汗的资源。[②] 阿富汗《每日瞭望报》专栏作家胡贾图拉·齐亚认为，不树敌、坚持睦邻友好，中国在阿富汗的和平进程中将扮演着重大角色。不过他也指出，中国在促成喀布尔与塔利班领导层之间的和平谈判之前，缺乏国际利益攸关方之间的协调是一项巨大的挑战。[③]

第四，"一带一路"倡议与阿富汗。

2013年习近平提出"一带一路"倡议构想后，迅速实现从理论到实践的转换，也立即成为学界研究的热点。其中，以国别作为个案是研究"一带一路"倡议的热点之一。但将"一带一路"倡议与阿富汗或中阿关系结合起来研究的论文并不多。主要有：黄民兴、陈利宽认为，阿富汗是古丝绸之路上的重要枢纽，在中国"一带一路"建设中具有重大意义。但与美日等国的"新丝绸之路计划"存在竞合性。而且，由于阿富汗国内安全、经济和周边关系等方面的原因，具体工作的开展仍然面临着较大困难，需要稳步推进。[④] 李诗隽既阐述了"一带一路"倡议在阿富汗推行的机遇与风险，又探讨了中国如何在阿富汗推进"一带一路"建设。[⑤] 汪川着重对"一带一路"倡议在阿富汗的安全风险进行了具体评估。[⑥] 肖河认为，在以扩大海外基础设施投资为标志的"一

① 参见"俄媒：中国为自身利益或参与阿富汗安全问题"，中国社会科学网，http://ex.cssn.cn/hqxx/gjgch/201412/t20141223_1453109.shtml，2014年12月23日。

② 参见：Venky Vembu，*China Joins the Afghan Great Game and Outflanks India*，http://www.foreignpolicy.com/articles/2010/06/15/chinese_takeout；Trefor Moss, *China Eyes Afghan Goldmine*. http://thediplomat. com / the–editor /2012 /09 /28 / china– eyes–afghan–goldmine.

③ 参见：Hujjatullah Zia, *Role of China in Afghanistan's Peace Process*，China Investment，Issue 21, November 2018.

④ 参见黄民兴、陈利宽："阿富汗与'一带一路'建设：地区多元竞争下的选择"，《西亚非洲》2016年第2期。

⑤ 参见李诗隽："阿富汗与'一带一路'"，《江南社会学院学报》2015年4期。

⑥ 参见汪川："'一带一路'安全风险评估报告之阿富汗"，《军事文摘》2015年第9期。

带一路”倡议走向落实的2014年至2015年，中国的对阿政策却显示出了“经济止损、深度介入”的特点，在双边经贸关系有所减弱的同时，深入介入到阿富汗民族和解进程和阿富汗—巴基斯坦的双边中去。经过将近一年的尝试，中国在阿富汗问题上的国际影响力已经得到了显著提高，也实现了与美国的协调合作，长期来看这也会有利于中国在阿富汗和阿巴边境的相关投资项目。这一“阿富汗模式”是在坚持不干预内政原则的情况下，对中国传统的“发展外交”模式的突破，对于“一带一路”倡议的具体落实具有重要的参考意义。①

罗英杰则着力分析了阿富汗局势与“丝绸之路经济带”建设的关系，他指出，“丝绸之路经济带”建设面临的主要安全风险是近年来中亚地区地缘政治不确定性的增强，尤其是阿富汗局势的前景难以预测。② 张光宇专门探究了“一带一路”倡议下的中阿教育合作的意义、契机及展望。③ 孙喆以阿富汗项目为例，将中国共建“一带一路”倡议与美国“新丝绸之路计划”进行对比研究。作者认为，独特的地理位置，加上丰富的能矿资源使得古丝绸之路的重要枢纽阿富汗，在实施“一带一路”倡议和美国“新丝绸之路计划”中发挥着重要作用。美国“新丝绸之路计划”以阿富汗为核心，通过与中亚、南亚国家在能源、交通等领域合作以实现中南亚地区的繁荣与稳定，但其背后有着地缘政治与地缘经济的考量。美国旨在通过该计划服务自身地缘利益，排斥中俄等国家参与，并提高其在中亚、南亚地区的影响力。而“一带一路”倡议是在共商、共建、共享原则下，旨在积极发展与沿线国家的经济合作伙伴关系，共同打造利益共同体、命运共同体和责任共同体

① 参见肖河：“从‘发展外交’到深度介入：‘一带一路’倡议下的中国对阿富汗政策”，《南亚研究季刊》2016年第2期。

② 参见罗英杰：“阿富汗局势与‘丝绸之路经济带’建设”，《世界知识》2015年第8期。

③ 参见张光宇：“‘一带一路’倡议下的中阿教育合作”，《世界教育信息》2016年第19期。

的开放、包容的倡议。[①] 顾晶晶则梳理了历史上中国与阿富汗两国在古丝绸之路上的交往及其对当前中国推进“一带一路”倡议的启示。她认为，这一交往开拓于两汉，巩固于魏晋南北朝，繁荣于唐而渐衰于元末明初，呈现出“官民并举”、内涵丰富、合作与冲突并存的特点。透过两国丝路交往的历史演进和特点可以发现，“一带一路”建设需要建立新的国际安全机制以保障沿线国家的安全和稳定、共享发展红利。[②]

国外学者对此也有所关注。欧盟战略安全研究所发布的《中国的选择：新丝绸之路》、美国战略与国际问题研究中心发布的《重新审视中国的“珍珠链”战略》、莫斯科国际关系学院发布的《北京的新外交政策》等对“一带一路”倡议与阿富汗都进行了一定分析。

第五，影响当代中阿关系的第三国因素。

就“9·11”事件以来而言，对中阿关系影响最大的第三国因素就是美国。胡娟分析了2009年3月美国总统奥巴马宣布新的“阿富汗和巴基斯坦战略”以后的阿富汗局势对中国西部边境地区安全的影响，她强调，美国这一举措使中国西部边境地区军事压力骤然增加，“东突”恐怖分子借机扩充力量，并加紧向中国西北地区渗透，而美国借“反恐”之机加强了对巴基斯坦的控制，中巴关系受到挤压。为了稳定西部边境地区形势，中国需要密切关注阿富汗形势，并积极发挥自身作用，建设性地参与该地区事务。具体说，要积极参与阿富汗的经济重建进程，加强和阿富汗在非传统安全领域的合作，利用上海合作组织平台解决阿富汗地区安全问题，加强和阿富汗的文化、教育合作，加强西部边疆地区的基础设施建设，推动区域经济发展，妥善处理好大

① 参见孙喆：“中国共建‘一带一路’倡议与美国‘新丝绸之路’计划对比研究——以阿富汗项目为例”，外交学院2018年硕士学位论文。

② 参见顾晶晶：“中阿（富汗）丝绸之路文明交往的历史演进及当代启示”，《西安财经学院学报》2017年第6期。

国关系。[①] 邵育群认为，中美在阿富汗问题上有共同利益，存在合作空间。中美在阿合作应本着由易入难、尊重阿富汗政府和人民选择的原则，从具体项目开始，逐步累积互信，为未来可持续的合作奠定基础，也为构建“中美新型大国关系”充实内容。[②]

此外，还有论者论述了印度等国家因素对中阿关系的影响。如娄伟认为，作为在阿富汗有着重要利益诉求的中国和印度开始寻求在阿富汗问题上的合作。根据中印在阿富汗的主要利益关切和双方前期合作基础，反恐、禁毒、安保有可能是中印在阿富汗最主要的合作领域。[③]

第六，中阿历史遗留问题。

主要包括在两个方面：其一是中阿边界问题。既有学者概述了中阿边界问题的全貌，也有学者梳理了中阿边界问题的缘起或中阿边界谈判的大致过程。梳理了中阿边界问题缘起的代表性论著有吕一燃的《中国近代边界史》[④]、许建英所著《近代英国和中国新疆（1840—1911）》等。其中，许建英所著《近代英国和中国新疆（1840—1911）》突出论证了中阿边界——瓦罕走廊的法律地位，指出：“无论是形成它的条约依据、形成它的过程。还是它的本身都是非法的。”[⑤] 而齐鹏飞所著《大国疆域——当代中国陆地边界问题述论》[⑥]、美国布鲁斯・A. 埃尔曼、斯蒂芬・科特金、克莱夫・斯科利德合编的《北京的力量与

① 参见胡娟：“美国新战略下阿富汗安全形势及其对中国西部边境安全的影响”，《东南亚南亚研究》2009年第3期。

② 参见邵育群：“试析美国撤军后中美在阿富汗问题上的合作空间”，《现代国际关系》2013年第8期。

③ 参见娄伟：“中国与印度在阿富汗问题上的合作：动因与模式”，《新疆师范大学学报（哲学・人文社会科学版）》2014年第6期。

④ 参见吕一燃：《中国近代边界史》，四川人民出版社2007年版。

⑤ 许建英：《近代英国和中国新疆（1840—1911）》，黑龙江教育出版社2004年版，第399页。

⑥ 齐鹏飞：《大国疆域——当代中国陆地边界问题述论》，中共党史出版社2013年版。

中国的边界》[①] 及埃里克·海尔所著《务实的龙：中国大战略与边界的处理》[②] 等，或概述了中阿边界问题的全貌，或梳理了中阿边界谈判的大致过程。除了上述论著外，新疆的一些地方志也涉及到中阿边界问题。如《塔什库尔干塔吉克自治县志》不仅在“第十九编：外事、边境管理”中的第二节，专门介绍了中阿边界的历史沿革、谈判、勘界与签约过程，而且特别介绍了美国进攻阿富汗后，为防恐怖分子及边民涌入中国，保障边境安全，根据中央军委指示，对中阿边境进行封控的情况。[③]

其二是中国新疆阿富汗侨民问题。代表性的有：李娟梅利用大英图书馆印度事务部档案和中国新疆地区的地方志等资料，具体考察了中华民国时期中英关于中国新疆地区阿富汗人国籍问题之交涉问题。她指出，中华民国时期，为了将中国新疆地区的阿富汗人变成侵略中国西北地区的工具，同时干涉阿富汗的主权，英国与中国政府就中国新疆地区的阿富汗人国籍问题进行了长期交涉，英国借这个问题侵略中国新疆地区和干涉阿富汗主权。[④] 而本人的《新中国初期新疆阿富汗侨民“入籍”问题述论》主要梳理和分析了新中国初期新疆阿富汗侨民“入籍”问题的前因后果与来龙去脉等。[⑤]

第七，当代中阿关系的整体性研究。

其一，主要宏观概述“9·11”事件之前的中阿关系。代表性的论

① Bruce A. Elleman，Stephen Kotkin and Clive Schofield(eds.)，*Beijing's Power and China's Borders: Twenty Neighbors in Asia*. M. E. Sharpe: New York and London，2013.

② Eric Hyer，*The Pragmatic Dragon*：*China's Grand Strategy and Boundary Settlements*，Canada：University of British Columbia Press, 2015.

③ 参见塔什库尔干塔吉克自治县地方志编纂委员会编：《塔什库尔干塔吉克自治县志》，新疆人民出版社2009年版。

④ 参见李娟梅：“民国时期中英关于新疆阿富汗人国籍问题之交涉”，《西域研究》2004年第2期。

⑤ 参见张安：“新中国初期新疆阿富汗侨民‘入籍’问题述论”，《新疆大学学报（哲学·人文社会科学版）》2015年第3期。

著有赵伯乐的《南亚概论》。该书第七章简要回顾了20世纪50年代以来阿富汗与中国的关系。①

其二，主要关注“9·11”事件之后的中阿关系。代表性的论著有：朱永彪的著作《“9·11”之后的阿富汗》、Nicklas Norling的论文《新兴的中阿关系》、[阿]古尔·侯赛因·艾哈迈迪的论文《中国与阿富汗双边关系》等。其中，朱永彪的著作《“9·11”之后的阿富汗》最为系统。该书梳理了2001年“9·11”之后至2009年阿富汗的局势对中国的影响及中国参与阿富汗重建的基本情况，揭示了中阿关系对于维护中国的西部边疆安全、中亚油气输入中国、中国经济发展的商机、展示中国负责任大国形象等方面有着战略意义。② Nicklas Norling 则在分析新世纪中阿双边关系的前提下，认为中国对推翻塔利班之后阿富汗的重建几乎没有兴趣。即使双边贸易稳步增加，但双边援助迄今仍极为有限。中国关注的不过是阿富汗丰富的矿藏资源。③

其三，将“9·11”事件前后的中阿关系进行贯通性的研究有：王凤的《列国志——阿富汗志》④、张蕴岭的《中国与周边国家：构建新型伙伴关系》⑤、山东大学留学生穆尔塔扎·苏塔尼的硕士论文《中阿双边关系分析》⑥ 及王世达的论文《中阿关系的历史、现状与未来》⑦ 等，这些论著基本上对新中国成立到“9·11”事件前后的中阿关系都进行了宏观概述。其中，张蕴岭的研究成果最有代表性。他主要是从双边关系的角度，分析中阿关系的历史沿革和新的进展。他特别强调：

---

① 参见赵伯乐：《南亚概论》，云南大学出版社2007年版。

② 参见朱永彪：《“9·11”之后的阿富汗》，新华出版社2009年版。

③ 参见：Nicklas Norling. *The Emerging China-afghanistan Relationship*. Issue of the CACI Analyst, May14, 2008.

④ 王凤：《列国志——阿富汗志》，社会科学文献出版社2007年版。

⑤ 张蕴岭：《中国与周边国家：构建新型伙伴关系》，社会科学文献出版社2008年版。

⑥ Murtaza Sultani，*An Analysis of Bilateral Relation Between China and Afghanistan*，山东大学2014年硕士学位论文。

⑦ 王世达：“中阿关系的历史、现状与未来”，《国际研究参考》2013年第9期。

阿富汗对中国而言是一个非常重要的国家。当前，美国和北约势力全面介入阿富汗事务。在全球“反恐”和美国加强对华战略“遏制”的大背景下，中阿关系也难以摆脱这一国际局势的影响。[①]

综上所述，近年来，学界对中阿关系的研究日益深入，尤其对“9·11”事件后的中阿关系的研究取得了丰硕成果。这些都为本文的研究打下坚实的基础。但以往研究仍存在几点缺憾：

一、研究内容存在不平衡性。学界研究的兴趣点大都集中在“9·11”事件以后，以时事分析与追踪研究为主，而集中考察中阿关系之奠基和初步发展的研究成果明显薄弱，利用原始档案进行研究的较少。这些都严重束缚和桎梏着中阿关系研究水平的提高。

二、研究对象缺乏系统性。回顾和总结以往的研究状况，我们可以发现，迄今为止，国内还没有一部专门和全面、系统地阐述中阿关系的学术专著，目前已有的研究成果几乎都是一些小论文或是在中国对外关系史、阿富汗史研究著作中涉及到的有关中阿关系的零散内容，并且往往只有数千字的简略叙述，十分笼统、简略。但若不对中阿关系史进行全面、系统和总体性、综合性的研究，既很难从宏观上、整体上把握中阿关系发展演变的全程、全貌，对其在不同时期的发展演变规律和特征作出因果性及必然性的解释，也不利于从微观上深入认识和准确把握具体的历史问题、历史事件、历史人物、历史现象的基本态势和背后缘由。

因此，当代中阿关系研究尚有非常大的拓展和提升空间。这也正是本文研究的基点之所在。

① 参见张蕴岭主编:《中国与周边国家：构建新型伙伴关系》，社会科学文献出版社2008年版。

三、研究难点

第一，史料方面。

近年来，研究中国对外关系史的“一个突出特征即是越来越多地使用多边档案与研究资料，单边资料已不足以对重大事件作出令人信服的阐释”。[①] 由此，笔者费尽心力收集了大量国内外档案材料，但由于客观条件及个人禀赋（仅掌握一门通用外语——英语，而不懂阿富汗的普什图语和达里语及俄语）的限制，虽最大限度地找寻，但档案等材料远算不上完备，尤其是阿富汗国内的材料[②] 及苏联方面的材料无法解读，只能依靠一些翻译成中文或英文的材料，不能不说是一件憾事。另外，对已经搜集到的档案，也存在着是否有效鉴别、整理、利用的问题。

第二，前期研究方面。

正如前文前期研究成果部分所述的那样，学界对中阿关系的研究，大多集中于“9·11”事件之后的时事分析，而对1949—2001年的中阿关系鲜有人问津。这对笔者而言，虽是一个开拓和创新的机遇，但也是一个压力和挑战，毕竟这必然导致可供借鉴和参考的前期研究成果和学术积累较弱，大多不得不依靠自身的独自摸索。

第三，研究方法方面。

本选题涉及到马克思主义理论、历史学、政治学、国际关系学等诸多学科知识，如何把众多学科的研究方法熔为一炉，做到方法交叉、理论借鉴、问题拉动、文化交融，以更好地剖析中阿关系，也是研究

① 徐思彦：“国际冷战史研究在中国”，《中国社会科学报》2008年7月31日，第5版。

② 在塔利班统治阿富汗后期，阿富汗国家档案馆已历经几十年的战争屹立不倒，可能是喀布尔幸存的最古老的建筑，大约有18万份手稿、文件和书籍仍保存完好。在档案馆中，所有展览的手稿、文件和书籍都是拍摄的副本，其中包括部分阿富汗外交文件的复印件。参见：Michael Rubin, *A Report on the National Archive of Afghanistan, Iranian Studies*, Vol. 32, No. 4 (Autumn, 1999), p631-632.

中回避不了的难点。但由于笔者缺乏系统的历史学、国际关系学研究的学术训练，故每每有如履薄冰、力不从心之感，惟愿能以勤补拙。

第四，研究内容方面。

此一时期的中阿关系是在与美国、苏联、印度、巴基斯坦等多边关系的互动中运行的，如何把冷战前后的大国关系、邻国关系、区域地缘政治与中阿关系的发展演变有机结合，提出更宽广、更深刻、更有说服力的概括性判断，也是一个难题。

四、创新之处

首先，正如前文所述，迄今为止，国内中阿关系研究的成果、内容存在较大不平衡性，还没有一本专门和全面、系统、深入的学术专著，特别是“9・11”事件之前的中阿关系研究无人问津。因此，笔者拟选取1949—1979年的中阿关系史尝试着进行一番争取尽可能全面、系统、深入的梳理和阐释，力图在一定程度上和一定范围内改变这种薄弱状况，力图以特定时段的专门性研究，在丰富、深化、提升中阿关系史之整体性、综合性研究方面有所突破和创新。

其次，档案是呈现历史原貌的重要载体，“可以补史之缺，参史之错，详史之略，续史之无”。[①] 当前，在学界对中阿关系史的研究中，只有很少的学者利用了少量的档案等第一手资料。这也是已有研究系统性较弱、学术性不强的关键性原因。笔者已经抄录了中国外交部的解密档案近两百万字，收集、复印、下载了大量美国、英国外交档案，为本选题的研究提供了大量前人未使用过的全新的第一手的原始资料，从而为本选题的研究打下了坚实的基础。这也是本选题的创新之处之一。相信只要加强对资料的挖掘、分析、利用，必然有助于我们考察中阿关系演变中的具体史实和重要关节点，也有助于把握中阿关系历

① 李建宏：“试论清代档案的史料价值”，《兰台世界》1995年第1期。

史演进的宏观进程。

五、研究思路和基本框架

由于中阿关系本身的复杂性，本选题力图在收集、整理、归纳、提炼第一手资料的基础上，坚持马克思主义唯物史观的研究方法的前提下，综合运用马克思主义理论、历史学、政治学和国际关系学等的研究方法，以历史发展时序为经，按照历史的推演顺序和发展框架，力图通过历史叙事、“以史解史”，对1949—1979年间之中阿关系史上一些具有代表性的重大历史事件和关键性问题进行回顾和缕析，以把握中阿关系发展演变的历史轨迹，理清中阿关系发展演变的基本线索，解析复杂、多变的中阿关系及剖析其背后的历史缘由。

循此研究思路，本书分为绪论、正文和结语三大部分。

绪论部分主要介绍选题意旨、国内外相关研究的学术史梳理及研究动态、研究难点、创新之处和本书的研究思路和基本框架等。

正文部分包含以下五章：

第一章，“和平共处：中阿外交关系的建立及两国关系的初步发展（1949—1960）”。本章按照历史的推演顺序，对当代中阿外交关系的建立进行回顾和缕析，并阐释了20世纪50年代中阿两国之间日益发展的友好关系。

第二章，“趁热打铁：历史遗留问题的解决和中阿睦邻友好关系的快速发展（1960—1966）”。本章在对新疆阿侨问题和中阿边界问题进行全景式扫描的基础上，阐述了历史遗留问题的解决对中阿关系快速发展的推动。

第三章，“自说自话：‘文革’的爆发和中阿关系的冷却及恢复（1966—1973）”。本章阐述了“文革”爆发后“左”倾错误影响下中阿关系的冷却状况，以及两国为推动中阿关系恢复的种种努力。

第四章，“一波三折：阿富汗政局的变动和中阿关系的曲折发展

（1973—1979）”。本章阐述了达乌德政变后阿富汗政局的变动及由此导致的中阿关系曲折发展的基本历程。

第五章，“中阿两国关系发展演变的影响因素”。本章主要梳理和分析影响中阿两国关系发展演变的中阿两国自身因素、大国因素、邻国因素。

结语部分：“1949—1979年间中阿关系发展演变的历史经验和现实启示”。本部分主要是通过审视中阿关系演变的历程，探讨和总结了中阿关系发展演变的历史经验教训及对现实的启示，以期为当前中国的睦邻外交提供一定的参考和借鉴。

第一章

和平共处：中阿外交关系的建立及两国关系的初步发展（1949—1960）

阿富汗位于亚欧大陆的腹心地带，扼东西方陆路的要冲，西屏波斯高原，北控中亚，南瞰南亚次大陆，东临中国，号称“亚洲命运的十字转门”“印巴次大陆的锁钥”。早在汉朝，中阿两国就有了交往。新中国成立后不久，1950年1月，阿富汗正式向中国方面表达了建立双边外交关系的愿望和建议，是最早承认新中国的民族主义国家之一。在双方的共同努力下，1955年1月，两国正式建交。此后一段时间内，中阿两国坚持以和平共处五项原则为基本准则，推动两国关系平稳向前发展。

第一节　中阿关系的悠久历史和深厚基础

历史上，中国与阿富汗的民族接触早在汉朝时就已载诸史册。自张骞通西域之后，阿富汗就成为贯穿亚洲、非洲和欧洲的著名“丝绸之路”的必经之地。此后两千多年，中阿两国人民始终保持着睦邻友好关系，相互间的经济、文化交流曾经十分频繁。中国出产的丝绸、茶叶、棉织品和其他许多手工艺品，曾运往阿富汗，并且通过阿富汗而转运到遥远的西方。阿富汗出产的棉花、药材、香料和油脂等许多种产品，也曾源源不断输入中国。此外，张骞自西域归国时，还带回了许多中国前所未有的植物品种，如红蓝花、胡麻、蚕豆、大蒜、苜蓿、黄瓜、石榴、核桃、葡萄、胡萝卜等，其中有部分就原产于阿富汗。

中阿两国在宗教文化上也早有接触。早在公元前2年（汉哀帝元寿元年），大月氏（位于今天的阿富汗地区）王曾派遣使臣伊存来到中国宣扬佛法。最初传入中国的佛教经典《四十二章经》，也是经由大月氏传入的。公元2世纪到3世纪间，一些在中国有名的西域高僧，如支曜、支娄迦谶、法护、支亶梁接等都是月氏人。其中有些人还归化了中国。而中国历史上，诸多中国高僧前往印度取经也大多取道阿富汗。如公元4世纪到5世纪之间，前往印度求法的中国高僧法显、智猛、法勇，公元6世纪的惠生、宋云等人。公元7世纪时，中国著名的高僧玄奘前往印度，往返两次也都经过阿富汗。阿富汗不仅在佛教传播史上和中国建立了密切的关系，在其他宗教活动上，两国之间也同样存在着深厚的友谊。据记载，719年（唐开元七年），吐火罗（同样位于今天的阿富汗地区）人来到中国传布摩尼教和基督教。781年（唐德宗建中二年），故吐火罗国巴里黑城僧密理斯之子克姆丹王城大僧及总主教叶俟布锡德访问中国，在长安建立了“大秦景教流行中国碑”。此外，阿富汗也是伊斯兰教传播到中国的重要枢纽之一。

中阿两国政治交往，也开始得很早。根据中国古代典籍《拾遗记》的记载，公元前104年（汉武帝太初二年），大月氏曾派遣使者访问中国。605—616年（隋大业年间），隋炀帝也派御史韦节、司隶从事杜行满出使西域诸国，访问了阿富汗的王舍城。到了唐代初叶，阿富汗诸国和中国的交往更加频繁。据不完全统计，713—755年（唐开元、天宝年间），阿富汗的吐火罗、胡密、悒怛、劫师、骨咄等国派遣使臣访问中国竟达35次之多。在唐代，中国也曾多次派遣使臣访问阿富汗诸国。658年（唐高宗显庆三年），唐高宗派遣使臣访问了吐火罗。明朝永乐、宣德年间，中国也曾派遣使者前往哈烈国（今阿富汗西部，国都为赫拉特）。1747年阿富汗正式建国后，1762年曾向清朝遣使进贡四匹良马。据魏源《圣武记》记载："爱乌汗（即阿富汗）亦闻中国之盛，未知其道里远近，遂遣使偕来，欲一睹中国广大。二十七年（清乾隆二十七年）入贡，为中国回疆最西之属国。"[①]

直到海上交通的兴起，特别是在西方殖民主义者侵略阿富汗和中国之后，中阿两国人民之间的友好往来和经济文化交流才逐渐有所减少。但是中国新疆地区和阿富汗领土相接，不仅有些民族跨界而居，而且民族间的宗教信仰、风俗习惯相同，因此仍保持着一定的贸易和其他联系。1944年3月2日，阿富汗与中华民国的国民政府"为巩固现在两国关系起见，决定订立友好条约"，"建立两国间外交关系"[②]。1945年1月，国民政府任命原驻土耳其公使邹尚友为中国首任驻阿富汗公使。[③]

正是由于中阿间的往来有着悠久的历史，"在我们两国的关系上，只有友谊和亲善的记录，从来没有敌对和仇视的记载。这种传统的友好往来，虽然由于帝国主义的入侵曾经一度中断，但是长期蕴藏在两国人民心中的友谊，却是帝国主义的人为阻挠所破坏不了的。"[④] 从而为新中国成立后中阿两国的睦邻友好关系奠定了深厚的基础。

第二节　中阿外交关系的建立

阿富汗，北界苏联，西邻伊朗，南及东南与巴基斯坦接壤，东北

① 魏源:《圣武记》(上)，中华书局1984年版，第175页。

② 中国第一历史档案馆编:《中华民国史档案资料汇编》(第五辑第二编)，江苏古籍出版社1997年版，第719页。

③ 关于以上古代至近代的中阿关系的历史，主要参考以下论著：谢孝苹："中国和阿富汗的传统友谊"，《人民日报》1957年10月24日，第5版；朱克:《阿富汗》，世界知识出版社1959年版，第70—71页；彭树智、黄杨文:《中东国家通史——阿富汗卷》，商务印书馆2000年版，第322—340页；张俊："发展中国和阿富汗两国的贸易往来和友好关系"，《人民日报》1957年1月20日，第5版。

④ "欢迎阿富汗贵宾"，《人民日报》1959年9月5日，第2版。

与中国毗连。作为民族主义国家，阿富汗的“外交政策是支持和平共处五项原则，拒绝参加帝国主义的军事侵略集团，愿意同一切国家保持友好关系，促进世界和平和国际合作。”[①] 因此，阿富汗是新中国睦邻外交积极争取的国家之一。中阿外交关系的建立就是新中国积极推行睦邻外交政策的结果。

一、蹒跚起步——阿富汗对新中国的承认与中阿建交的搁置

1949年10月新中国成立。不久，阿富汗王国政府外交大臣阿里·穆罕默德便于1950年1月12日致电周恩来，表示“阿富汗国王陛下政府已承认新中华共和国”（即中华人民共和国），并保证“将永远努力维持和加强我们两国间如此幸福地存在着地友好关系”。[②] 阿富汗之所以比较早地承认新中国，与其地缘政治和固有的传统的中立外交政策密切相关。二战后，在东西方对抗的两极冷战格局下，阿富汗再次成为了美苏觊觎的战略要地。在这一国际形势和历史环境下，阿富汗要在东西方两大阵营的夹缝中生存和发展，仍然坚持也不得不坚持传统的中立外交政策，与所有邻国保持友好的关系。[③] 其承认新中国也正是基于这一点。

1月14日，台湾当局在驻在国承认新中国及经费困难两大因素下关闭了它驻阿富汗的公使馆。[④] 1月16日，周恩来复电阿里·穆罕默德，

① “我驻阿富汗使馆回报关于阿富汗的基本情况”（1956年1月1日至1956年1月31日），中国外交部档案馆馆藏档案，档案号：105-00776-02。

② “关于阿富汗政府承认新中国的来往信件”（1950年1月12日至1956年1月15日），中国外交部档案馆馆藏档案，档案号：105-00006-01。

③ 对这一点，美国心知肚明。参见：United States Department of State,*Foreign relations of the United States 1951*，Vol.6, Part 2, United States Government Printing Office, 1977, p2011.

④ 参见：*Protection of Chinese Interests in Afghanistan by USSR*，FO 371/83566, Complete Files for 1950.

“代表中华人民共和国中央人民政府表示欢迎之意并向阁下致谢”。[①] 随后，1月26日，阿富汗政府来电询问：“前中国政府使馆代办现正自喀布尔离去，请指示使馆财产应交何人接管。”[②] 根据刘少奇的批示，经过与苏联政府商议，中国外交部以周恩来的名义复电阿富汗政府，“现已征得苏联政府的同意，在中华人民共和国驻阿富汗的使节到达以前，暂请苏联大使馆代为保管”，“并对贵国政府表示之关怀，谨申谢意”。[③] 3月28日，阿富汗外交部代理外交大臣阿佰杜·萨马德再次致电周恩来，请求中国政府为前阿富汗使馆代办穆高南出境提供便利，“前阿富汗驻南京代办哥纳姆·莫哈默德·汗（即穆高南）现在上海面遇困难，幸而贵我两国之间具有良好之友邻关系，故愿阁下给他一切旅行便利，则阿富汗外交部至为感谢。”[④] 在此前后，穆高南本人也宣称阿已宣布承认新中国，故要求按照外交官待遇让其随身行李在天津出境时免验。但新中国初期奉行“另起炉灶”“打扫干净屋子再请客”和“一边倒”的三大外交政策，规定“凡属被国民党政府所承认的资本主义国家的大使馆、公使馆、领事馆及其所属的外交机关和外交人员，在人民共和国和这些国家建立外交关系以前，我们一概不予承认，只

---

① “关于阿富汗政府承认新中国的来往信件”（1950年1月12日至1956年1月15日），中国外交部档案馆馆藏档案，档案号：105-00006-01。

② “关于委托苏联代管我在阿富汗财产事”（1950年1月26日至1950年10月25日），中国外交部档案馆馆藏档案，档案号：105-00071-01。据20世纪50年代在中国驻阿富汗使馆工作的杨冠群回忆，阿政府承认新中国后，中华民国国民政府驻阿公使馆的“临时代办”起义，公使馆的不动产被阿政府封存，后来转交中国，馆舍则为阿收回。参见杨冠群：《潮头戏水三十年》，四川出版集团、四川人民出版社2006年版，第96页。

③ “关于委托苏联代管我在阿富汗财产事”（1950年1月26日至1950年10月25日），中国外交部档案馆馆藏档案，档案号：105-00071-01。1950年5月，苏联大使馆通知驻阿富汗的各国大使馆，应中华人民共和国的请求，苏联政府有责任保护中国在阿富汗的利益。参见：FO 371/83566, Complete Files for 1950，*Protection of Chinese Interests in Afghanistan by USSR.*

④ “前阿富汗驻南京代办穆高南出境事”（1950年3月28日至1950年4月19日），中国外交部档案馆馆藏档案，档案号：105-00228-02。

把他们当作外国侨民待遇，但应予以切实保护。”[①] 因此，中国外交部决定，“阿富汗之穆高南出境，不应当外交官看待。”[②] 对此，经过中国政府的解释，阿富汗表示认同与接受。

1950年6月朝鲜战争爆发后，美国一度要求阿富汗等国出动地面部队入朝参战，但阿富汗“表示抱歉”，拒绝了美国要求出兵的命令。[①] 11月15日，在联合国大会政治委员会召开的会议上，阿富汗没有附和美国关于中国“台湾地位未定论”的议案。[④] 此后，在联合国召开的多次会议上，阿富汗对有关危害新中国利益的议案几乎都表示弃权或反对。[⑤] 但是，阿富汗虽表态“赞成我国加入联合国”[⑥]，“愿与我国建立邦交”[⑦]，但在1950年6月至1951年8月期间，阿富汗驻苏联和驻印度使节相继向中方表示：“该国因财政困难，不能派使节至我国，两国事务往来，可在莫斯科进行。”[⑧] 中阿正式建交问题，即此搁置。那么，究竟是什么真实原因导致中阿建交搁置呢？

诚如阿富汗驻苏联和驻印度使节所言，此时的阿富汗经济极其困难。阿富汗本是个落后的农牧业国家。二战后，阿富汗的经济形势更

① “中央关于外交工作的指示”，《中共中央文件选集》（第18册），中共中央党校出版社1992年版，第45页。

② “前阿富汗驻南京代办穆高南出境事”（1950年3月28日至1950年4月19日），中国外交部档案馆馆藏档案，档案号：105-00228-02。

① 参见新华社：“赖伊为美国侵略者搜罗炮灰成绩甚微 各资本主义国家内部困难重重 无力派遣地面部队赴朝鲜帮凶”，《人民日报》1950年7月30日，第4版。

④ 参见新华社：“敦促联大政委会讨论美国侵略中国案 苏联建议邀我国代表参加 指出开罗协定与波茨坦协定已肯定台湾为中国领土‘福摩萨问题’应从大会议程上撤销”，《人民日报》1950年11月19日，第1版。

⑤ 笔者仅根据《人民日报》披露资料作了一个粗略的不完全的统计，从1950年6月25日朝鲜战争爆发到1951年12月31日，阿富汗在联合国会议上对有关危害中国利益的提案弃权或反对达到11次。

⑥ 新华社：“安理会讨论控诉美国武装侵台案 我代表伍修权严正提出控诉 向安理会提出制裁美国侵略台湾朝鲜罪行等三项建议”，《人民日报》1950年11月30日，第1版。

⑦ 周恩来：“为巩固和发展人民的胜利而奋斗”，《人民日报》1950年10月1日，第1版。

⑧ 廉正保、王景堂、黄韬鹏编：《解密外交文献：中华人民共和国建交档案（1949—1955）》，中国画报出版社2006年版，第604页。

形恶化。不仅对外贸易锐减，而且国内农业歉收，再加上军费庞大和宫廷用费浩繁，结果导致财政收支的实际赤字由1948年的8000余万阿尼增到1952年的21000余万阿尼[①]，并且失业增加，物价飞涨，通货膨胀率一度达到30.5%，一些地区甚至因此出现部落起义。[②] 但以财政困难为由搁置建交，虽的确反映了其国内的实情，但实则背后有着更深层次的原因。

一方面，面对严峻的经济形势，1946年5月，亲美的沙赫·马茂德担任阿富汗首相。马茂德上台后，虽继续坚持中立政策，但把加强阿美关系作为其对外政策的支柱，“把美国当作真正的朋友，希望美国帮助阿富汗在自由民主国家世界中取得它应有的地位。”[③] “其着眼点在于以美国的存在弥补英国留下的真空，并谋求华盛顿的经济军事援助。”[④] 企图借助于美国的技术经济援助以推行其十年经济发展计划，并平衡苏联的影响，以稳定其政权。

另一方面，美国出于“在未来有可能把它当作进攻苏联的一个重要据点”[⑤] 的考虑，在英国逐步撤出南亚的情况下取代英国，成为在阿最主要的外国势力，并企图把阿富汗当作进攻苏联的军事基地，或至少要把阿富汗变成东西方两大阵营之间的“缓冲国”。1950年美国《现代历史》杂志就曾毫不掩饰地说：“美国关心阿富汗的原因之一就是因为这个国家在将来会有作为进攻苏联军事基地的重要意义，西方国家

① 其时阿尼和美元汇率约为40：1。1955年阿富汗政府收入达到13亿阿尼。这已是马茂德下台后，达乌德任首相经济有所发展的数据。由此可见当时阿富汗的贫穷和其政府财政赤字相当严重。1952年阿富汗政府的收入显然小于此数，但阿政府较少公开其收入，1952年阿富汗收入的具体情况不得而知。参见“阿富汗王国经济基本情况“（1957年1月10日），中国外交部档案馆馆藏档案，档案号：203-00197-05。

② 参见“阿富汗的基本情况和动向”（1956年2月21日至1956年2月25日），中国外交部档案馆馆藏档案，档案号：102–00054–02。

③ United States Department of State, *Foreign Relations of the United States 1952-1954*，Vol.11, Part 2, United States Government Printing Office 1983, p.1450.

④ 彭树智、黄杨文：《中东国家通史——阿富汗卷》，商务印书馆2000年版，第231页。

⑤ 中央军委联络部：《阿富汗概况》（内部参考资料），1953年编印，第96页。

是早晚要进攻苏联的，而苏联软弱的部分是它的亚洲部分的回教国家。阿富汗可以充当苏联亚洲部分一切不满分子的集合地。”[①]

在这种背景下，在美国的拉拢下，阿美关系日益发展。在政治方面，1948年阿美关系升格为大使级。美国通过驻阿使馆的活动以及借联合国的名义，和阿富汗的政治联系愈来愈密切。据1948年12月《美国新闻与世界报道》称：“在帕默大使的领导下，美国外交官成为喀布尔工作最忙的人们。他们图谋加强阿富汗与美国的经济的和文化的纽带，在政治上和战略上，他们竭力防止阿富汗积极地与苏联谋求合作。”[②] 在经济方面，一方面，美国加大了对阿富汗的经济技术援助。1946年3月，美国摩里逊·努德森公司承包了坎大哈地区的预算费用为1750万美元的赫尔曼德河水利工程，由阿在二战期间向美出售紫羔皮的货款来偿付。该工程全部完成后可灌溉100万英亩土地，并可发电12万千瓦。但后来发现资金不敷使用，1949年和1951年马茂德两次亲自赴美为赫尔曼德工程进一步施工求援，并接受“杜鲁门第四点计划”。[③] 于是1949年11月22日美国进出口银行贷给阿2100万美元。[④] 根据杜鲁门的第四点计划，1950年美国在阿设立了“美国驻阿富汗工作代表团”。此后，美阿之间还签订了许多大大小小的“技术援助”之类的协定，美国派遣不少“专家”“顾问”“教员”等渗入阿富汗的工矿

① “我驻阿富汗使馆报回关于阿富汗王国首相达乌德访问美国及阿富汗的中立政策和阿美关系”（1958年8月10日至1959年6月30日），中国外交部档案馆馆藏档案，档案号：105-00988-06。

② 中央军委联络部：《阿富汗概况》（内部参考资料），1953年编印，第89页。

③ “杜鲁门第四点计划”也称“技术援助落后地区计划”，因为是1949年1月20日美国总统杜鲁门就职演说中提出的侵略计划中的第四点，故名。其主要内容是对亚、非、拉美不发达地区实行经济技术援助，以达到在政治上控制这些地区的目的。是当时实施于西欧的“马歇尔计划”的补充。阿富汗与美国正式签订这一计划的日期是1951年2月 7日。参见：United States Department of State, *Foreign Relations of the United States 1951*，Vol.6, Part 2, United States Government Printing Office, 1977, p2006.

④ 参见：United States Department of State, *Foreign Relations of the United States 1949*，Vol.6, United States Government Printing Office, 1976, p1779.

部、国民经济部、财政部、农业部、教育部、银行、矿山等。另一方面，双方贸易往来密切。阿富汗最主要的出口货物——紫羔皮几乎全部输往美国，[①] 仅此一项所换得的外汇一度约占阿富汗全部外汇收入的80%。美国也出口大量物资到阿富汗。仅就喀布尔市而言，市场上百货点中不少商品是美国货。美国汽车在阿富汗也占绝大多数。配合着经济活动，美国在阿也大大地加强了文化渗透活动。美国通过“美国国际合作机构”与阿教育部建立技术合作，其活动主要内容有：（一）训练阿富汗的职业青年；（二）训练小学及中学师资。前一“援助”开始于1952年，由美国怀俄明大学负责；后一工作由美国哥伦比亚大学承担。通过这些活动，美国控制了阿富汗许多学校的教学活动和行政管理工作。美国还以国际合作署的名义捐助喀布尔大学修建新校舍，设奖学金吸引阿富汗学生赴美留学等。另外，美驻阿使馆还在喀布尔设立了图书馆、阅览室和英文班等笼络一些青年和职员，并对学校赠送书籍。在军事方面，1951年1月美国正式提出“美阿军事协定”草案，草案规定：由美装备阿6个师，整编阿军和允许美国在各重要地点修建机场。尽管马茂德担心此举会威胁到阿富汗的主权和独立而没有接受。但此时阿美关系之良好可见一斑。

经过多年的活动，美国在阿富汗的影响日益扩大，培植了一批亲美力量，加之贫穷落后的阿富汗，对美国的经济援助亦有较大期盼，同时在经济上对美也有依赖性。这些情况“就形成了美对阿政策一定程度的影响”。[②] 再加上美国在资本主义世界的实力与地位，阿富汗这样弱小的国家，它不愿也不敢得罪美国。因此，在美国政治上孤立、经济上封锁、军事上包围新中国的态势下，阿富汗虽多次在恢复中国

---

① 据美国外交文件，其时阿富汗紫羔皮出口到美国的数量占其出口总额的95%。参见：United States Department of State, *Foreign Relations of the United States 1951*, Vol.6, Part 2, United States Government Printing Office, 1977, p2005-2006.

② “阿富汗基本情况”（1956年2月25日），中国外交部档案馆馆藏档案，档案号：105-00054-03。

联合国席位、朝鲜战争及台湾问题上向中国示好，但“阿有顾虑”，中阿建交“存在若干困难”。[①] 阿富汗出于维护自身国家利益的考量，就此搁置中阿建交进程。而当时中国考虑阿富汗等“伊斯兰教国家，我们同它们关系较少，影响也小，工作可以逐步进行”，[②] 也放缓了中阿建交的步伐。

二、柳暗花明——中阿建交问题再次提出

从1953年下半年开始，中阿建交进程开始出现转机。

第一，阿国内政局发生变化以及阿美关系出现裂痕。马茂德当政六年后，由于其政府在政治、经济等方面存在的问题始终相当严重，从而引起统治集团内部矛盾激化。1953年9月，阿富汗国王查希尔的堂兄达乌德发动政变并出任首相。达乌德上台后，最初仍然希望和美国搞好关系，以得到更多的经济和军事援助。但美国对阿富汗的战略兴趣却并不大。美国一度认为：“对美国而言，阿富汗只有很小的或是根本就没有战略重要性。它的地理位置，再加上阿富汗领导人对苏联能力的认识，表明一旦形势需要，苏联就可以控制这个国家。”[③] 在美国遏制苏联的“北层联盟计划”[④] 中，土耳其、伊朗和巴基斯坦等国处

---

① 廉正保、王景堂、黄韬鹏编：《解密外交文献：中华人民共和国建交档案（1949—1955）》，中国画报出版社2006年版，第604页。

② “我们的外交方针和任务”（1952年4月30日），《周恩来外交文选》，中央文献出版社1990年版，第54页。

③ Mohammad Khalid Ma’Aroof, *Afghanistan in World Politics: A Study of Afghan-U.S. Relations*, Gyan Books Pvt Ltd, 1987, p64.

④ 1953年艾森豪威尔上台后，在杜勒斯主持下美国国务院制定了第三个中东集体安全计划，即“北中东司令部”（或“北层联盟”计划），其目的是在中东拼凑成了一道“遏制”苏联的“屏障”，完成对社会主义国家的包围。

于更重要的地位。和美国源源不断给在普什图尼斯坦问题[①] 上有宿怨的巴基斯坦援助相比，阿富汗获得的经济援助非常有限，军事援助几乎一无所获。对此，达乌德公开进行抨击："美国对巴基斯坦的军事援助是对和平和阿富汗的安全的双重威压。"[②] 对美国策动与巴基斯坦缔结军事同盟的图谋，达乌德也明确表示反对，他指责美巴军事同盟威胁阿国的安全，"阿富汗反对美巴军事条约是完全正当的。"[③] 在此前后，1953年9月和12月，美参议员威廉·诺兰和副总统尼克松先后访阿，以提供经援诱迫阿富汗加入中东军事集团。1954年1月美助理国务卿约翰·杰尼干访阿，图谋阿富汗同巴基斯坦秘密谈判组织"共同防御"联盟。由于这些举措不符合阿富汗的中立外交和不结盟政策，遭到阿富汗拒绝。由此，美国对达乌德极为不满。在1954年甚至传闻美国开始着手进行颠覆达乌德的活动。

阿富汗对美国提供的一些经济技术援助也颇有怨言。不少援助附加了很多苛刻条件，不仅"未能使阿富汗得到多少好处，反而加深了财政经济危机和国内的阶级矛盾，并有受制于美国的危险。"[④] 原计划三年完工的赫尔曼德河水利工程由于设计失误，工程进度十分缓慢，

---

① 1893年，英国强迫阿富汗签订《杜兰协定》，规定了阿富汗东南部的边界——北起瓦罕走廊的南沿，南至伊朗查希丹附近的胡尔木克，即所谓"杜兰线"。"杜兰线"把原属阿富汗管辖的一千多万普什图族人民一分为二，将"线"以东的部分并入英属印度的西北边省。1947年印巴分治后，巴基斯坦独立继承了英属印度的这一地区。自1949年起，巴阿双方就该地区的归属问题发生多起冲突事件。此即是普什图尼斯坦问题，至今仍是阿巴两国关系中的一个敏感问题。参见"中国和阿富汗贸易关系及存在的问题、中阿边界简况、中阿关系大事记（1950—1964年）及普什图尼斯坦问题"（1964年10月28日），中国外交部档案馆馆藏档案，档案号：204-01327-05；姚大学、闫伟："'普什图尼斯坦'问题：缘起、成因及影响"，《西亚非洲》，2011年第2期。

② "阿富汗的基本情况和动向"（1956年2月21日至1956年2月25日），中国外交部档案馆馆藏档案，档案号：102-00054-02。

③ 新华社："印度反对美巴军事同盟的运动日益壮大 阿富汗总理指责美巴军事同盟威胁阿国的安全"，《人民日报》1954年1月4日，第4版。

④ "阿富汗王国外交政策和对外关系基本情况"（1957年1月10日），中国外交部档案馆馆藏档案，档案号：203-00197-06。

不仅一再拖延完工日期，而且耗费了巨额外汇，仅阿富汗政府所聘用的美国专家顾问每年薪金就达700万美元之多，而阿富汗出超所得外汇平均每年不过350万美元。但阿政府如果放弃工程，则前功尽弃。若继续兴建，则财政不足，经济包袱将越来越重，对美国的依赖越来越深。因此该工程成为阿政府骑虎难下的严重负担，在阿官方与民众中被称为“填不满的沟壑”。在万般无奈之下，阿富汗被迫接受了极其苛刻的条件[①]，美国才给予了1850万美元的贷款。[②]

在贸易方面，阿富汗对美国也有诸多不满。阿主要出口货物紫羔皮全部为美国垄断，所以美国在阿对外贸易中举足轻重。但美国不仅肆意压低紫羔皮的价格，而且大幅减少紫羔皮的进口量，再加上国际市场的竞争，使阿富汗的紫羔皮出口额大幅减少，从1949年的1600万美元下降到1953年的1050万美元左右。[③]这使本就很困难的阿富汗经济雪上加霜。所有这些，造成阿美两国关系开始出现裂痕。

第二，阿苏关系不断改善。二战后，美国势力迅速地侵入阿富汗，阿苏关系一度较为冷淡。达乌德上台后，尽管阿富汗的外交政策基本上仍然是中立的，仍把美国作为平衡苏联影响的一个重要砝码，同时希望继续得到美国的援助。但是，其国内严重的经济危机使其迫切地需要外国资金和技术，当然也由于美国在普什图尼斯坦问题上支持巴基斯坦的立场，迫使达乌德不得不转向苏联，和苏联进行更密切的接

---

① 美国提出的借款条件是：第一，阿可将此款用于保障阿人民生活水平的提高，但美专家将有最后决定权；第二，美专家将控制所有的工程；第三，此款的所有支出均由美专家控制，美专家可到阿富汗的各个部门了解情况；第四，所有机器与装备均需通过美国进出口银行在美国购买，并需直接支付给出口商。美国不仅要通过这些条件控制该项工程，而且要藉此渗入到阿富汗政府的有关各部门。参见“我驻阿富汗使馆回报关于阿富汗——巴基斯坦边界纠纷及美国在阿富汗的活动”（1956年1月1日至1956年1月31日），中国外交部档案馆馆藏档案，档案号：105-00776-01。

② 参见“阿富汗首相达乌德访问美国及阿美关系”（1958年8月1日至1961年2月11日），中国外交部档案馆馆藏档案，档案号：105-01179-03。

③ 参见：United States Department of State, *Foreign Relations of the United States 1952-1954*, Vol.11, United States Government Printing Office, 1983, p1488.

触和来往并获取帮助。并且，同苏联接近后，可以向美国讨价还价，使美国的援助降低条件，从而不会轻易地落入美国的控制。与此同时，1953年斯大林逝世后，苏联开始推行主动灵活的外交政策，其适时地抓住时机，努力扩大对阿富汗的影响，以期打破美国在中东的包围圈，确保苏联南面的安全。因此，阿富汗和苏联的关系迅速升温。

在短短不到一年的时间内，苏联就给阿富汗提供了诸多技术上和财政上的帮助，且承诺不附加任何条件。1953年12月24日，苏联和阿富汗两国经过谈判，在喀布尔签订了1954年的贸易议定书。"议定书"规定苏联将输给阿富汗石油产品、金属、糖类、化学品、药品、棉织品、汽车和其他设备；阿富汗将输给苏联羊毛、棉花、皮革、干果和各种含油种子。[①] 从而使两国的贸易额不断增加，1954年比1950年增加了一倍多。1954年1月，苏联给予阿富汗350万美元的低息贷款，规定由苏联供给建立面粉厂、轧棉厂、油库和架设电报电话线的机器装备和技术援助，阿富汗则以出口货物分五年偿还。[②] 1954年2月9日，联合国亚洲与远东经济委员会举行会议，讨论亚洲和远东的经济情况。会后，苏联代表邀请阿富汗代表在1954年9月和10月间到苏联作一个月的访问，以了解苏联的经济发展情况，以便发展贸易、缔结互相购货的长期合同和研究给予技术援助的具体要求。[③] 同月27日，苏阿两国又在喀布尔签订了一项由苏联政府贷款给阿富汗政府的协定，以帮助阿富汗建设两个设有起卸机装备的谷仓、一家磨粉厂和一家机器面包厂。[④] 1954年10月，苏联又贷款210万美元给阿富汗修筑喀布尔市街，

① 参见新华社："苏联和阿富汗签订一九五四年贸易议定书"，《人民日报》1953年12月28日，第4版。

② 参见"阿富汗基本情况"（1956年2月25日），中国外交部档案馆馆藏档案，档案号：105-00054-03。

③ 参见新华社："苏联代表在联合国亚洲与远东经济委员会上发言 苏联准备和亚洲各国缔结长期购货合同"，《人民日报》1954年2月15日，第4版。

④ 参见新华社："苏联和阿富汗签订贷款协定"，《人民日报》1954年2月2日，第4版。

并派专家协助阿富汗建设柏油和混凝土的工厂。“苏联大规模的真诚援助给阿富汗很多好处，使阿富汗向社会主义阵营逐渐靠拢。”①

在苏联加大对阿富汗经济技术援助的同时，苏阿之间的文化交流也有发展。1953年12月，由前喀布尔大学校长阿纳斯率领的阿富汗文化代表团访问了苏联。翌年以苏联科学通讯院士塔利津教授为首的苏联文化代表团亦应邀到阿富汗作友好访问。正是由于“苏阿关系很好，中阿建交的政治上的障碍不存在”，② 使中阿建交进程峰回路转、柳暗花明。

第三，中国倡导的和平共处五项原则和阿富汗的中立政策契合。新中国成立后，作为睦邻外交政策的核心思想——和平共处五项原则的理论和实践日益深入人心，也使中国的国际地位和影响力不断提高，赢得了周边国家的好评，获得越来越多的亚非拉国家的支持。由于和平共处五项原则符合阿富汗的国家利益和中立政策，“阿富汗继印度、缅甸、印尼之后，赞成和平共处的五项原则。”③ 从而为双方关系的发展奠定了共同基础，使阿富汗看到了中国妥善处理周边关系的诚意，有利于打消其对华建交的疑虑。而且与中国建交，也有利于拓展其政治生存空间，提高其国际地位。从而使其对同中国建交抱积极态度。于是，1954年1月30日，阿新任驻巴基斯坦代办阿提克拜访中国驻巴基斯坦大使韩念龙，声称阿富汗政府拟于当年派使节来中国，和中国商谈建交事宜。

此外，值得一提的是，这一时期印度的外交政策对阿也有一定影响。因为阿印在南亚有着共同的敌人——巴基斯坦，因而“阿政府

① “阿富汗首相达乌德访问美国及阿美关系”（1958年8月1日至1961年2月11日），中国外交部档案馆馆藏档案，档案号：105-01179-03。

② 廉正保、王景堂、黄韬鹏编:《解密外交文献：中华人民共和国建交档案（1949—1955）》，中国画报出版社2006年版，第603页。

③ “阿富汗王国外交政策和对外关系基本情况”（1957年1月10日），中国外交部档案馆馆藏档案，档案号：203-00197-06。

对于国际重大问题的态度，往往先看印度的做法，而后表态。”[①] 而这一阶段中印正处于“蜜月期”，这更进一步坚定阿富汗与中国建交的决心。

三、借势而为——中阿顺利建交

在1954年1月阿富汗对中国驻巴基斯坦大使韩念龙表达了正式建交意愿的试探之后，由于美国一度加紧了对阿富汗的拉拢，此后阿方数月从未提及此事。而中方考虑到中国和阿富汗是邻国，历史上有着长期的友好往来，从无利害冲突；而在反殖民主义的斗争中，彼此又曾互相支持；新疆毗邻阿富汗，许多风俗习惯相同，新疆的建设和进步对阿人民有甚大的影响；同时为打破美国对中国的孤立、封锁，故决定主动采取措施，争取尽早实现中阿建交。1954年2月中国外交部接到中国驻巴基斯坦大使韩念龙的报告后，即于当月和8月，两次致电中国驻印度大使袁仲贤、中国驻巴基斯坦大使韩念龙，要求他们同阿富汗外交人员进行接触，对中阿建交问题进行探询、研究。经过接触，袁、韩均认为“与阿建交有必要有可能”。[②] 而且韩念龙向外交部建议“由于苏、阿关系很好”，中阿建交谈判“在莫斯科进行似更方便”。[③]

9月10日，中国外交部“鉴于目前和阿建立正常外交关系，有重大战略意义，且有一定的可能”，指示中国驻巴基斯坦大使韩念龙、驻苏联使馆临时代办温宁和驻印度大使袁仲贤即与阿富汗商谈交换使节的问题，准备“三管齐下”尽早解决中阿建交问题，并决定派韩念龙拜访阿驻巴代办，向其表示，“奉我国政府指示，我国愿与阿富汗正式建立外交关系，并就此问题与阿富汗政府进行谈判。请他报告政府，

---

① “近年来阿富汗同印度关系的演变”（1962年10月26日），中国外交部档案馆馆藏档案，档案号：105-01506-02。

② 廉正保、王景堂、黄韬鹏编：《解密外交文献：中华人民共和国建交档案（1949—1955）》，中国画报出版社2006年版，第604页。

③ 同上，第603页。

并予答覆。”而谈判的地点，“我可提出喀喇蚩[①]，征求阿方意见，如阿方提出其他有我使馆的地方，亦可同意。”[②]其时，考虑到阿富汗与中国国民党当局早已断绝关系以及“阿在联合国有关我国问题上，均未采取与我敌对的态度”，符合新中国谈判建交的基本原则——“凡与国民党反动派断绝关系、并对中华人民共和国采取友好态度的外国政府，中华人民共和国中央人民政府可在平等、互利及互相尊重领土主权的基础上，与之谈判，建立外交关系。”[③]因此，中国外交部决定“原则上简化关于建交的谈判，直接提出我国愿与阿富汗正式建立外交关系并互派使节。”[④]

接到中国外交部的指示电报后，9月13日，韩念龙即拜访阿富汗驻巴代办，说明来意后，阿代办“即对我提议表示欣悦与感谢。并称：彼将报告其政府，希望能于短期内建立外交关系。”[⑤]对于谈判地点，阿代办个人表示可在卡拉奇进行，并准备在9月17日阿富汗外交大臣路过卡拉奇赴联合国开会时商谈此事。此后恰逢阿代办回国休假，期间曾就中阿建立正式外交关系问题请示其首相达乌德和副首相阿里及其他大臣，他们均十分欢迎中方提议，决定具体磋商事宜等外交大臣纳伊姆自联合国回来向内阁提出通过后正式通知中国政府。不久，阿外交部通知其驻巴使馆，让其通过中国驻巴使馆告知中国政府：“阿政府已接受我建议，同意中、阿建立正式外交关系、互派使节。”且“阿方意见目前两国互派公使而非大使”。与此同时，“阿政府指令阿驻德

① 即卡拉奇，当时的巴基斯坦首都。

② 廉正保、王景堂、黄韬鹏编：《解密外交文献：中华人民共和国建交档案（1949—1955）》，中国画报出版社2006年版，第604页。

③ “中国人民政治协商会议共同纲领”（一九四九年九月二十九日中国人民政治协商会议第一届全体会议通过），《中共中央文件选集》（第18册），中共中央党校出版社1992年版，第595—596页。

④ 廉正保、王景堂、黄韬鹏编：《解密外交文献：中华人民共和国建交档案（1949—1955）》，中国画报出版社2006年版，第604页。

⑤ 同上，第605页。

里大使与中国驻德里大使具体商谈签约问题”。[①]

11月30日，阿驻巴基斯坦一等秘书代办访问中国驻巴基斯坦使馆，将以上阿方态度与决定告知中国驻巴基斯坦使馆。当日，中国驻巴基斯坦使馆临时代办郑为之就转报中国外交部和中国驻印度使馆。12月9日，中国外交部致电中国驻印度使馆临时代办申健和郑为之，决定中国驻印度使馆“可主动问阿使节”，“进行商谈”建交事宜，并指示驻印使馆可采取下列步骤：

“（一）对阿方同意和我国建交表示欢迎。同时表示希望此次双方接触即作为正式谈判，征阿方同意。

（二）阿方在巴已提出互派公使，经部考虑，认为目前中阿互派公使是适当的，可予同意。如阿方提出互派大使，亦可同意。

（三）此次与阿谈判有结果，因此应向阿方提出此次商妥后，最好发表公报。阿方如同意即商定时间，两国同时发表。

（四）至于我派去使节人选问题，部正商量，不妨先与阿方谈及，待定后再按照惯例征求阿方同意。”[②]

此后，关于中阿建交事宜的交涉、谈判主要由两国驻印度使馆进行。

接到12月9日中国外交部的指示，中国驻印度使馆即主动与阿富汗驻印度大使接触两次，不巧的是阿大使正处病中。18日，阿驻印使馆一等秘书马可木耳回访，称“阿内阁已经决定即与中华人民共和国建立正式外交关系并互派公使”，“此次接触即作为正式谈判建交程序的开始”。他还询问“关于下一个步骤应如何进行”。对此，中国驻印使馆临时代办申健建议“程序上可以比较简单些”：“第一我们互通照会，拟定建交公报，商定分别在北京及喀布尔公布时间，该公报之草稿如你认为需要

① 廉正保、王景堂、黄韬鹏编：《解密外交文献：中华人民共和国建交档案（1949—1955）》，中国画报出版社2006年版，第606页。

② 同上，第607页。

我可先拟定供你考虑；第二双方提出使节人选，并征双方政府同意后公布。如阿富汗政府愿意互相互换大使，我们也不反对，对以上步骤你有何意见我们仍愿考虑。”马可木耳表示“愿将此意立即电告阿政府”，并“由信使带书面报告给阿政府，俟得到指示立即告知。”①

12月31日，阿富汗驻印度大使馆一等秘书马可木耳告知申健已收到指示，阿政府“决定在一月二十日同时在北京及喀布尔宣布中阿正式建交，并经阿内阁决定中、阿均将成立大使馆。”阿内阁之所以改变成立公使馆之前议而决定互相建立大使馆，“主要因为：第一中国系世界大国；第二中国系阿富汗之友好邻邦。”对此，申健“表示欢迎并即报告政府”。双方还商定1955年1月1日中方送一照会给阿驻印大使提出建交公报内容草稿，阿方由信使送回阿富汗，等阿国内批复后再以正式照会的方式回复中方。1955年1月1日，中国驻印度使馆正式照会阿方：

“关于中华人民共和国和阿富汗王国之建立正式外交关系程序问题。经过一九五四年十二月十八日及十二月三十一日在德里两次友好和愉快地商谈，现双方已同意即将正式建立外交关系，并互派大使。

至于在两国首都同时发表公报的时间订于1955年1月20日，我已报告我国政府，一俟得到答复，当即奉告。

兹谨附上该项公报草稿全文，请转告贵国政府。如蒙同意，请即惠覆。”②

收到中国驻印使馆的报告后，1月3日，中国外交部即致电中国驻印使馆：“同意于一月廿日在北京和喀布尔同时发表中、阿建交公报。”1月13日，阿富汗驻印大使来照会称，“两国建交公报内容阿政

① 廉正保、王景堂、黄韬鹏编：《解密外交文献：中华人民共和国建交档案（1949—1955）》，中国画报出版社2006年版，第608页。

② “阿富汗政府同意我方所拟两国建交公报内容及来往照会原件”（1955年1月1日至1955年1月13日），中国外交部档案馆馆藏档案，档案号：105-00053-03。

府完全同意我方所拟草稿，并订于本月二十日同时在北京与喀布尔公布”。[①] 1月20日，两国正式发表建交公报：“中华人民共和国政府和阿富汗王国政府基于增进双方关系的共同愿望，双方同意在中华人民共和国和阿富汗王国之间建立正常外交关系，并互派大使。”[②] 至此，新中国与阿富汗正式建立了外交关系。

中阿建交后，双方又就大使人选进行了一番磋商。1955年2月15日，中国外交部致电驻印大使袁仲贤：“中国人民代表大会常务委员会已决定丁国钰为驻阿富汗大使，请你即约见阿驻印大使，请其转达阿政府征求同意。”[③] 3月2日，阿富汗驻印大使以备忘录交袁仲贤，同意中国驻阿大使人选，表示阿富汗驻华大使不久当可任命，但未谈及时日或人选。6月，丁国钰大使到任。9月底，阿外交大臣纳伊姆致丁国钰照会，决定“阿富汗现驻巴格达公使阿卜杜尔·沙玛德（ABDUL SAMAD）已被调职并被任命为阿富汗驻北京大使”，“希望你惠将上述决定尽速通知你国政府，以便接纳对他的任命”。[④] 10月9日，中方复照表示同意。1956年1月，阿富汗首任驻华大使阿卜杜尔·沙玛德（此后中国外交部档案中大多称其为“萨马德”，故后文中出现均用“萨马德”名）抵达北京。

总的来说，中国与阿富汗建立正式外交关系的过程虽有波折，但还是比较顺利的。尽管阿富汗在承认新中国后有颇多顾虑，但其国内国际的局势变动、美阿关系的松动、苏阿关系的改善以及中国的积极

---

① “阿富汗政府同意我方所拟两国建交公报内容及来往照会原件”（1955年1月1日至1955年1月13日），中国外交部档案馆馆藏档案，档案号：105-00053-03。

② “阿富汗政府同意我方所拟两国建交公报内容及来往照会原件”（1955年1月1日至1955年1月13日），中国外交部档案馆馆藏档案，档案号：105-00053-03。此为中国所公布的建交公报，在阿富汗王国首都发表之公报中“中华人民共和国政府”和“阿富汗王国政府”位置互换。

③ “外交部就任命丁国钰为驻阿富汗大使事致我驻印度大使袁仲贤电及袁大使复电”（1955年2月15日至1955年2月16日），中国外交部档案馆馆藏档案，档案号：105-00053-07。

④ “阿富汗任命阿布杜·沙玛德为驻华大使的来照及简历”（1955年9月29日至1955年10月6日），中国外交部档案馆馆藏档案，档案号：105-00053-10。

主动，使两国最终走到了一起，共同开创了两国关系的新局面。

不得不提的是，中阿建交还开创了中国建交史上的一个先例。中阿建交后，阿富汗驻印使馆一等秘书马可木耳建议“中、阿两国外长就建交互相通电祝贺，若我同意，通电的时间为一月二十五日”，“若毛主席与阿国王能互通电则更佳”。“为了争取阿对我之友好”，中方同意两国外长互相致电祝贺，而“主席与阿国王互通电似无必要”。[①] 1月25日，两国外长互致电祝贺，开创了中国与他国建交后两国外长互相通电祝贺的先例。

中阿两国建立正式的外交关系，不仅完全符合“两国人民的共同利益和愿望，而且将使两国之间的传统友谊和和平合作关系得到发展”，“必将有助于亚洲和世界的和平”，也再次证明了“不同社会制度的国家完全可以和平共处，而且能够发展彼此之间的和平合作关系”。[②] 从此，中阿两国友好合作关系进入到新的历史发展阶段。

第三节　和平共处五项原则和中阿建交后两国关系的初步发展

一、阿富汗赞成、支持和平共处五项原则的表现

新中国成立后，中国政府运用智慧，努力探讨最大限度地保护本国利益和实现国与国之间友好相处的路径。最终于1954年，中国与印度、缅甸共倡和平共处五项原则，为处理中国与其他国家关系提供了基本思路，并首先实践于处理中国与周边民族主义国家关系。此时，中国政府判断要包括阿富汗在内的周边的一些民族独立国家“痛快地

① “关于中国、阿富汗建交后两国外长互通电祝贺事”（1955年1月23日），中国外交部档案馆馆藏档案，档案号：105-00053-04。

② 廉正保、王景堂、黄韬鹏编：《解密外交文献：中华人民共和国建交档案(1949—1955)》，中国画报出版社2006年版，第612页。

加入我们的阵营是不现实的，但争取和帮助他们坚持和平中立的立场却是可能的。”于是决定中国外交政策的“战略部署就是：在加强社会主义各国团结的同时，争取民族独立的国家，共同反对帝国主义的侵略。”① 其基本路径指向就是以和平共处五项原则为基础争取这些“中间力量”，“五项原则完全可以成为在我们中间建立友好合作和亲善睦邻关系的基础。”② 不惟如此，“在我们与亚洲以及世界其他国家的关系中，也应该适用这些原则。如果这些原则不仅适用于各国之间，而且适用于一般国际关系之中，它们将形成和平与安全的坚固基础。”③ 正是由于新中国以和平共处五项原则作为处理国与国之间关系的准则，在20世纪50年代中期，“中国的威望和影响稳定提高，而且有一时候，中国似乎正以世界新兴独立国家的斗士的面目出现。”④

和平共处五项原则提出后，一直“对国际事务不大积极，发表意见不多，发表时多半是继其他国家之后，且没有什么独特的见解或主张”⑤ 的阿富汗不仅多次在各种场合口头上表示赞成，而且在国际事务中以实际行动践行和平共处五项原则。具体表现在以下几点：

第一，对彰显和平共处五项原则的万隆会议推崇备至。受邀参加万隆会议后，“阿政府对此会议极为重视”，“阿舆论拥护亚非会议衷心讨论殖民主义问题”。阿富汗拟参加万隆会议的人员还认为：“五项原则将得到多数国家的赞许，和平地区将扩大，中国与印度代表团在会

① 中共中央文献研究室编：《周恩来传（1898—1976）》（三），中央文献出版社2008年，第1667页。

② “在亚非会议全体会议上的发言”（1955年4月19日），《周恩来外交文选》，中央文献出版社1990年版，第122页。

③ 中共中央文献研究室编：《周恩来年谱（1949—1976）》（上卷），中央文献出版社1997年，第392页。

④ ［美］R. 麦克法夸尔、费正清编，王建朗等译：《剑桥中华人民共和国史(1949—1965)》，中国社会科学出版社1990年，第275页。

⑤ “阿富汗王国外交政策和对外关系基本情况”（1957年1月10日），中国外交部档案馆馆藏档案，档案号：203-00197-06。

中将起重大作用”。[①] 1955年4月，万隆会议召开。会上，中国代表团大力倡导和平共处五项原则。会议发表的最后公报提出了与和平共处五项原则的精神一致的、国际社会和平相处和友好合作的十项原则。

中阿两国领导人的第一次接触就是在此次会议。[②] 这次会议上，阿富汗政府明确表示赞成和平共处五项原则。其时，阿富汗副首相兼外交大臣纳伊姆率领财政大臣、新闻大臣、阿驻英大使、阿驻印尼大使等人组成的代表团参会。周恩来的风采和中国代表团在会议内外的温和冷静给纳伊姆留下了深刻影响。据他后来回忆：“周总理在万隆会议时给了我难忘的印象，他使我相信他不仅是中国伟大的政治家和六亿多中国人民的发言人，同时也卓越的表达了亚非人民的普遍意志。”[③] 这次会议“增进了彼此间的了解，对发展两国间的友好关系起了极其重要的作用。”[④] 周恩来也曾回忆说，“中国同阿富汗和尼泊尔，也通过双方领导人员在那次会议上的接触，使原来已经存在的友好关系，有了进一步的发展。”[⑤]

万隆会议后，阿富汗对会议推崇备至，认为“这是亚非两洲国家第一次集会来自己决定问题”。[⑥] 会议“成功的最重要的原因就是取得很不容易的一致意见。”[⑦] 此后，阿富汗政府及其领导人多次在不同场

---

① “阿富汗出席亚非会议人员及对该会的反映”（1955年3月29日），中国外交部档案馆馆藏档案，档案号：207-00064-26。

② 1955年4月22日晚，中国代表团还曾举行宴会招待阿富汗和印尼、锡兰（斯里兰卡）等国的代表们。

③ “接待阿富汗王国副首相兼外交大臣纳伊姆访华简报”（1959年9月4日至1959年9月14日），中国外交部档案馆馆藏档案，档案号：204-00067-04

④ 张俊：“发展中国和阿富汗两国的贸易往来和友好关系”，《人民日报》1957年1月20日，第5版。

⑤ “周恩来总理兼外交部长关于目前国际形势、我国外交政策和解放台湾问题的发言（之二）”，《人民日报》1956年6月29日，第2版。

⑥ “阿富汗王国首相达乌德对外政策言论摘要”（1957年9月9日），中国外交部档案馆馆藏档案，档案号：204-00600-02。

⑦ “阿富汗王国外交政策和对外关系基本情况”（1957年1月10日），中国外交部档案馆馆藏档案，档案号：203-00197-06。

合表达了对万隆会议的高度肯定和赞扬。1955年6月30日，阿富汗国王查希尔在阿富汗第九届国民议会上的开幕辞中就表示："今年春天在万隆召开的亚非会议对于亚洲及世界和平都有着重大意义。亚非会议闭幕会所发表的宣言证明了一个事实，那就是大部分人类表示了他们建立世界和平的强烈愿望，并且认为正当使用人类的权利是解决国际间误解和困难唯一的补救方法。我们希望全世界的人民都有这种要求和愿望。"① 同年12月18日，赫鲁晓夫、布尔加宁访问阿富汗期间公布的阿苏联合声明对万隆会议同样有着很高的评价：两国政府"宣布它们遵守五项原则——互相尊重领土完整和主权、互不侵犯、彼此不以经济、政治或意识形态上的理由干涉对方的内政、平等互利、和平共处。万隆亚非会议的参加国一致赞同的这些原则，是保证和平和世界各国人民之间的相互谅解的坚实基础，而且是符合联合国组织的宗旨和原则的。"② 1956年4月18日万隆会议一周年时，阿富汗还举行了庆祝活动，首相达乌德为此发表了长篇广播讲话，在讲话中，达乌德强调："亚非国家之间建立更加密切的关系是十分重要的，并且希望这两大洲的国家间的更好的了解与合作进一步得到发展和巩固"。他希望"下一次的亚非会议能够采取任何可能采取的切实可行的步骤，去保卫它们的共同目标和利益，并希望这些步骤能够在消除国与国之间的分歧，制造有利于亚非各国间合作的和谐气氛等方面，获得成功。"③ 1956年10月，阿富汗首相达乌德访苏。此次访问达成的苏阿联合公报再次强调万隆会议的伟大作用，明确表示两国对"联合国宪章和亚非会议的原则的尊重和支持"，宣布双方在"和平共处"的基础上

① "阿富汗国王在第九届议会上的开幕辞"（1955年6月30日），中国外交部档案馆馆藏档案，档案号：105-00284-03。

② "阿富汗王国外交政策和对外关系基本情况"（1957年1月10日），中国外交部档案馆馆藏档案，档案号：203-00197-06。

③ "阿富汗王国首相达乌德对外政策言论摘要"（1957年9月9日），中国外交部档案馆馆藏档案，档案号：204-00600-02。

发展友好关系。[①] 1958年10月，苏联最高苏维埃主席团主席伏罗希洛夫应邀访问阿富汗，阿富汗首相达乌德又一次明确强调“以万隆会议五项原则”来“巩固和发展苏阿关系”。[②]

第二，拒绝参加军事集团和积极倡导不结盟运动。1953年杜勒斯担任美国国务卿后，“美国想阻止共产主义在世界特别是南亚的扩展，大力发展那些与苏联和中国地理上邻近的国家的外交关系。”于是竭力“策动美国的积极支持者组织防御联盟”。[③] 在这一新政策下，美国积极推动、促成“北层联盟组织”、东南亚条约组织和巴格达条约组织的成立。美国一度判断，假若阿富汗和巴基斯坦之间的普什图尼斯坦问题能够消除，阿富汗就能放弃中立政策，参加巴格达条约组织。因而美国声称愿意调解阿巴纠纷。[④] 为此，1955年11月，美国驻阿大使会见阿富汗国王，表示美国要调解阿巴纠纷。同月，美国总统艾森豪威尔又给阿富汗国王来信，“表示极大愿望来‘调解’阿巴纠纷，企图把阿富汗拉进巴格达军事条约组织。”[⑤] 面对这种情况，阿富汗一度有所动摇。阿富汗副首相兼外交大臣纳伊姆对美国表示有兴趣加入“北层联盟组织”、东南亚条约组织和巴格达条约组织。但由于不符合阿富汗的中立外交传统，最终遭到阿富汗的拒绝。而巴基斯坦加入了东南亚条约组织和巴格达条约组织，及美英等国支持巴基斯坦在普什图尼斯坦问题上的立场，更引起阿富汗对该两个组织的抨击和不满。甚至对北

① 参见“阿富汗王国外交政策和对外关系基本情况”（1957年1月10日），中国外交部档案馆馆藏档案，档案号：203-00197-06。

② 参见“苏联最高苏维埃主席团主席伏罗希洛夫访问阿富汗”（1958年10月10日至1958年10月19日），中国外交部档案馆馆藏档案，档案号：109-01814-18。

③ Mussarat Jabeen, Muhammad Saleem Mazhar, Naheed S. Goraya, *US Afghan Relations: A Historical Perspective of Events of 9/11*，A Research Journal of South Asian Studies Vol. 25, No. 1, Jan.-Jun. 2010, p.148.

④ 参见：United States Department of State，*Foreign Relations of the United States 1955–1957*, Vol8, United States Government Printing Office, 1987, p.6.

⑤ “我驻阿富汗使馆回报关于阿富汗——巴基斯坦边界纠纷及美国在阿富汗的活动”（1956年1月1日至1956年1月31日），中国外交部档案馆馆藏档案，档案号：105-00776-01。

大西洋公约组织，阿富汗虽没有直接的抨击，但实际上也是不赞成的。1956年4月，纳伊姆在评论法国对阿尔及利亚的暴行时就曾说："被西方国家一再地宣布为防止侵略的工具和利用于防御的目的的欧洲防务部被用来对付阿尔及利亚人民的时候，这种使用就具有完全不同的形式，因此就丧失了人类的信赖和信任。"① 1959年5月21日，阿富汗首相达乌德在访问苏联时更进一步明确表示："我愿坦白地说，阿富汗从不想参加任何此类条约，把自己的领土变成军事基地。这样的行动是违背中立政策以及阿富汗的精神、传统和历史的。"②

与此同时，阿富汗还利用各种场合，与印度、南斯拉夫等国呼吁第三世界国家加强团结，积极倡导不结盟运动。1955年12月19日，达乌德在答复外国记者询问时就表示："阿富汗不想跟随任何军事集团。阿富汗需要国家建设，因此它要和平和安宁，并认为中立是它取得和平、安平和国家进步的最好方法。……阿富汗的门是敞开的，阿富汗的友谊之手伸向所有人。"③ 1959年12月16日，阿富汗首相达乌德对中国驻阿大使郝汀也明确表示：阿富汗的"外交政策便是中立和不结盟政策。"④ 阿富汗的种种举措，对不结盟运动的正式形成起着重要作用。1961年6月，阿富汗和埃及、南斯拉夫、印度、印度尼西亚等五国发起了在开罗举行的有20个国家参加的第一次不结盟国家和政府首脑会议的筹备会议。这次会议明确将"奉行以和平共处和不结盟为基础的独立的外交政策"作为参加不结盟国家会议的条件之一，标志着不结盟运动的正式形成。

---

① "阿富汗王国外交政策和对外关系基本情况"（1957年1月10日），中国外交部档案馆馆藏档案，档案号：203-00197-06。

② "陈毅副总理出发阿富汗王国的参考资料之一：阿首相达乌德的情况和言论"（1960年8月4日），中国外交部档案馆馆藏档案，档案号：203-00202-01。

③ "阿富汗王国外交政策和对外关系基本情况"（1957年1月10日），中国外交部档案馆馆藏档案，档案号：203-00197-06。

④ "陈毅副总理出发阿富汗王国的参考资料之一：阿首相达乌德的情况和言论"（1960年8月4日），中国外交部档案馆馆藏档案，档案号：203-00202-01。

第三，坚定地反对殖民主义和积极支持亚非国家的民族解放运动。二战后，随着帝国主义和殖民主义势力的削弱，殖民地、半殖民地国家民族独立意识进一步增强，亚非拉各国民族解放运动兴起，诞生了一系列独立国家。但帝国主义和殖民主义并不甘心失败，它们仍试图通过种种措施干涉别国内政。对此，由于历史上深受英国殖民主义的痛苦，阿富汗反殖民主义的立场很明确，态度很坚定。而从万隆会议开始，阿富汗反殖民主义的态度更加明显。阿富汗副首相兼外交大臣纳伊姆在万隆会议上明确表示："阿政府反对任何形式的殖民主义，对曾遭受奴役的痛苦的国家现在却来压迫其他民族表示遗憾"。他还认为，亚非国家之间应进行经济合作以改善经济落后的状况。[①] 1956年4月18日，阿富汗首相达乌德在亚非会议一周年长篇广播讲话中再次强调："阿富汗政府宣布它坚决不懈地反对殖民主义和对于人类大众的权利、自由的侵害。""不仅老式的殖民主义应该反对，而且无论以什么形式和方式出现的殖民主义都应该被谴责和反对。"[②]

对于亚非国家的民族解放运动，阿富汗亦以实际行动积极支持。1955年，阿富汗在第十届联合国大会上明确谴责殖民主义，对北非民族解放运动表示支持，同时支持塞浦路斯民族自决的议案。随后，正式承认摩洛哥、突尼斯、苏丹独立并与之商谈建交。"阿政府还认为阿尔及利亚、新加坡应该独立，西伊里安应归还印尼，被葡萄牙占为殖民地的果阿应归还印度，塞浦路斯人民的意志应得到尊重。阿政府一再表示只有大国回应世界上普遍要求独立的态势，才能消除紧张的局势，有利于和平。"阿富汗尤为关心、"完全支持"埃及将苏伊士运河公司国有化和埃及反抗英国、法国、以色列侵略的斗争。不仅阿富汗

① 参见"阿富汗王国外交政策和对外关系基本情况"（1957年1月10日），中国外交部档案馆馆藏档案，档案号：203-00197-06。

② "阿富汗王国首相达乌德对外政策言论摘要"（1957年9月9日），中国外交部档案馆馆藏档案，档案号：204-00600-02。

领导人多次发表讲话声援埃及，而且“阿全国各地都在集会和游行示威愤怒地抗议英法以的侵略，许许多多个人和组织上书要求政府允许前往埃及支援在患难中的同教的弟兄。”甚至，1956年11月1日，阿政府公开发表谴责英国、法国、以色列的声明，其措词的强烈程度超过了印度等国家。声明称：“阿富汗政府认为英法武装部队和所谓犹太国对埃及领土的毫无道理的无端的侵略是破坏国际法、昭彰地违反联合国宪章的暴虐行为。这一行为引起阿富汗政府人民的深深不安和反感。”“阿富汗人民愿意对为保护自己的权利和自由而公正的埃及人民表示完全同情，并且谴责英法在埃及的毫无道理的残忍的侵略为违背一切国际和人类标准的不道德的行为。”“阿富汗将完全衷心地支持联合国谴责和粉碎这一侵略的一切努力。”[①]

第四，一贯高举中立外交的旗帜。1919年阿富汗独立后，明确宣布执行中立外交，平衡英国、苏联（苏俄）在阿富汗的影响，与其他国家尤其是大国和周边国家发展友好关系，以确保民族独立和国家安全。此后，无论是身处第二次世界大战，还是美苏对峙的冷战时期，中立都是阿富汗固有的一贯的对外基本战略。20世纪50年代，阿富汗领导人继续高举中立外交的旗帜，在国际国内很多场合一再声明它的中立政策的立场。1955年6月，阿富汗国王查希尔在第九届国民议会闭幕时就曾说：“我们的外交政策是根据中立原则和加强一切国家友好关系的原则。保持中立已经成为而且仍将成为我们政府的政策中心。”同年8月30日，他又在阿富汗独立节纪念的演讲中公开表示：“阿富汗的外交政策是建立在同世界上一切国家友好合作的原则上”。[②]阿富汗首相达乌德也多次表达了相同立场。1955年12月16日，达乌德在欢迎

① “阿富汗王国外交政策和对外关系基本情况”（1957年1月10日），中国外交部档案馆馆藏档案，档案号：203-00197-06。

② “我驻阿富汗使馆回报关于阿富汗的基本情况”（1956年1月1日至1956年1月31日），中国外交部档案馆馆藏档案，档案号：105-00776-02。

赫鲁晓夫访阿的讲话中表示："苏阿两国的社会生活是建立在不同的原则上面的。它们的友谊是具有不同政治制度的国家，只要互相之间有友好关系就可以共处的生动例子。两国之间的合作促进了两国的发展和繁荣。"[①] 1956年11月25日，他访问巴基斯坦时发表公开演说，进一步表示："在国际关系方面，阿富汗是一个爱好和平的中立国家"。"它希望同一切国家保持友好关系，特别是同亚非地区的国家保持友好关系"。[②]

正如前文所说，由于阿富汗的中立外交与和平共处五项原则的基本精神相契合，阿富汗的这一行为客观上也有助于和平共处五项原则的传播和扩大影响，使和平共处五项原则越来越得到世界公认。由此，阿富汗的传统中立政策也获得新发展，从彷徨于两强之间以求自保变成"积极的中立主义（Positive Neutrality）"，积极灵活地在两大阵营之间"利用矛盾，平衡关系，争取主动，从中取利"。[③]

由于"阿富汗所奉行的和平中立外交政策既取得国内人民的拥护，也得到所有和平国家的支持，因此阿富汗在国际上的地位便日益表现它的重要性。"[④] 中国政府对阿富汗所奉行的和平中立的外交政策，也一直给予很高的评价和积极的支持。1957年1月周恩来访问阿时就曾对阿富汗首相达乌德表示："中国人民和政府完全支持阿富汗奉行和平、独立的中立政策。不仅对阿国人民有利，并且对亚洲人民有

① "阿富汗王国外交政策和对外关系基本情况"（1957年1月10日），中国外交部档案馆馆藏档案，档案号：203-00197-06。

② "阿富汗王国首相达乌德对外政策言论摘要"（1957年9月9日），中国外交部档案馆馆藏档案，档案号：204-00600-02。

③ "1965年阿富汗形势摘要和驻阿使馆1966年工作要点"（1965年2月9日至1965年12月25日），中国外交部档案馆馆藏档案，档案号：105-01345-03。

④ "我驻阿富汗使馆回报关于阿富汗的基本情况"（1956年1月1日至1956年1月31日），中国外交部档案馆馆藏档案，档案号：105-00776-02。

利。”[①] 1959年9月，毛泽东主席对访华的阿富汗副首相纳伊姆进一步强调：“阿富汗很重要，你们是纯粹中立的国家，政治上不侵略别人。你们说话很有力量。真理在你们那边，你们国家虽小，但真理在你们的手中。我们不小看小国。”[②]

总而言之，和平共处五项原则的倡导有利于阿富汗维护其国家利益和民族独立，拓展其国际生存空间。再加上中阿建交后，中国对阿富汗一贯友好和诚挚，“我一贯平等相待，不强加于人，我还经常照顾其困难，体谅其处境，耐心地等待，使阿当局逐渐增加了对我国的了解和信任”，[③] 使阿富汗体味到中国与其他国家和平共处的诚心，从而使阿富汗积极支持和平共处五项原则。

二、以和平共处五项原则为基本准则，中阿关系取得初步发展

综观20世纪50年代，中阿建交后，两国一直以和平共处五项原则作为处理国家关系的基本准则，积极推动两国关系稳步地向前发展。

第一，中阿两国政府首脑成功实现了两国历史上的首次互访。鉴于“阿富汗目前基本上是一个属于印度、缅甸、印度尼西亚类型的和平中立国家”[④]，1956年6—7月间，中国外交部以中国国务院总理周恩来的名义正式发出邀请书，拟邀请达乌德1957年访华。但1956年秋冬之际爆发的波匈事件和苏伊士运河危机后，一些国家，特别是中国

① “阿富汗国王访问期间周恩来总理和阿首相达乌德第三次会谈摘要”（1957年1月22日），中国外交部档案馆馆藏档案，档案号：204-00059-04。本档案的原名称当有误，应为“周恩来总理访阿期间周恩来总理和阿首相达乌德第三次会谈摘要”，可能是中华人民共和国外交部档案馆整理档案时的笔误，特此说明。

② “毛泽东主席、刘少奇主席接见阿富汗副首相兼外交大臣纳伊姆谈话记录”（1959年9月10日），中国外交部档案馆馆藏档案，档案号：105-00399-08。

③ “驻阿富汗使馆调研文章：从中阿关系看美、苏、我争夺阿富汗的形势”（1965年1月3日），中国外交部档案馆馆藏档案，档案号：105-01345-02。

④ “我驻阿富汗使馆回报关于阿富汗的基本情况”（1956年1月1日至1956年1月31日），中国外交部档案馆馆藏档案，档案号：105-00776-02。

周边的有些邻国对新中国强大起来后会不会向外侵略产生担心和恐惧。为“使东方局势更加和缓”，“亲善四邻，安定友邦”，考虑到阿富汗等国虽然“他们的政治制度与中国不同，但是，这些国家的历史遭遇同中国大致相同，他们的民族愿望同中国也是大致相同的”，周恩来决定在访问越南民主共和国、柬埔寨、印度、缅甸、巴基斯坦和尼泊尔之后率先访问阿富汗。①

1957年1月19日，周恩来偕贺龙副总理飞抵阿富汗。在访问阿富汗的五天中，周恩来先后参观了喀布尔博物馆、索罗比水电站工程、赫尔曼德河水利工程，和阿富汗国王查希尔进行了两次会谈，同阿富汗首相达乌德、副首相阿里·穆罕默德、副首相兼外交大臣纳伊姆举行了三次会谈。会谈中，双方就两国直接有关的问题和国际上共同关心的问题交换了意见。周恩来多次强调，“中国人民一贯主张，在和平共处五项原则的基础上同一切国家发展友好关系，并且特别重视同毗邻国家的友好和合作。”“中国人民十分尊重阿富汗在相互尊重的基础上同一切国家友好的政策。”② 周恩来还表示，“我们愿意尽一点力量对友好国家有所贡献。”“希望在贸易来往、技术合作、经济合作以及经济支援方面推进一步。”③ 阿富汗国王查希尔“表示非常钦佩中国，不仅因为中国表现在物质上的强大，尤其是国际事务中所采取的政策。”④ 达乌德认为，中方的所有不同意识形态和信仰的国家都可以和平相处的立场是合乎逻辑的，是合理的，“非但对中国有利，也是对世界和平有利。”他还表示，“我们需要和平和安静的生活，我们执行和平独立

① 参见中共中央文献研究室编:《周恩来传（1898—1976）》（三），中央文献出版社2008年，第1666—1667页。

② 新华社:“阿富汗首相设宴欢迎周总理 互相祝贺中阿两国的友谊日益增进”,《人民日报》1957年1月21日，第1版。

③ “周恩来总理与阿富汗首相达乌德第二次会谈纪要”（1957年1月30日），中国外交部档案馆馆藏档案，档案号：203-00024-14。

④ “周恩来总理在访问阿富汗王国期间同阿国家领导人谈话纪要”（1957年2月11日），中国外交部档案馆馆藏档案，档案号：204-00059-06。

政策，愿和全世界所有国家促进友好关系，不加入任何区域性的集团。这是阿富汗人民所支持的固有的、传统的政策。”[①] 1月22日，周恩来和达乌德发表联合公报，“两国政府的领导人在联合公报中表达了我们将在善邻关系的基础上进一步加强两国友好联系的共同愿望。”“两国总理和首相在联合公报中重申他们支持万隆会议的原则，支持亚非人民维护自由和独立、促进和平和合作的事业，这对于亚非局势无疑地将带来有益的影响。”[②]

此次周恩来访阿，“是阿富汗与社会主义国家的关系史上的一个重大事件，也为中阿友好的发展奠定了有利的基础”[③]，增进了相互之间的了解。中国外交部解密档案明确称：“阿中两国政府领导人员的会谈对阐明我国外交政策，扩大我国在国际事务上的影响及促进两国文化、经济、技术合作均起了重要的作用，周总理的访问也进一步扩大了我国在阿人民群众中的影响。”[④] 阿富汗的《改革报》发表社论予以高度评价：周恩来的访问“将为两国友好关系打开新的一页”。[⑤] 美国《纽约时报》也不得不承认此次周恩来访问包括阿富汗在内的亚洲各国的成功。极端反共的《纽约时报》董事长兼社长苏兹贝格发表《亚洲政治家极力称赞北平花衣吹笛人[⑥] 的迷人本领》一文，声称：“非言辞所能形容的周恩来先生在最近访问自由亚洲中获得了足以与哈姆伦

① “周恩来总理和阿富汗首相达乌德第三次会谈纪要”（1957年1月22日），中国外交部档案馆馆藏档案，档案号：203-00024-12。

② 新华社：“进一步加强中国和阿富汗的友谊”，《人民日报》1957年1月24日，第1版。

③ “我驻阿富汗使馆报回关于1957年第一季度阿富汗政治动态”（1957年4月12日），中国外交部档案馆馆藏档案，档案号：105-00826-01。

④ “我驻阿富汗使馆报回关于1957年第一季度阿富汗政治动态”（1957年4月12日），中国外交部档案馆馆藏档案，档案号：105-00826-01。

⑤ 新华社：“打开中阿友好关系新的一页 阿富汗报纸大量报道周总理访问活动”，《人民日报》1957年1月23日，第1版。

⑥ “花衣吹笛人”的典故出自欧洲民间传说。相传在1284年，德国哈姆伦城老鼠猖獗。当时有一个神秘的穿花衣的吹笛人在城中出现，用魔笛将老鼠引至河中淹死，但是居民们却没有遵守诺言给他一笔钱作为报酬。于是在圣约翰节他又来了，他再次吹响魔笛，全城的儿童跟着他在一个山上洞穴中失踪了。

的花衣吹笛人相匹敌的个人胜利。”“周恩来先生的个人魔力和政治魔术显然足以使得一群相当数目的非共产党政治家进入一个精神上的洞穴，这正如那个世纪的吹笛人把孩子们领到预先准备好的那个洞穴一样。”“周的行李上的标记是和平、佛教和跟全亚洲友好。”“谦虚和好学是这次旅行的主要特点。没有人提起过匈牙利。假如你踏着这位北平的吹笛手的脚迹而行的话，你不由得想起，他曾经怎样使我们自己的严肃的马歇尔将军高兴。你看到他和亚洲主人周旋得很成功时用不着感到惊奇。”他不由得感叹：“我们怎么来使他的娓娓动听的宣传效用消失呢?”① 后来，周恩来总结这段不平常的历程时也曾说：“我们是抱着寻求友谊、寻求和平、寻求知识的目的访问印度和其他亚洲国家的。现在当我们回去的时候，我们可以满意地说，我们的愿望已经实现了。”②

1957年10月22日，应邀访华的阿富汗首相达乌德抵达中国。达乌德首相在北京停留期间，拜会了毛泽东主席和中国其他领导人，同周恩来总理举行了友好会谈，双方就两国共同关心的问题交换了意见，并且讨论了国际形势。在双方会谈中，达乌德首相多次表示：“阿富汗在国际事务中的独立的和中立的政策是基于我们同世界各国友好的愿望。按照我国人民的愿望，阿富汗政府无论在顺利或艰难的岁月里一直遵循着这个传统的政策。”“纵然我们对生活方式的概念有所不同，阿富汗和中国之间的良好关系是永恒的，这是相互了解和坚决信任各国人民之间的友谊的一个突出典范，它是基于我们对维护和平和国际团结的共同愿望。”③ 周恩来对阿富汗的和平中立政策表示肯定，并再次阐述了中国外交政策的立场：“我们愿意和一切愿意同我国友好的国

① “‘寻知识、找友谊、求和平‘之行收获大’纽约时报‘也不得不承认周总理访问亚洲各国的成功”,《参考消息》1957年4月7日，第1版。

② 中共中央文献研究室编:《周恩来传（1898—1976）》(三)，中央文献出版社2008年，第1715页。

③ 新华社:“北京盛会欢迎阿富汗贵宾”,《人民日报》1957年10月26日，第1版。

家在和平共处五项原则的基础上友好相处。”[①]

10月26日，中国国务院总理周恩来和阿富汗首相达乌德签署了中阿联合公报。在联合公报中，双方再次确认1957年1月22日在喀布尔发表的中阿联合公报的内容，重申进一步加强两国友好联系的愿望和决心。双方在注意到两国各自的国家制度和国际政策的特点下，表示了维护世界和平的共同愿望。重申对于亚非会议最后公报中所阐述的各项原则的信念，同时希望按照联合国宪章的原则增强亚非国家以及世界其他部分的团结精神，并认为原子能只应该应用于和平目的以造福人类。双方还再一次表达了中阿两国人民对于维护亚非地区和世界的和平，加强各国之间的友好合作和反对帝国主义侵略的坚定决心，同意进一步加强中阿两国之间的友好关系，并且为了两国的利益继续保持和促进各自邻国进行合作的精神。[②]

达乌德本人对这次访问是非常满意的，中国的热诚接待使他特别感动，他对中国的建设成就和速度留下深刻的印象，他在10月31日回到喀布尔时公开说：“中国在若干方面已获得可羡慕成就”。阿富汗的媒体对达乌德访华消息刊登甚详，并附有访华照片多张，喀布尔两大日报（《伊斯拉报》和《安尼斯报》）均发表了社论，而在达乌德访华前后期间，并登载介绍中国的文章多篇，这是过去很少有的现象。[③]

达乌德这次访华，“使他本人和阿王室人员对我国有进一步的了解，深信中国经济建设的迅速发展，同时也深深感到中国对阿富汗的虔诚友谊，将可能从中国方面获得经济上的实惠和支援，这对促进今后中阿关系的发展将具有重大的意义。”[④] 正如达乌德本人曾说过的那样：

① “在欢迎达乌德首相宴会上周恩来总理的讲话”，《人民日报》1957年10月25日，第3版。

② 参见新华社：“中阿两国总理联合公报”，《人民日报》1957年10月28日，第1版。

③ 参见“我驻阿富汗使馆报回关于1957年第三、四季度政治动”（1957年9月28日至1957年12月15日），中国外交部档案馆馆藏档案，档案号：105-00826-08。

④ “我驻阿富汗使馆报回关于1957年第三、四季度政治动”（1957年9月28日至1957年12月15日），中国外交部档案馆馆藏档案，档案号：105-00826-08。

“我到中国进行的友好访问将有助于促进阿富汗人民和中国人民之间的密切了解，和巩固存在于我们两国政府之间的基于共同利益、互相尊重和信任的友好关系。”[①]

通过首脑外交的开展，中阿两国在相互尊重和相互信任的基础上增进了之间的了解，促进了中阿两国间的友谊和友好合作，使两国的睦邻友好关系得到巩固。“两国领导人的密切接触，无疑将使我们两国的传统友谊在新的基础上得到更广泛的发展，也将对亚非地区和世界的和平友好事业产生有利的影响。”[②]

第二，经贸的恢复和发展。中阿建交后，中国政府即准备与阿富汗发展贸易往来。1955年4月，中国对外贸易部副部长李哲人在《人民日报》撰文指出，“我国人民和政府主张同世界各国和平共处，同时主张在平等互利的基础上与各外国的政府和人民恢复并发展通商贸易关系，不管这个国家的社会制度和我国相同或不同。”“阿富汗的皮、毛和棉花可以同我国交换他们所需要的货物，我国可以考虑供应一些工业设备。”[③] 随着中阿两国间友好关系的发展，中断了几年的中阿贸易在1956年开始恢复。据新华社报道，1956年5月15日，中国茶业出口公司上海分公司供应阿富汗的茶叶计有一万多磅，“贡熙”绿茶已开始启运。[④] 同年8—9月，中国国际贸易促进委员会还派遣工业展览团参加了阿富汗历史上的首次国际展览会。在参加的中国、苏联、捷克斯洛伐克、匈牙利、美国、联邦德国和奥地利七国展览团中，中国展览团陈列展品最多，阿官员和人民一致评为第一，中国的轻工业和工艺品最受欢迎，观众对各种机器亦感兴趣，对中国工业在短期内的成

① “达乌德首相的讲话”,《人民日报》1957年10月26日，第3版。

② “中国和阿富汗人民的真诚愿望”,《人民日报》1957年10月28日，第1版。

③ 李哲人：“中华人民共和国同亚非各国的贸易”,《人民日报》1955年4月19日，第3版。

④ 参见新华社：“一批绿茶运往阿富汗”,《人民日报》1956年5月17日，第1版。

就和进步表示惊奇和佩服，参观的阿富汗人达到约十五万人次。①

就在这一年，阿富汗开始第一个五年计划，而中国第一个五年计划即将完成和正在规划第二个五年计划。在这种情况下，如何在平等互利的基础上通过贸易途径互通有无，互相支援，进一步发展两国间的经济贸易关系，以促进两国经济建设的发展，已成为两国政府共同关心的问题。基于这种共同的愿望，两国政府的有关部门在1956年9月进行了接触，从10月24日起正式开始了关于缔结两国政府间的贸易和支付协定的谈判。在谈判的过程中，两国代表团在非常友好的气氛下，对发展中阿贸易的各种问题充分地进行了研究和讨论。谈判于12月15日胜利结束。1957年7月28日，两国在喀布尔正式签订《中华人民共和国和阿富汗王国交换货物和支付协定》。这是两国之间的第一个贸易协定。协定规定，阿富汗向中国输出原棉、生羊毛、生绵羊皮和山羊皮、芝麻和亚麻籽、水果干等商品。中国向阿富汗输出茶叶、丝织品和棉织品、建筑材料、纸张、机械等商品。该协定自1957年10月31日起生效，有效期两年，如果双方到期都没有提出要求，将自动延长一年。②

在双方没有签订协定之前，中国对阿富汗贸易只有出口。这个协定签订后，根据该协定，"两国贸易采取平衡和易货的原则"。在此基础上，1958年10月，中阿双方同意以阿富汗的葡萄干、阿魏（一种草本药材）同等值的中国商品易货。1959年中国开始从阿富汗进口。据统计，1959年中国对阿出口146925美元，进口61133美元，其中出口

---

① 参见新华社："中国展览馆吸引成千上万的喀布尔居民"，《人民日报》1956年9月8日，第5版；"我驻阿富汗使馆电告关于阿富汗庆祝独立节的情况等"（1956年9月5日至1956年11月3日），中国外交部档案馆馆藏档案，档案号：105-00777-11。

② 参见"对中阿（富汗）贸易和支付协定的意见"（1957年1月7日至1957年1月16日），中国外交部档案馆馆藏档案，档案号：114-00056-02；张俊："发展中国和阿富汗两国的贸易往来和友好关系"，《人民日报》1957年1月20日，第5版；新华社："我国和阿富汗签订贸易协定"，《人民日报》1957年7月30日，第5版；*Sino-Afghan Trade Agreement Signed*, F.O.371/127351, 1957。

丝绸4392美元、茶叶264吨117497美元，进口葡萄干152吨47701美元、阿魏12949美元。远超1956年中国对阿的出口56047美元（没有进口）。[①] 尽管中阿两国贸易总额不大，但以此为纽带，为两国的经济贸易发展提供了基本保证，创造了进一步发展中阿经济贸易联系的有利条件，促进了中阿的友好往来，“必将为两国的建设事业和人民的经济生活带来利益，而且有助于促进两国人民的友谊的进一步发展”。[②]

第三，加强文化交流。首先，以宗教为桥梁，拉近两国民众的感情。众所周知，阿富汗是一个伊斯兰教国家，而中国的穆斯林人数也众多。中国政府就力图以宗教为桥梁，加强两国的友好往来。为促进了阿富汗对中国宗教情况的了解，拉进两国民众的感情，1956年10月，中国派遣伊斯兰教朝觐团在麦加朝圣后访问阿富汗，受到了阿富汗政府的热诚招待。这是新中国成立后两国宗教界的首次交往。朝觐团与阿宗教人士进行了广泛的接触，先后拜访代首相（首相达乌德去苏联访问）、外交大臣、新闻总署署长、司法大臣、教育大臣、宗教领袖、文教机构、清真寺等。为了表示友好和宣传中国的宗教信仰自由、民族平等政策，中国外交部还特意派驻阿富汗使馆两名回民外交官。在每个主麻日（据伊斯兰教法，星期五为聚礼、主麻日），两名回民外交官均到使馆附近的清真寺做礼拜。这一举措赢得了阿富汗的好感。据当时的回族外交官马行汉回忆，“当阿国王得知中国驻阿使馆的外交官中也有穆斯林时，他们特别高兴，同我们紧紧拥抱、贴脸，并问了一些中国伊斯兰教和穆斯林的情况。”[③]

其次，两国文化代表团多次进行互访。为促进中阿友好来往活动，

---

① 参见“陈毅副总理出发阿富汗王国的参考资料之六：中国阿富汗经济贸易简况”（1960年7月31日），中国外交部档案馆馆藏档案，档案号：203-00202-05。

② 张俊：“发展中国和阿富汗两国的贸易往来和友好关系”，《人民日报》1957年1月20日，第5版。

③ 马行汉：“抚今追昔阿富汗”，载马行汉主编：《外交官谈阿富汗》，世界知识出版社2002年，第14页。

为增进相互的了解，中阿建交后，两国政府互派各种文化代表团展开交流。1956年1月，中国对外文化联络局曾就“今年打算邀请一个阿富汗文化代表团来中国参观访问”这一问题电询中国驻阿使馆的意见。[①]同年2月，中国驻阿使馆主动向阿富汗新闻总署、教育副大臣及外交部提出中国拟派文化代表团访阿，并希望阿文化代表团访问中国。3月24日，阿新闻总署副署长通知中国驻阿使馆参赞，表示阿政府愿意邀请文化代表团在阿独立纪念节期间（8月24—30日）前来访问演出并参观。[②]稍后，阿富汗教育部也同意派遣文化代表团前往中国。6月17日，阿富汗文化代表团到达北京。作为应邀来中国访问的阿第一个代表团，中方非常重视。6月22日，应中国对外文化联络局的邀请，阿富汗文化代表团向北京市各人民团体和机关的干部作了介绍阿富汗情况的报告。这是在北京首次举行的介绍阿富汗情况的报告会。[③]7月11日，周恩来还亲自接见了阿富汗文化代表团。在访问中国期间，中方安排阿富汗文化代表团参观访问了北京、天津、东北和华东等各地。在经新疆回国途中，7月19日，阿富汗文化代表团在新疆乌鲁木齐市和当地信仰伊斯兰教的各族人民，欢度了一年一度的古尔邦节。

为庆祝阿独立节，1956年8月，中国应邀派出了第一个文化艺术代表团访阿。这是阿富汗历史上第一次邀请有女演员的外国艺术团来阿演出。按伊斯兰教法，九岁以上的女性必须戴面罩，从王室人员到普通百姓，无一例外，歌舞表演等文化演出活动即使有女性角色，也均由男性装扮。考虑到阿富汗的宗教信仰，在该团访阿前，中国驻阿使馆向阿富汗试探提出，中国女演员访阿是否方便？阿富汗国王、首

---

① 参见“关于我邀请阿富汗文化代表团访问中国事”（1956年1月30日至1956年6月11日），中国外交部档案馆馆藏档案，档案号：105-00775-04。

② 参见“阿富汗王国首相达乌德致函周恩来总理欢迎中国艺术团访问阿富汗”（1956年10月9日），中国外交部档案馆馆藏档案，档案号：105-00775-02。

③ 参见新华社：“北京举行介绍阿富汗王国的报告会”，《人民日报》1956年6月23日，第1版。

相及政府为适应世界潮流，也有意从文化方面入手打开阿富汗的闭塞，因此权衡再三，最终同意有女演员的中国艺术团访阿。中国艺术团在阿富汗演出了民间歌舞、器乐演奏、古典歌舞剧，首次演出即大获成功，引起强烈反响。中国艺术代表团在喀布尔和坎大哈连续演出了近半个月，上至国王、下至普通百姓共计20多万人次欣赏了中国艺术代表团的精彩演出，而且在演出中阿富汗妇女在王后、公主等带领下突破宗教礼法纷纷揭开了面纱。这在阿富汗也是创举。中国艺术团的演出，轰动了全阿富汗，许多外省官员和富商从外地赶到喀布尔观看。喀布尔所有报刊纷纷作出报道和评论。喀布尔官方报纸《改革报》发表评论员文章说，中国艺术团高超的演出技艺，无论从美学、心理学、人文学和工艺学的角度来衡量，都是世界一流、无可挑剔的，其演艺远远超出我们最丰富的想象。观看中国艺术团的演出，简直是一次如痴如醉的艺术享受。阿富汗另一大官方报纸《友谊报》发表题为《学艺术也要去中国!》的署名文章说，我们的先知教导我们说：你们要想寻求知识，就到中国去。现在我们要学艺术，也得到中国去。[①] 8月19日，阿富汗国王查希尔亲自接见中国艺术代表团，查希尔对中国艺术代表团的表演称赞有加，并表示：中阿是友好邻邦，“文化艺术代表团的访问将增进中国和阿富汗之间的友好关系。”[②] 中国艺术团在阿演出后不久，阿富汗首相达乌德特意给周恩来写信表示感谢，表示“中国文化艺术代表团的到来是两个友好国家和人民之间的友好关系的标

① 参见王修才：“中阿关系琐记”，载马行汉主编《外交官谈阿富汗》，世界知识出版社2002年版，第168—169页；马行汉：“抚今追昔阿富汗”，载马行汉主编《外交官谈阿富汗》，世界知识出版社2002年版，第15—18页；“关于我文化艺术代表团访问阿富汗经过及受到热烈欢迎的情况”（1956年1月30日至1956年6月11日），中国外交部档案馆馆藏档案，档案号：105-00775-03。

② 新华社：“沙阿国王接见我文化艺术代表团时说 阿富汗同中国是友好的邻邦”，《人民日报》1956年9月1日，第5版。

志。”[①] 从1956年以后，为增添阿一年一度独立节的喜庆气氛，阿每年都通过中国驻阿使馆邀请艺术代表团参加阿独立节的庆祝活动。由于中国艺术代表团演出的成功，大大地促进了阿富汗对中国文化艺术的了解，增进了两国间的友好关系。

此外，1957年8月，中国北京足球队应邀参加了阿富汗独立日庆祝活动。阿富汗国王查希尔接见了北京足球队全体队员。1958年10月，中国派以郑振铎和蔡树藩为正副团长的中国文化代表团访问阿富汗，不幸飞机失事全部遇难。数月之后的1959年6月，中国再派文化代表团赴阿富汗。阿富汗也陆续派出各种文化代表团访问中国进行文化交流。1957年10月，在中国新闻工作者协会和中国国家体委的邀请下，阿富汗记者代表团三人和阿富汗奥林匹克联合会主席赛拉吉随阿富汗首相达乌德访华。[②] 陈毅接见了阿富汗文化新闻代表团，贺龙接见了赛拉吉。为加深对中国的了解，阿富汗文化新闻代表团还去新疆参观访问。1958年9月，阿富汗足球队访问了中国。

两国文化代表团的频繁交流收到了良好的效果，大大地加强了两国人民之间的相互了解，增进了两国的友谊。阿富汗首相达乌德就曾说过，“中国文化艺术代表团的访问，以及中国展览馆在喀布尔国际展览会上的展出，使我们两国的关系更加紧密了。”[③]

除了以宗教为媒介、互派文化代表团外，中国还积极通过其他各种渠道加强两国的文化交流。由于1957年1月在访阿期间贺龙副总理和阿富汗首相达乌德谈到中国的地道战，达乌德对其颇感兴趣，因此1957年11月，中国外交部向阿富汗首相达乌德赠送电影“平原游

---

① “阿富汗王国首相达乌德致函周恩来总理欢迎中国艺术团访问阿富汗”（1956年10月9日），中国外交部档案馆馆藏档案，档案号：105-00775-02。

② 参见“关于邀请阿富汗记者团访华事”（1957年3月1日至1957年10月15日），中国外交部档案馆馆藏档案，档案号：116-00334-02。

③ “关于我文化艺术代表团访问阿富汗经过及受到热烈欢迎的情况”（1956年1月30日至1956年6月11日），中国外交部档案馆馆藏档案，档案号：105-00775-03。

击队”拷贝。阿王室放映了该影片，“首相、皇叔等都看了，反映甚好。”[①] 1957年1月，周恩来在访问阿富汗期间和阿富汗首相达乌德还商定了中国派遣留学生去阿富汗学习波斯语、普什图语事宜。中方也答应于必要时接收阿富汗学生到中国留学。同年12月，首批中国留学生二人即赴阿富汗。这是阿富汗历史上第一批外国留学生。[②] 1957年10月，达乌德访华期间，周恩来还赠送达乌德《史记》一书。为方便其阅读，周恩来特意嘱有关部门将其中涉及到阿富汗的“大宛列传”翻译成英文。[③] 为使中国国内民众了解陌生的阿富汗，《人民日报》还多次刊登阿富汗的诗歌、谚语、俚语、民间故事和国情介绍等文章。

综上所述，正是中阿两国一直以和平共处五项原则为基本准则，两国“一开始就建立了互相尊重信任及互谅互让的良好关系，为此后多年我睦邻友好外交的发展开了一个好头。”[④] 在两国政府的共同努力下，两国之间的友好合作关系获得了迅速的发展。“所有两国领导人的友好访问和经济文化各方面频繁的接触和交流，不仅完全符合中阿两国人民独立发展和和平建设的利益，也必然有助于世界和平和亚洲人民的友好合作事业。”[⑤] 也正因为两国关系的平稳发展，从而为后来解决历史遗留下来的悬而未决的阿侨问题、边界问题奠定了良好基础。

---

① “外交部亚洲司电告关于贺龙副总理向阿富汗王国首相达乌德赠送电影‘平原游击队‘事”（1957年7月25日至1957年10月27日），中国外交部档案馆馆藏档案，档案号：105-00824-07。

② 参见“我驻阿富汗使馆报回关于1957年第三、四季度政治动态”（1957年9月28日至1957年12月15日），中国外交部档案馆馆藏档案，档案号：105-00826-08。

③ 参见“外交部电告我驻阿富汗使馆关于周恩来总理赠送阿富汗王国首相达乌德史记大宛列传英文译文一份（中文、英文）”（1958年1月6日），中国外交部档案馆馆藏档案，档案号：105-00878-01。

④ 《章汉夫传》编写组编：《章汉夫传》，世界知识出版社2003年，第155页。

⑤ “帕米尔高原不能阻拦我们的友谊”，《人民日报》1957年10月23日，第1版。

小　结

新中国“自从开国以来在国际事务中一贯奉行的政策，就是争取世界局势的和缓，争取同世界各国、特别是同我们的邻国和平共处。这个政策有利于我们国家的社会主义建设，也符合于世界各国人民的利益。”[①] 20世纪50年代中阿两国之间日益发展的友好关系，就是和平共处五项原则的具体体现，也再次证明了和平共处五项原则是经得起时间考验、具有强大生命力的国际关系准则。只要遵守和平共处五项原则，真正做到互相尊重，平等协商而不是把自己的意志强加于人，不同国家之间就没有什么问题不能通过和平协商而得到满意的解决。

但我们也要清醒地看到，这一时期的“两国关系并未能根本改善”[②]，也就是说，没有“质”提升。这一时期，冷战正如火如荼，与苏联接壤的阿富汗也不可避免地成为美苏争夺的对象。因此，无论是从平衡两大阵营在阿富汗的影响，还是从获得实际支持的角度，阿富汗关注的首要问题是如何处理好与美苏的关系，而与中国的关系则在阿富汗外交中并不占重要地位。而且，这一时期，阿富汗与巴基斯坦因普什图尼斯坦地区的归属问题争执、冲突不断。领土事关一个国家的根本利益。因此，这一问题时时刻刻吸引着阿富汗的目光，阿富汗的种种外交活动大都是围绕着这一问题展开。因而，阿富汗没有太多精力倾注在中阿关系上。而对中国而言，虽十分重视与周边国家的睦邻友好关系，但这一时期，中国周边外交的重点是苏联、印度、印

① “关于中缅边界问题的报告”（1957年7月9日），《周恩来外交文选》，中央文献出版社1990年版，第236页。

② “关于1956—1959年中国—阿富汗王国友好往来情况表”（1959年8月1日至1959年8月31日），中国外交部档案馆馆藏档案，档案号：105-00924-01。

尼、缅甸等国家，而对阿富汗的关注度不高。因此，总的来说，这一时期的中阿睦邻友好关系虽然不断发展，但在当时的特殊的时代背景下，两国关系发展平稳有余，而纵深推进和大幅度提升的动力不足。

第二章

趁热打铁：历史遗留问题的解决和中阿睦邻友好关系的快速发展（1960—1966）

随着中阿建交后两国关系的迅速发展，一些历史遗留问题诸如侨民问题、边界问题逐渐浮出水面。面对风云变幻的国际环境，为了稳定周边，中国政府趁热打铁，以和平共处五项原则为准则，力图以和平协商的方式妥善处理这些问题。经过中阿两国政府一系列协商与交涉，尽管其中有一些曲折，最终新疆阿富汗侨民（以下简称阿侨）问题、边界问题等历史遗留问题顺利解决，既巩固了新生的共和国、维护了社会的稳定和保证了国家的安全，又是中国主动消除中阿两国关系发展中的障碍、促进中阿关系友好发展、体现新中国睦邻外交的重要举措，关系到新中国和平外交形象的树立和国际生存空间的拓展。

第一节　新疆阿侨问题的解决

自古以来，中国新疆地区与阿富汗的联系就比较密切。西汉时期张骞首次“凿空”西域，就是经新疆最终抵达今天阿富汗的汗瓦齐拉巴德。此后，作为“丝绸之路”必经之地的新疆与阿富汗，必然存在着贸易往来和人口流动。近代以来，新疆与阿富汗之间的联系虽没有历史上那么紧密，但地缘相接的特点也使新疆居留了一定数量的阿侨，这种状况一直延续到新中国成立后。阿侨在中国新疆的分布主要为南疆和北疆两个部分。其中与阿富汗交界的南疆由于与阿富汗地理相近，成为阿侨的主要居留地。

一、从“赶、挤”到“入籍”：新中国初期新疆阿侨政策的演变

近代以来，一些西方资本主义国家在侵略中国的过程中，赋以侨民种种特权，利用其干涉中国的政治、经济，使一些侨民有恃无恐，嚣张跋扈，严重危害了中国主权。鉴于此，为清除帝国主义在中国的特权、势力和影响，巩固新生的人民政权，新中国成立前夕中国共产党就非常重视外侨问题。1949年1月19日，中共中央发出《中央关于外交工作的指示》，明确规定外侨问题的基本政策：外国侨民“必须服从我人民政府法令，不得进行任何阴谋破坏和间谍活动。一经发觉，定予严惩，或即驱逐出境。”[①]

出于对“帝国主义总想保留一些在中国的特权，想钻进来。”“先把帝国主义在我国的残余势力清除一下，否则就会留下它们活动的余地”的考虑和估计[②]，新中国决定对“帝国主义及其仆从国侨民”采取“赶、挤”政策。“所谓‘赶’，是指对帝国主义及其仆从国家侨民中的间谍、特务和其他犯罪分子在审查处理的基础上，实行驱逐出境。”“所谓‘挤’，是指随着抗美援朝、镇压反革命、宗教革新和肃清帝国主义在华经济势力等运动的开展，帝国主义及其仆从国家侨民中的许多人感到不便继续在华居留而自动要求离境。对此，公安机关按照有关规定及时为他们办理了出境手续，并准许其从开放口岸离境。”[③] 1951年3月1日，周恩来召集有关方面负责人研究在中国的外侨

① “中央关于外交工作的指示”（1949年1月19日），《中共中央文件选集》（第18册），中央文献出版社1998年版，第47页。

② “我们的外交方针和任务”（1952年4月30日），《周恩来外交文选》，中央文献出版社1990年版，第50页。

③ 梁治寇：“建国初期外侨管理工作述评”，《当代中国史研究》2006年第4期。

问题，商定：在两年内有计划、有步骤、有区别地将反动外侨肃清。[①]

在这种态势下，在中国新疆的包括阿侨在内的印度、巴基斯坦、阿富汗等南亚国家侨民虽然人数不多，但他们的存在与中国近代史上英国对中国新疆的侵略和渗透密切相关，曾是大英帝国在中国新疆活动的社会基础之一，侨民中也不乏特务及不法分子。因此，中国政府和新疆地方政府在处理侨民问题时，一般将其均视为"帝国主义残余力量"或"帝国主义附庸国家侨民"。[②] 而且，二战后的阿富汗政府一度以美国作为其外交政策的基点，与美国关系相当密切。因此，阿侨必然属于被"赶、挤"之列。

新中国"赶、挤"阿侨的决策还与当时"一边倒"的外交方针相关。新中国成立后，在汲取历史经验教训的基础上，考量国际国内局势，中国共产党坚定地倒向以苏联为首的社会主义阵营。在美苏全球冷战的两极格局下，苏联为维护其远东地区和中亚加盟共和国的安全，确保其在中国新疆的特殊利益，对二战后美国势力介入中国新疆心存防范，于是斯大林在1950年1月毛泽东主席访苏期间的一次会谈中，向毛泽东主席突然提出"不允许第三国居民进入和在中国东北、新疆地区居留的问题"。[③] "根据斯大林提议，东北和新疆实际划为苏联势力范围。斯大林一再坚持，在此二地区只准有中国人和苏联公民存在。其他外国代表，包括一向留居该地区的捷克、波兰和英国人应一律逐出。"[④] 苏联要求"新疆省府挤走美国、英国、印度、巴基斯坦、阿富汗领事馆。对持有印度、巴基斯坦和阿富汗等国国籍者，均进行清理，

---

① 参见中共中央文献研究室编:《周恩来年谱（1949—1976）》上卷，中央文献出版社1997年版，第135页。

② "新疆工作三年来的总结及今后意见"（1953年8月），伊犁自治州档案馆，档案号：D530800，xj11-1-11。

③ 师哲:《在历史巨人身边》，中央文献出版社1991年版，第446页。

④ 尤金:"与毛泽东同志谈话记录"（1956年3月30日），李玉贞译,《国外社会与经济》1995年2期。

其侨民逐一登记，放弃外国籍保留中国籍者留下，不放弃外国籍者必须离境。其目的是使新疆成为苏联独占的势力范围。”① 苏方的要求后来在《中苏友好同盟互助条约》的补充协定中予以了确认。② 基于共产主义运动的国际主义原则和获取社会主义阵营援助的现实要求，“对此我国当时大体上也同意了。因为驱逐帝国主义势力对我国有利，也符合我国的方针。”③ 当时，长期孤悬塞外的中国新疆刚刚解放，民族、宗教问题复杂，帝国主义残余势力和各种反动分子不甘心失败，仍在竭力活动，四处制造谣言、刺探情报、煽动叛乱，成为威胁中国新疆社会稳定的巨大隐患。再加上新中国一度判断“新疆西南是与阿富汗、巴基斯坦、印度等国接壤的地区，是帝国主义向中国大陆进攻的一个方向。”④ 因此，对阿侨实行“赶、挤”政策就不难理解了。

对阿侨“赶、挤”政策确定后，为配合“挤掉印、巴领事馆及彻底肃清新疆的帝国主义分子”⑤，首先对阿侨出入境采取“出松入紧”的原则。随着抗美援朝、减租反霸及肃清帝国主义在华势力等斗争的展开，使曾经随着帝国主义侵略势力来中国新疆的阿侨，有很多人感到无法立足而被迫自动离境：占阿侨少数的大地主、恶霸、帝国主义分子在政治上、经济上都受到严重的打击，出于对新政权的恐惧而自

① 朱培民：“1943—1949年苏联对新疆政策的演变”，《20世纪新疆史研究》，新疆人民出版社2000年版，第156—157页。沈志华著“中苏结盟与苏联对新疆政策的变化（1944—1950）”（《近代史研究》1999年第3期）也有相似论述。

② 参见中共中央党史研究室：《中国共产党历史》第二卷（1949—1978）（上），中共党史出版社2011年版，第34页。

③ 邓力群：“新疆和平解放前后——中苏关系之一页”，《近代史研究》1989年第5期。当时中国虽同意了苏联的这一要求，但此要求很显然有干涉中国内政之嫌，后来毛泽东主席多次对此问题表示不满，1956年向苏联提出给予废除。后来，1958年毛泽东主席在同苏联驻华大使尤金的谈话中就直白地说：“在斯大林的压力下，搞了东北、新疆两处势力范围，四个合营企业。”参见“同苏联驻华大使尤金谈话记录”（1958年7月22日），《毛泽东外交文选》，中央文献出版社1994年版，第323页。

④ 中共新疆维吾尔自治区委员会编：《王恩茂文集》（上卷），中央文献出版社1997年版，第22页。

⑤ 李丹慧：“新疆苏联侨民问题的历史考察(1945—1965)”，《历史研究》2003年第3期。

动出境；有人对新政权的不了解与政治运动的恐惧而想回国；有的因为违法犯罪被驱逐出境。1950年底，新疆南疆的阿侨共600多人，其中喀什就有187人。[①] 由于不少人回国，到1951年底阿侨仅296人。阿侨人数大为减少。

其次，对留在中国新疆的阿侨实行“入籍”政策。对其中的不法分子“赶、挤”出境是必要的，但若一刀切地简单地把所有阿侨全部“赶、挤”到国外，势必会激化社会矛盾，影响中国新疆的社会稳定。因为中国新疆的阿侨具有一定的特殊性，他们“多数是父亲或祖父经商来华，在南疆已定居数代，并买下房屋土地，大部分成了农民，并在本地娶妻生子。因此，现在所有侨民绝大部分是中外混血，并且多数没有外侨证件。即使有证件，也都早已过期。大多数人不知外国是何处，又不懂外国语言。”因此，“在客观上这些人具备了加入中国籍的条件。”[②] 而且，1950年1月，阿富汗主动向中国伸出了橄榄枝，承认了新中国，并表示愿与中国建交。在此情况下，若处理不好历史遗留下来的侨民问题，既会给西方国家极力渲染的“共产主义威胁”提供口实，使本就对社会主义中国心存疑虑的阿富汗心生不满，也会使两国陷入无休止的纠纷之中，从而影响中国和阿富汗的睦邻友好关系。因此，作为一个新生的人民政权自然要拿出一个相应的妥善方案来，在对阿侨“赶、挤”出境的同时，对留在中国新疆的阿侨实行“入籍”政策，“如此，好的可以安居乐业，坏的亦便于我政府按法令管制。”[③] 既可以割断帝国主义与阿侨的联系，肃清帝国主义的残余势力和各种反动分子，也可以达到“赶、挤”的目的，对苏联也有了交代，加强

① 参见“新疆临时外交办事处关于印度、巴基斯坦、阿富汗外侨管理中五个问题函”（1950年1月1日至1950年12月31日），中国外交部档案馆馆藏档案，档案号：118-00074-01。

② “关于新疆办理南疆外侨入籍问题的报告及有关部门对报告的意见”（1952年12月25日至1953年4月18日），中国外交部档案馆馆藏档案，档案号：118-00255-10。

③ “关于在新疆的印度、巴基斯坦、阿富汗人情况及处理意见”（1951年10月11日），中国外交部档案馆馆藏档案，档案号：118-00119-28。

了“与苏联友邦友好合作”。[①]

为使印、巴、阿等国侨民“入籍”有据可依，1951年12月14日，中国外交部在召集内务部、公安部及法制委员会会商后，由外交部拟就“接受南疆外侨加入中国国籍办法草案”及制定“志愿加入中华人民共和国国籍申请书”等项表格，1952年2月，经过内政部核定、公安部及法制委员会补充及修正后，由政务院正式核批。[②]为确保“入籍”的顺利进行，1952年2月下旬，周恩来还亲自召见时任中共中央新疆分局书记王震，就南疆办理印、巴、阿等国侨民“入籍”问题进行指示。周恩来强调：新疆土地改革在即，要争取印、巴、阿侨民“自愿加入中国籍”，[③]向其“说明不愿入中国籍者不得有土地权”，让其“选择到底愿入中国籍否”。[④]王震回新疆后，即着手进行准备工作。

1952年7月，“入籍”工作在印、巴、阿侨民集中的南疆的莎车、和阗、喀什三个专区14个县正式展开。根据周恩来的指示精神，结合阿侨的实际情况，新疆外事处决定按照“先易后难、先远后近、先贫后富、先乡村后城市、先农民后富农地主、先小商人后大商人、先莎车后和阗、喀什”的原则依次进行。当月，新疆外事处协同该省公安、民政两厅合组南疆办理外侨“入籍”工作组，工作组包括外事处、公安厅、民政厅、公安学校、外事分处等五个单位的干部及学员计20人，其中民族干部9人。工作组在迪化经过两个星期的集中学习后，先以叶城县为试点，取得经验后开始分组在各地同时进行工作。其中，在城

① “新疆工作三年来的总结及今后意见”（1953年8月），伊犁自治州档案馆，档案号：D530800，xj11-1-11。

② 参见“外交部亚洲司关于处理南疆外侨加入中国籍问题的情况的报告及周恩来总理的批示”（1952年2月15日至1952年2月25日），中国外交部档案馆馆藏档案，档案号：118-00255-02。

③ “关于在新疆的印度、巴基斯坦、阿富汗人情况及处理意见”（1951年10月11日），中国外交部档案馆馆藏档案，档案号：118-00119-28。

④ “外交部亚洲司关于处理南疆外侨加入中国籍问题的情况的报告及周恩来总理的批示”（1952年2月15日至1952年2月25日），中国外交部档案馆馆藏档案，档案号：118-00255-02。

市是分成若干小组集中一批同时进行工作。在乡村则各组分散各地同时进行工作。

经过三个多月的努力，至1952年10月，南疆办理外侨“入籍”工作基本结束。南疆全区共书面通知1360人加入中国籍。其中阿侨253人，① 其18岁以下子女随同“入籍”。② 在这些阿侨中，大多无护照或居留证③，有阿富汗护照的仅44人。其中，纯正的阿富汗人并不多，而以中阿混血居多。具体情况见表一：

表一：南疆书面通知入籍阿侨血统分类统计表　　1952年10月28日

地区	纯阿血统	阿外混血	中阿混血	阿外中混血
莎车	48人	阿巴混血1人	153人	阿巴中混血4人 阿印中混血1人 阿巴中混血2人
和阗	8人	无	21人	无
喀什	1人	无	14人	无
总计	57人	1人	188人	7人

① 参见“新疆外事处关于函送《南疆入籍外侨及居留外侨统计表》和《南疆未入籍印巴等国侨民名单及统计表》的公函”（1952年10月1日至1952年12月31日），中国外交部档案馆馆藏档案，档案号：118-00255-06。另据1960年8月新疆的调查资料称，阿侨（包括随同“入籍”、口头通知“入籍”和书面通知“入籍”的）总数为929人。参见“新疆维吾尔自治区巴基斯坦、阿富汗侨民入籍阿侨情况表”（1960年8月21日至1960年8月22日），中国外交部档案馆馆藏档案，档案号：118-00935-01；“新疆外事处关于阿富汗侨民问题的有关情况报告”（1960年8月3日至1960年9月20日），中国外交部档案馆馆藏档案，档案号：118-00928-10。

② 当时，中国外交部规定，中外混血儿无护照者，至于是否从其父或母之国籍，要看具体情况如何，如子女在解放前出生，按旧国籍法已是中国人，而且后来又未出过籍的，都是中国人，如在解放后出生且只要父母一方是中国人，即可算具有中国籍，但在中国国籍法尚未公布前，暂可听其自报。若中外婚生之混血儿已满18岁，且本人愿为中国人者，应承认其为中国人，给予选举权和被选举权，此种办理是内部掌握不向外公布。参见“关于中国人、外国人国籍及入籍退籍问题（一）”（1952年12月23日至1953年8月31日），中国外交部档案馆馆藏档案，档案号：118-00177-01；“关于中国人、外国人国籍及入籍退籍问题（二）”（1952年12月23日至1953年8月31日），中国外交部档案馆馆藏档案，档案号：118-00177-02。

③ 未建交国家侨民所持护照，新中国均不予承认，但该项护照可作为辨别持照人身份的证件，无所谓“合法”或“非法”。参见“关于中国人、外国人国籍及入籍退籍问题（一）”（1952年12月23日至1953年8月31日），中国外交部档案馆馆藏档案，档案号：118-00177-01。

但也有少数阿侨（5人）没有加入中国籍，而是领取了外侨居留证。具体情况见表二：

表二：南疆办理居留手续阿侨统计表[①] 1952年10月

地区	人数	性别	血统	证件	回国与否	职业
喀什	1	男	纯阿	持阿富汗普通护照	申请回国	摊贩
莎车	3	男	纯阿	持阿富汗普通护照	2人申请回国，各有1子，1人不回	商人
和阗	1	男	纯阿	持阿富汗普通护照	不回	无业

后来，1953年12月20日，喀什最后一名阿侨“入籍”。到1954年6月5日，莎车有两名阿侨携其子出境，另一人死亡，仅和阗剩余一名阿侨未“入籍”，但年老要求长居中国。[②]

总的来说，阿侨“入籍”工作在短短的三个多月能完成，是相当了不起的。“入籍”有利于打消贫苦阿侨的顾虑，使无地少地的阿侨分得土地得到保证，有利于肃清帝国主义分子，有利于中国新疆的民族团结、社会稳定，为土地改革的顺利推行扫清了障碍。

不过，由于“在工作开始时为了使敌人措手不及”，也为了赶在1952年底土地改革前完成工作以便侨民分得土地，“入籍”工作不够细致、深入，以致不少阿侨“入籍”多半是从分得土地等现实利益出发，不是完全打通了思想，也就是说“这些外侨虽然在手续上加入了中国籍。但是还没有完全从思想上加入中国籍”，对中国的认同度还比较欠缺。“同样因为赶时间，没有很好的培养民族干部”。“各组之间交流经验也不够，有些好的经验没有及时传播，坏的教训也没有及时被普遍

---

① 参见“新疆外事处关于函送《南疆入籍外侨及居留外侨统计表》和《南疆未入籍印巴等国侨民名单及统计表》的公函”(1952年10月1日至1952年12月31日)，中国外交部档案馆馆藏档案，档案号：118-00255-06。

② 参见“新疆关于填报南疆印度、巴基斯坦和阿富汗三国侨民分类名单的报告及名单表”（1954年6月17日至1954年6月25日），中国外交部档案馆馆藏档案，档案号：118-00255-11。

的接受。”此外，工作组“在填表等技术问题上，存在着相当严重的粗枝大叶的工作作风，且没有及时的被检查出来。”[①] 侨民上交的护照等证件也未能妥善保管，等等。更为重要的是，尽管根据中国当时正在向周边国家显示其友好和和平共处的诚意，“入籍”根据国际法准则，是在充分考虑到不影响与阿富汗关系的前提下实行的，采取的自愿原则既体现中阿友谊又充分维护了自身利益。但根据现有的档案资料显示，当时阿富汗和中国还未建交，“入籍”的事双方未能协商，从而为后来阿富汗要求遣返其侨民留下口实。也正因如此，不可避免地在后来的遣侨过程中给中方带来了一定的被动。这些都为后来的侨民问题的反复埋下了隐患。

二、稍显被动：中阿关于阿侨遣返问题的初步交涉

到1954年底，阿侨除极个别外，基本全部“入籍”。此时，由于阿侨“入籍”以后完全享受中国人的待遇，其中大多数人“土改时分得了土地，十分满意，他们在合作化运动时亦表现积极，人民公社成立后更觉满意，有些已成了劳动模范，个别的还入了党”。[②] 但1955年1月中阿建交后，随着国内国际形势的变化，在“入籍”的包括阿侨在内的南亚国家侨民中，“少数出身成份不好的，在合作化和公社化后表现不满，闹单干、闹退社”，“他们以外籍为理由，不断向我公安、外事部门和巴、阿、印等使馆申请出境回国。”[③] 这些情况，无论从心理上还是宣传上，或是从社会稳定、安全的角度而言，都是中国政府所不愿见到的，因此决定“今后对入籍巴、阿人要继续加强教育，提高思想，对未入籍的巴、阿侨要加强管理，迅速确切掌握他们的动态，

① “关于新疆办理南疆外侨入籍问题的报告及有关部门对报告的意见”（1952年12月25日至1953年4月18日），中国外交部档案馆馆藏档案，档案号：118-00255-10。

② “关于新疆外侨情况和处理意见的请示及南疆地区苏侨情况”（1958年7月29日至1960年10月27日），中国外交部档案馆馆藏档案，档案号：118-01141-03。

③ 同上。

以便他们一与巴、阿使馆接触，向我提出要求时，能及时处理，争得外交上的主动。”[①] 于是，1957年中国新疆地方政府派出工作组进行稳定教育，安定了大多数人。

但中国政府着眼于睦邻友好的需要，考虑到中阿建交后两国关系越来越密切，特别是1957年两国领导人互访增进了两国间的相互了解，为两国友好关系的发展奠定了基础，决定“这些人虽然已经加入中国国籍，如果又要求退出中国籍去阿富汗，仍可以向地方当局申请，如无特殊民刑事件，一般都能顺利解决。”为此，1957年周恩来特意批示：“处理与阿富汗的有关问题，不要太生硬，已加入中国籍的阿富汗侨民，如果不愿再作中国人，想回阿富汗，可以批准。”[②]

根据周恩来的指示精神，1957年6月18日、1958年1月7日，中国外交部两次告知阿驻华使馆：自愿加入中国籍的阿侨，“如自愿退出中国籍并申请出境，可向地方当局申请。”1958年1月31日，中国外交部再次正式用书面照会答复阿富汗大使馆：“入籍”的阿侨，“地方当局对他们要求出境会给予适当考虑。”[③] 在此前后，经过处理，中方批准了阿方提出的12户阿侨的出境申请，并使其分别于1957—1958年被安排出境。

但阿方并不满意，认为中方故意拖延，不愿遣返阿侨。为了解中国的相关政策，1958年11月27日，阿富汗驻华大使馆要求中国外交部送其一份英文本的关于中国国籍和“入籍”问题的规定。但当时中国尚未颁布国籍法或有关国籍的规定。故阿富汗驻华大使馆所索材料无

---

① “关于新疆外侨情况和处理意见的请示及南疆地区苏侨情况”（1958年7月29日至1960年10月27日），中国外交部档案馆馆藏档案，档案号：118-01141-03。

② “领事司关于新疆阿富汗侨民出境的处理意见”（1959年5月11日至1959年8月5日），中国外交部档案馆馆藏档案，档案号：118-00928-16。

③ “领事司关于新疆阿富汗侨民问题给阿富汗驻华大使馆的照会”（1960年8月12日），中国外交部档案馆馆藏档案，档案号：118-00928-14。

法提供。[①] 这使阿方更为不满。此后，阿富汗驻华大使萨马德多次向中国外交部亚洲司司长章文晋抱怨，甚至怀疑中国为了解决新疆地广人稀、缺乏劳动力的问题而故意不放阿侨出境。章文晋再三解释：在新疆的原属阿富汗籍的一些人，差不多都在1952年左右申请加入了中国国籍，现在他们要回阿富汗，须向有关当局申请，办理手续。这都是在中阿两国尚未正式建立外交关系之前发生的事。现在我们两国已建交，而且邦交很好，中方愿意和阿富汗一起协商，看看如何解决这个问题。[②]

为澄清误会，1959年8月27日，中国外交部还特意派领事司司长秦力真向阿驻华使馆一秘阿奇姆解释："有一些人，他们在新疆住了很久，他们同当地中国人通婚，并定居下来。在中阿两国建交以前，有不少人提出要加入中国籍，中国当局不能不考虑他们的合理要求，所以批准了他们入籍。但是如他们要出境，只要他们提出申请，办好退籍手续就可以走。"[③]

由于中国新疆的阿侨向阿驻华使馆写信要求出境的人越来越多，1959年11月4日，阿驻华大使馆向中国外交部发来照会，再次送交了一份35户要求出境的阿侨名单。接到照会后，中国外交部、公安部先后转告新疆外事处、新疆公安厅抓紧调查、处理。就在新疆调查之时，1960年1月11日，阿富汗驻华大使萨马德向中国外交部领事司秦力真司长再次抱怨：去年11月4日送来的一个名单，都没有答复。阿侨遣返问题"已四年了还没有解决，这怎么讲呢？"[④]

---

① 参见"阿富汗驻华使馆索取中国国籍法"（1958年11月27日至1958年12月16日），中国外交部档案馆馆藏档案，档案号：118-00722-04。

② 参见"章文晋司长接见阿富汗驻华大使萨马德谈话记录：关于阿富汗出境侨民财产处理等问题"（1959年5月8日），中国外交部档案馆馆藏档案，档案号：118-00933-08。

③ "领事司秦力真司长接见阿富汗驻华使馆一秘阿奇姆谈话记录：关于阿富汗侨民的问题"（1959年8月27日），中国外交部档案馆馆藏档案，档案号：118-00928-15。

④ "领事司秦力真司长接见阿富汗驻华大使萨马德谈话记录：关于新疆阿富汗侨民出境问题"（1960年1月11日），中国外交部档案馆馆藏档案，档案号：118-00930-07。

为查清“入籍”阿侨的真实情况，摸清阿侨申请出境的原因，以为阿侨问题的决策提供可靠的依据，1960年初中国新疆自治区党委、南疆外事科、喀什公安处共同组织了一个调查组赴阿侨集中的莎车等地进行调查。调查认为，“南疆入籍原阿侨十年来在党的各项社会主义改造运动的教育与影响下，总的来说是有很大的进步。目前他们绝大多数表现得思想安定，生产积极，就是与当地干群关系也是很融洽的。至于直到现在还有少数人不安心生产，而要求去阿的问题，我们认为那是极少数人的表现。”且大多是受别人煽动与影响。而且调查中，不少人担心把他们算作外侨，更怕把他们遣送出境，因此，新疆外事处估计此后申请出境的人为数不会多。[①] 由此，中国新疆地方政府决定，首先是做好团结工作，使他们自愿地安居下来，不再反复。“对因受别人影响而申请出境的人，只要对他们耐心地教育是可以留新安心生产的”。[②] 虽然“最近一、二年内，少数不安心生产以致提出申请去阿的事还很难避免。”但“在各级党委的教育下，与我国社会主义建设突飞发展的影响下，他们绝大多数是可以长期安居当地的。”为了确保入籍阿侨安定教育工作的有效性，南疆外事科还计划于4月上旬再派工作组去工作。其次，对个别进行破坏活动而又有确证者应依法处理，但应慎重从事以免造成被动。[③]

关于阿富汗驻华大使馆提出的35户出境阿侨名单问题，结合这次摸底工作，调查组也作了重点调查，基本上弄清了相关情况。稍后，新疆外事处批准了部分阿侨离境。1960年7月3日，阿侨10户42人（小孩11人，名单之外三户12人）出境。但是，阿富汗驻华大使馆仍嫌中

---

① 参见“关于新疆外侨情况和处理意见的请示及南疆地区苏侨情况”（1958年7月29日至1960年10月27日），中国外交部档案馆馆藏档案，档案号：118-01141-03。

② “新疆外事处关于入籍阿侨情况的报告”（1960年3月15日），中国外交部档案馆馆藏档案，档案号：118-00932-06。

③ 参见“新疆外事处关于所谓阿侨申请出境的调查情况报告”（1960年3月24日），中国外交部档案馆馆藏档案，档案号：118-00932-04。

方处理慢，认为中方有意阻难，于是又多次表示不满。①

三、集体遣返：阿侨问题的基本解决

应阿富汗政府的邀请，中国国务院副总理兼外交部部长陈毅拟率中国政府代表团于1960年8月中下旬访问阿富汗。考虑到此前双方一直就侨民问题交涉，中国外交部估计此行两国必定要商谈阿侨问题，且如果在陈毅访阿前夜主动地迅速地解决阿富汗在中国新疆的侨民问题，不仅"为了除去两国间的唯一有些纠纷的问题，从而促进友好"，而且可以证明中国睦邻友好外交政策的诚意。② 因此，根据中央指示的"睦邻和安四方的方针"及当时对印斗争的需要，同时考虑到中阿关系一贯平稳的特质，中国外交部决定对中阿关系应争取适当有所开展，加快阿侨问题的解决。

7月19日，中国外交部副部长耿飚在中国驻阿大使郝汀的陪同下就协调陈毅访阿事宜拜访阿富汗驻华大使萨马德。其间，双方谈及阿侨问题。萨马德表示："四年来，我的大使馆不断写照会给外交部，外交部的领事司隔些时候就找我的一等秘书去口头作些答复"，"但没有给我们书面的复照。我们的侨民却不断写信给使馆，埋怨地方当局不准许他们离境或不准许老婆出境，或者不发还他们的财产。我们再找领事司，却总是拖延下去；现在阿侨的处境比较困难，请大使催请领事司以更合理的态度对待阿侨。"耿飚和郝汀均表示希望阿方理解阿侨问题的解决需要一定的时间，但"通过双方友好合作，一定可以把这个问题解决了"。③

① 参见"领事司编写的关于新疆地区阿富汗侨民的情况"（1961年8月12日），中国外交部档案馆馆藏档案，档案号：118-00928-04。

② 参见"1960年中国和阿富汗的关系"（1960年12月11日），中国外交部档案馆馆藏档案，档案号：105-01047-02。

③ "耿飚副外长同阿富汗驻华大使萨马德谈话记录"（1960年7月25日至1960年7月26日），中国外交部档案馆馆藏档案，档案号：203-00032-07。

7月22日，耿飚将阿侨问题向周恩来进行了汇报。考虑到在当时情况下，中方若主动地解决阿侨问题，有利于改善中阿关系和进一步孤立印度，周恩来狠狠批评了中国外交部亚洲司、领事司："处理这样几个人这样慢，没有政治性、思想性，这样的办法，是官僚主义，官样文章，别人提出了，不给人家解决问题。""对阿富汗侨民问题拖了四年，不是绝对没处理，而是拖拖拉拉，旧的拖一个尾巴，新的又加上。""如阿使馆要人去新疆，可同意他派人去。"[①] 当时，中国内忧外患交织在一起。国际上，"一是美帝，二是印度尼赫鲁，三是南斯拉夫铁托，四是兄弟党中的右倾机会主义"[②] 共同掀起的反华浪潮来势汹汹。而国内随着三年大跃进的开展经济困难尽显端倪。严峻的现实迫使中国政府领导人不得不下决心采取务实的对外政策以应对恶劣的周边环境和解决外交困境。而处理好中阿关系是其中重要的一环。更为难得的是，阿富汗是当时唯一与中国无边界争端问题的国家，中国不可能因为人数极少的阿侨问题的处理影响到中阿关系。且陈毅即将访阿，若过多纠缠小问题，也不利于团结阿富汗。因此，周恩来指示再用几天的时间立即解决阿侨民出境的有关问题，"坚决不允许拖拉，不允许只习惯坐办公室，要习惯于解决问题。"要"赶快解决，巴、印、尼、不丹、锡金、阿的侨民，连新疆30万苏侨一起解决。"[③]

根据周恩来对处理阿侨问题的有关指示，中国外交部于7月23日召集公安部和新疆、西藏、云南、广东、广西、上海、黑龙江等省区外事部门共同开会研究。根据此次会议的精神，中国外交部迅速拟定阿侨问题处理的基本原则。1960年7月25日，中国外交部拟就"关于

① "耿飚副部长谈话的记录稿：关于新疆阿富汗侨民问题"（1960年7月23日），中国外交部档案馆馆藏档案，档案号：118-00928-01

② 吴冷西：《十年论战——1956—1966年中苏关系回忆录》，中央文献出版社1999年版，第234页。

③ "外交部关于新疆阿富汗侨民问题给新疆维吾尔自治区党委、外事处的电报"（1960年7月25日），中国外交部档案馆馆藏档案，档案号：118-00931-03。

新疆阿富汗侨民问题给新疆维吾尔自治区党委、外事处的电报”，并报周恩来和陈毅审批，周恩来亲自修改后于1960年8月4日批发。该电报明确规定了阿侨问题“在方针上应从宽处理”的具体政策。这一政策力图既体现对邻国的友谊，又坚持自己在侨民问题上的“属地管辖权”，维护自身的利益。具体如下：

“1. 不论是已入籍还是未入籍的阿侨，凡本人愿意出境的，都可批准。其家属不论国籍，都可劝其同行，不应强留。坚决不愿出境的，可由本人写书面声明，表示不愿出境，寄送阿富汗驻华大使馆。如妻子坚决要求离婚，应办妥离婚手续。未随同阿侨出境的原来是在一起生活的家属，日后如又愿去阿，也可批准。

2. 凡批准出境的人，属于本人的财产，都准携带出境，已经入社的财产，都可折价退回，如地方财政有困难，可报中央拨款。财产问题解决后，要本人写一书面材料，说明财产问题已解决。

已出境的阿侨，现尚留有财产在新疆，也按此原则处理。

3. 凡过去曾向阿使馆要求出境的人，如现在又不愿出境而愿意留在中国长住，应通知他们本人向使馆提出书面声明（内部抄一份存外事处）表示已不愿出境，愿在中国长住。以免使馆继续为他们的出境问题向我交涉。

4. 犯罪在押的阿侨，如案情不大（案情大，不准出境的应报中央审批），可即释放，要求出境的即准其出境。”①

至此，中国政府关于处理阿侨问题的具体方针政策终于确定下来，为此后阿侨问题的解决提供了有力的保障和依据。

与此同时，中国外交部指示新疆迅速解决阿侨问题。7月23日的

① “外交部关于处理新疆阿富汗侨民问题的报告”（1960年7月27日至1960年8月4日），中国外交部档案馆馆藏档案，档案号：118-00931-04。

会后，中国外交部立即用电话将会议精神传达给新疆维吾尔自治区党委，要求指定一个地委书记专门负责，根据阿方提供的材料，逐户查对，凡愿出境的均准出境。并要在三五天内做出结果。为了把这一工作做得彻底，领事司7月24日还派了一位专员飞赴新疆配合当地党委和外事处协助处理此事。

接到中央指示后，7月23日晚，根据中央紧急指示精神，对阿富汗驻华使馆提出的35户入籍阿侨回国的问题，新疆自治区党委立即指示喀什地委迅速处理。喀什地委组织工作组于24日下午就到达阿侨聚居的莎车。7月25日，中国外交部领事司秦力真司长即向新疆外事处催问阿侨出境处理情况。在外交部专员的协助下，新疆在7月底8月初迅速处理了阿富汗大使馆提出的35户申请出境的阿侨问题。其中，7月30日有11户46人阿侨出境；8月2日有阿侨5户15人（名单以外3户13人）出境。8月27日有4人出境。此外，还批准了100多名阿侨的出境要求，尽管后来因要处理财产延误时间而山路封冻没有当年走[①]，但由于对这批人讲清了具体情况，让他们先安心生产，出境问题下一年再解决。“阿侨对我这次采取的措施，反映很好，深感满意。”[②]

为彻底摸清外侨的数量、分布地区和存在问题，奠定外侨管理工作的基础，中国新疆地方政府还决定“为了趁这次机会将阿富汗侨民作一次总的清理，已通知各地区进行清查。”[③] 决定原有工作组不解散，继续突击一个月，完成对阿侨的详细情况的调查登记，以便今后处理时不再被动忙乱。经过调查，截止到当年8月19日，新疆的阿侨情况

① 因中阿之间的陆路交通之瓦罕走廊位于帕米尔高原，地势复杂、险峻，除每年夏季，其他时间均为大雪封山、气候恶劣，无法通过，故每年阿侨返国时间仅有6月下旬至10月上旬三个多月。据法显在《佛国记》中描述，瓦罕走廊是“上无飞鸟，下无走兽，四顾茫茫，莫测所之，唯视日以准东西，人骨以标行路”。

② “新疆维吾尔自治区党委和人委就出来阿富汗侨民问题给中央、国务院和外交部的两份电报”（1960年7月29日至1960年8月8日），中国外交部档案馆馆藏档案，档案号：118-00929-03。

③ 同上。

如下表：[①]

地区	原有人数	历年出境数	现有人数	血统	未入籍	要求出境	表示留居	态度不明
全疆	929人	138人	791人	纯阿34，混血[②]726人	1人	195人		
伊犁州直属县	256人	无	256人	纯阿28，混血229人	无	155人	92人	9人
库尔勒专区	15户，46人	无	46人	纯阿1人，其余均系中阿混血	无	无		
和田专区	251人	无	251人	纯阿5人，混血246人	1人	8人		
喀什专区	376人	138人	238人	混血238人	无	32人		

（上表中“表示居留”和“态度不明”栏中空白的部分为情况不明）

根据此次清查情况，1960年9月26日，新疆自治区党委向中共中央发出《关于加强外侨管理工作的请示》。《请示》认为，“新疆是我国的大后方，把新疆的外侨彻底清理干净，对消除隐患，巩固内部有重大意义。因此，凡申请出境的外侨，一般均应批准，对留居的外侨，一律要严格按照公安部关于外侨管理的四项法规加强管理。”[③]“对于阿富汗、巴基斯坦侨民，应坚决按中央指示办理，争取在最短期间处理完毕。”[④]

① 参见“新疆维吾尔自治区巴基斯坦、阿富汗侨民入籍阿侨情况表”（1960年8月19日），中国外交部档案馆馆藏档案，档案号：118-00935-01；“新疆外事处关于阿富汗侨民问题的有关情况报告”（1960年8月3日至1960年9月20日），中国外交部档案馆馆藏档案，档案号：118-00928-10。

② 该表中的混血除明确指出的外，主要是中阿混血，但也有少数阿巴混血等，但由于中国外交部解密档案中没有分别具体列出，所以统称为混血。

③ “新疆外办关于新疆外侨情况及处理意见”（1960年8月25日），中国外交部档案馆馆藏档案，档案号：118-01138-08。

④ “新疆自治区党委关于加强外侨管理工作的请示”（1960年9月26日），中国外交部档案馆馆藏档案，档案号：118-01138-09。

1961年3月21日，新疆外事处上报外交部“关于遣返阿富汗侨民计划的请示”，汇报了阿侨遣返计划，请示了遣返阿侨中的几个具体问题，计划南疆申请出境阿侨47户196人，拟分三批（一批19户65人，二批16户87人，三批12户44人）分别于4月底、5月初、6月初启程经塔什库尔干、瓦根基大坂等地出境。“伊犁申请出境阿侨31户185人分两批（一批18户131人，二批13户54人）分别于五月中旬、下旬启程经乌鲁木齐、喀什、瓦根基大坂出境。旅途用粮每天大人按一斤半、小孩按一斤发给。”“南疆、伊犁分别由外事、公安、房产、银行、海关、交通部门组成的办公室专门负责阿侨遣返事宜。”[①] 1961年4月15日，中国外交部、公安部批准了新疆的阿侨出境计划。[②] 经过两个多月的努力，从1961年6月13日开始至8月24日，南疆共遣返了三批阿侨共68户331人（包括中籍家属），北疆共遣返阿侨两批39户210人（包括中籍家属）。至此，居住中国新疆的阿侨绝大部分遣送完毕，阿侨问题基本解决。

此后，中方为避免引起阿方的疑惧，误解中国政府在大量排挤阿侨出境，对剩下的少数零星阿侨，不再成批遣送阿侨，但如有坚决要求去阿的，经核实后仍同意其出境，基本上采取个别批准、分散出境的方式解决。对其处理财产等问题，仍予友好协助。[③] 到1976年，新疆最后一批阿侨被遣返回国。[④]

总的来说，阿侨的遣返与当时中阿两国的国内政治经济形势、中阿关系及东西方冷战环境紧密联系在了一起，是当时中阿关系的一个

① 参见“新疆外事处关于遣返阿富汗侨民计划的请示及外交部、公安部的复电”（1961年3月21日至1961年4月15日），中国外交部档案馆馆藏档案，档案号：118-00931-05。

② 同上。

③ 参见“领事司工作人员去新疆协助处理阿富汗侨民工作报告”（1961年8月2日至1961年8月8日），中国外交部档案馆馆藏档案，档案号：118-00928-03。

④ 参见新疆维吾尔自治区地方志编纂委员会编：《新疆通志·外事志》，新疆人民出版社1995年版，第144页。

重要内容及其状况的真实体现。对侨民问题等历史遗留问题，中国一贯的态度是“我们亚非国家之间所有悬而未决的问题，都应该通过和平协商的途径，得到公平合理的解决，而决不应该让任何分歧和争端妨碍我们的团结。”[①] 但在当时特定的时代下，为缓和恶劣的周边环境，中国的侨务工作服从外交战略，在坚持不损害自身根本利益的前提下，为促使中阿关系的友好发展，给予阿方以主动积极的配合和协助，并对阿方进行了一定的照顾。最终，经过两国的友好协商，集体遣返了大多数阿侨，基本解决了阿侨问题。

第二节　中阿边界问题的解决

边界事关国家、民族的核心利益。因此，边界问题是检验睦邻友好关系的试金石。作为继阿侨问题之后中阿面临的又一个历史遗留问题，中阿两国政府都对该问题颇多关注。1960年，中国曾主动试探提出边界谈判，但由于阿富汗刻意回避而不得不搁浅。经过一段时间的反复以后，最终在1963年中阿两国正式举行边界谈判，通过互谅互让，友好协商，在1965年彻底解决了这一帝国主义强加在中阿两国之间的历史遗留下来的长期悬而未决的问题。

一、中阿边界问题的缘起

中阿之间本无边界问题。清朝前期，中国和阿富汗之间还隔着两个土邦——巴达克山和瓦罕。1759年清政府平定大小和卓之乱后，“由于中国的威信在她的光辉胜利之后，显然是很高的”[②]，帕米尔西侧的

① “关于访问亚洲和欧洲十一国的报告”（1957年3月5日），《周恩来外交文选》，中央文献出版社1990年版，第210页。

② ［英］柯宗等著，吴泽霖译：《穿越帕米尔高原——帕米尔及其附近地区历史、地理、民族英文资料汇编》，民族出版社2004年版，第414页。

巴达克山和博罗尔、乾竺特等土邦小国纷纷遣使入贡，相继归附为属国。不过，清政府并未将巴达克山收入版图。[①] 其时，正值阿富汗[②] 正式建国不久，国力较为强盛，阿富汗国王艾哈迈德沙·杜兰尼力图对外扩张。于是，他以迎接博罗尼都和霍集占[③] 为名逼迫巴达克山也向阿富汗臣服。自此，巴达克山在成为中国属国的同时，也向阿富汗朝贡。据《清史稿》记载："乾隆二十四年（即1759年），大军追讨霍集占兄弟二贼，欲假道巴达克山赴阿，巴酋中道邀而杀之。其属有奔阿者，告以情，阿酋爱哈摩特沙（即艾哈迈德沙·杜兰尼）将兴师，巴酋素尔坦沙惧，赂以御赐灯及中国文绮，阿遂罢兵，且遣使密尔汉偕巴使来纳款，欲窥中国虚实也。"[④] 这种两属的状况一直持续到近代。

1840年鸦片战争的爆发，不仅开启了中国近现代史的大门，而且也惊醒一个已维持朝贡体系2000多年的"天朝上国"的迷梦。面对西方资本主义列强的"坚船利炮"，中国与周边国家之间传统的以"朝贡"和"羁縻"为中心内容的宗藩体制逐渐崩溃，取而代之的是西方资本主义列强之殖民统治秩序下的"强邻环逼，藩属倾危"。在这样的情况下，巴达克山也未能幸免于被英国和俄国瓜分的命运。在英国的支

① 诸多学者曾有过论述，如马曼丽认为，"自天山至葱岭，清代主要与浩罕、巴达克山为界"。参见马曼丽主编:《中国西北边疆发展史研究》，黑龙江教育出版社2001年版，第129页。甚至在中苏关系极度恶化之际，国内编写的诸多论著曾大翻"历史旧账"，但也未将巴达克山视为版图之内。代表性的如1979年出版的《沙俄侵略中国西北边疆史》一书就认为，鸦片战争前，"从额尔齐斯河到帕米尔这段边界，当时中国主要与左、右部哈萨克、浩罕、巴达克山等为邻，同沙皇俄国相距还十分遥远。中国清朝政府曾多次向这些国家和地区明确了各自的管辖范围"。参见《沙俄侵略中国西北边疆史》编写组编:《沙俄侵略中国西北边疆史》，人民出版社1979年版，第60页；杨建新:"关于清代中国的西北疆域——驳苏联历史著作中的有关谬论"，《兰州大学学报》1980年第3期。

② 阿富汗1747年正式建国后，一度也成为中国的属国。其于"二十七年（乾隆二十七年，即1762年），入贡良马四，马高七尺，长八尺。是为回疆最西之属国。"但"阿富汗自乾隆后朝贡不通，久置之度外矣"。参见《清史稿》列传三百十六属国四。

③ 即大小和卓。1759年，清政府平定新疆大小和卓之乱，叛军首领博罗尼都和霍集占兵败西逃，试图经巴达克山逃往阿富汗。

④《清史稿》列传三百十六属国四。

持下，1865年(即同治四年)，巴达克山为阿富汗吞并。[①] “清廷未过问，盖无暇顾及藩属之安全。”[②]

而瓦罕“位于帕米尔极南之地”[③]，“从来就或多或少受制于巴达克山”。[④] 它一向是巴达克山的属国。清政府平定大小和卓之乱后，瓦罕在与巴达克山仍保持着原有关系的同时，也曾遣使入贡，成为清朝外藩属国。清朝也并未直接将瓦罕纳入版图，而是将瓦罕视为比安集延、霍罕等更为外围的“间通贸易”、“荒远僻陋”的边外“部落”。[⑤] 在阿富汗征服巴达克山之后，“瓦汉（罕）当然就成为喀布尔的一个附庸”。[⑥] 1883年阿富汗正式吞并瓦罕。[⑦] 由此，中国与瓦罕的边界就成为了中国与阿富汗的边界。

在对巴达克山和瓦罕瓜分的过程中，从19世纪中期开始，英俄分别从南北两面侵入帕米尔地区。为避免冲突，巩固各自的势力范围，把持着阿富汗外交权的英国和奉行南下战略的俄国经过一系列外交接触，于1895年3月私下达成《关于帕米尔地区的势力范围的协议》，将兴都库什山北麓与帕米尔南缘之间的狭长地带——瓦罕走廊划作两国

① 参见曾问吾：《中国经营西域史》，上海书店1989年版，第454页。张大军认为，“同治九年（一八七零）巴达克山属阿富汗，俄人视之如芒刺背”。参见张大军：《新疆风暴七十年》（第四册），台北兰溪出版社有限公司1980年版，第1686页。

② 张大军：《新疆风暴七十年》（第四册），台北兰溪出版社有限公司1980年版，第1733页。

③ 同上，第1672页。

④ 参见［英］柯宗等著，吴泽霖译：《穿越帕米尔高原——帕米尔及其附近地区历史、地理、民族英文资料汇编》，民族出版社2004年版，第250页。

⑤ 参见佚名纂：《伊江集载》，《清代新疆稀见史料汇辑》，全国图书馆文献缩微复制中心1990年版，第116页。

⑥ 参见［英］柯宗等著，吴泽霖译：《穿越帕米尔高原——帕米尔及其附近地区历史、地理、民族英文资料汇编》，民族出版社2004年版，第178页。

⑦ 参见许建英、陈柱：“19世纪后期英俄在中亚的角逐与英国侵占洪扎述论”，《云南师范大学学报》（哲社版）2015年第6期。但也有论著认为，“光绪七年（1881）前后，瓦罕土邦为阿富汗所兼并”。参见《新疆通志·外事志》编纂委员会编：《新疆通志·外事志》第25卷，新疆人民出版社1995年版，第297页。

间的“隔离带”。根据该协议，布才拱巴什[①]及其以东直至萨雷阔勒岭的中国领土被并入阿富汗的瓦罕地区。[②]由此将中阿边界问题强加给中阿两国。此后，在英国的唆使、支持下，阿富汗在此地区委任了行政长官，并派驻军队，造成事实上的统治。由于中国历届政府一直不承认英俄私分中国帕米尔的合法性，中阿边界一直没有正式划定。

二、中阿边界问题解决的基本历程

新中国成立后，中国政府一度对边界问题采取了暂时维持现状的政策，“中阿边界一直平静无事”。[③]直到1960年，中国外交部一度准备以中缅等边界问题的解决为契机，借当年陈毅访问阿富汗之机试探提出边界问题的谈判。但此时，阿富汗因普什图尼斯坦问题与巴基斯坦冲突不断等原因，无暇顾及中阿边界问题。对此，中方不愿强人所难，就此搁置了谈判。但估计阿富汗自身也没有料到，时隔两年之后，阿富汗主动向中方提出了边界谈判的要求。[④]

“1962年底，阿方主动提出同我国谈判中阿边界问题。”[⑤]此后中阿双方经过一系列交涉和磋商，最终于1965年3月签订中阿边界议定书，彻底解决了中阿边界问题。这一历程，大致分为四个阶段：

第一阶段是中阿边界谈判的准备阶段，从1962年底到1963年6月

---

① 布才拱巴什，地名，位于小帕米尔。“布才拱巴什以西，入瓦罕帕米尔境。”参见许景澄：《许文肃公遗稿》第12卷，外交部印刷所1918年印刷，第16页。

② 对于英俄将中国何处领土划归阿富汗，学界观点众说纷纭。大致有以下几种：瓦罕帕米尔、瓦罕走廊、巴达克山与瓦罕帕米尔、大帕米尔和小帕米尔的一部分，等等。本文观点是作者结合前人的研究与诸多资料，推论而出。

③ “中国和阿富汗贸易关系及存在的问题、中阿边界简况、中阿关系大事记（1950—1964年）及普什图尼斯坦问题”（1964年10月28日），中国外交部档案馆馆藏档案，档案号：204-01327-05。

④ 关于1960年中阿边界谈判搁浅的具体情况，参见张安：“1960年中阿边界谈判搁浅之谜探析”，《党史研究与教学》2012年第5期。

⑤ “中国和阿富汗贸易关系及存在的问题、中阿边界简况、中阿关系大事记（1950—1964年）及普什图尼斯坦问题”（1964年10月28日），中国外交部档案馆馆藏档案，档案号：204-01327-05。

16日。1962年底阿富汗主动提出中阿边界谈判后，中国很快进行回应。1963年1—2月间中阿双方就发表中阿边界谈判新闻公报问题进行协商并达成了协议。1963年3月2日，“新闻公报”正式发表，宣布：“中华人民共和国政府和阿富汗王国政府，鉴于两国间所存在的友好关系，重申两国间现有的边界是一条和平友好的边界。为了保障两国友好睦邻关系的延续和进一步发展，两国政府同意举行谈判，以便正式划定存在于两国之间的边界并签订一项边界条约。”[①] 公报发表后，时值阿富汗政府内阁改组，谈判准备工作一度停顿。阿富汗新内阁上台后，把中国视为牵制美苏的第三种力量，“借此对抗美苏压力，增加其向苏美讨价还价的资本。”[②] 对解决中阿边界问题更为积极，谈判准备工作立即重启。1963年4月到5月，中阿双方对交换边界地图相关事宜多次进行商谈，于5月底成功交换了地图，并确定6月中旬正式开始谈判。

在此过程中，阿富汗多次向中方“重申”，希望在当年内“全部解决边界问题（包括上界勘察、树桩）”。对此，中方认为，“看来，阿方可能对解决边界问题的复杂程序不够了解，但也说明它有同我迅速达成协议、尽快签订条约的愿望”。于是决定“从我们这方面来说，应尽可能积极作好各种准备”[③]，对签订边界条约的时间、地点、签字人选等做好了种种预案。考虑到迅速签订中阿边界条约对中方有利，签订条约后又需立即进行勘察树桩工作，而中阿边界平均海拔5000米以上，中阿边界所在的瓦罕走廊基本上都是人迹罕至的荒漠高原，气候恶劣，每年仅夏季三个多月时间能通行，其他时间均大雪封山，所以最迟需

① 新华社：“中国阿富汗现有边界是和平友好边界 两国政府同意举行谈判签订边界条约”，《人民日报》1963年3月2日，第1版。

② “1963年阿富汗使馆工作规划和形势总结及外交部批复”（1963年3月31日至1963年7月17日），中国外交部档案馆馆藏档案，档案号：105-01175-02。

③ “阿富汗内务大臣卡尤姆访华：关于签订中国和阿富汗边界条约的时间、地点、人选的初步方案的请示报告”（1963年6月5日），中国外交部档案馆馆藏档案，档案号：204-00888-03。

在7月底上界。因此，中方认为，“如能在6月底双方就条约草案达成协议，以在7月中旬签字为好。”至于签字地点，中方拟尊重阿方意见，在喀布尔和北京均可，但认为在北京签字更为方便。中方还设想借机邀请阿富汗国王或阿富汗首相前来北京签字，并访问中国，以进一步发展中阿关系。如阿方提出在喀布尔签字，中方决定，中方签字人选“将视阿方人选而定，但从扩大影响考虑，由外长或总理一级签字较好。”由于阿富汗首相兼外长，中方考虑由国务院副总理兼外交部长陈毅或国务院总理周恩来赴阿签字。①

第二阶段是中阿边界谈判正式进行阶段，从1963年6月17日至8月1日。经过协商，1963年6月17日，中阿边界谈判在阿富汗首都喀布尔举行。中国边界谈判代表团团长、首席代表为中国驻阿富汗大使郝汀，阿富汗代表团团长、首席代表是外交部国际关系和联合国处处长查尔曼·马茂德·加齐亲王。中阿边界谈判从“六月十七日起在喀布尔举行，至八月一日历时一个半月，双方已就边界条约草案达成协议。”② 据当时中方的谈判代表之一马叙生回忆，真正讨论中阿边界条约文本的时间不到十小时。③ 整个过程“自始至终是在极为友好和诚挚的气氛中进行的”，④ 未发生任何争论。在谈判过程中，“双方代表团就有关会谈的程序性问题取得协议后，随即核对了双方在事先交换的标有边界线的地图，并就两国间边界线的位置和走向取得了一致的认识，然后又就边界条约草案达成了一致的协议，并决定分别将草案报请各

① 参见“阿富汗内务大臣卡尤姆访华：关于签订中国和阿富汗边界条约的时间、地点、人选的初步方案的请示报告”（1963年6月5日），中国外交部档案馆馆藏档案，档案号：204-00888-03。

② 同上。

③ 参见马叙生：“我去过阿富汗”，载郑言主编：《外交纪实》（四），世界知识出版社2007年版，第302页。

④ 新华社：“中国阿富汗边界条约草案达成协议 两国代表团圆满完成谈判任务后发表联合新闻公报 决定分别报请本国政府审查以便两国委派代表签字”，《人民日报》1963年8月4日，第1版。

自政府审查，以便两国委派代表签字。”[①] 这是中国“历次边界谈判中最顺利最迅速的一次谈判”。[②]

在谈判过程中，双方还商定在北京签订条约和阿方条约签字人选、签约时间和勘界时间等。在签字人选上，“阿方一再降低签字人的身份”，从首相到副首相最终确定内务大臣阿布杜·卡尤姆为签订条约全权代表；关于签字时间，阿富汗决定“卡尤姆赴华签字，时间在10月20日以后”；在勘界问题上，“阿政府认为今年已无法上界”，中方表示“鉴于我已作好今年上界的一切准备，为减轻明年工作负担”，“今年我方先在边界我侧进行勘察，明年阿方上界后进行检查”，“双方共同勘界可在明年开始”。[③] 对此，阿富汗表示同意。

“谈判基本上是按我所提程序和方案进行的”，基本上按照实际控制线划定边界，“对我原来设想可能牵涉到的几个比较复杂的问题双方都有意避开。”[④] 如阿方在边界谈判时叙述两国边界走向的过程中使用了“阿中苏交界点”为起点的提法，这是中方不能接受的。因为此时正值中苏第一次边界谈判，考虑到中阿边界问题与中苏边界问题交织在一起，中苏边界问题还没有最后解决，两国在帕米尔地区还存在领土争议。“为了不给苏联方面抓住把柄从而不利于今后的中苏边界谈

---

① 新华社：“中国阿富汗边界条约草案达成协议 两国代表团圆满完成谈判任务后发表联合新闻公报 决定分别报请本国政府审查以便两国委派代表签字”，《人民日报》1963年8月4日，第1版。

② “阿富汗内务大臣卡尤姆访华：关于签订中国和阿富汗边界条约的时间、地点、人选的初步方案的请示报告”（1963年6月5日），中国外交部档案馆馆藏档案，档案号：204-00888-03。

③ “阿富汗内务大臣卡尤姆访华：来往电文”（1963年7月2日至1963年11月30日），中国外交部档案馆馆藏档案，档案号：204-01264-01。1963年8月22日至10月6日，中方单方勘测中国一侧纵深7千米、长约100千米、共705平方千米范围内的领土。参见《塔什库尔干塔吉克自治县志》编写组编：《塔什库尔干塔吉克自治县志》，新疆人民出版社2009年版，第502页。

④ “阿富汗内务大臣卡尤姆访华：关于签订中国和阿富汗边界条约的时间、地点、人选的初步方案的请示报告”（1963年6月5日），中国外交部档案馆馆藏档案，档案号：204-00888-03。

判”[①]，中国外交部决定在中方起草的边界条约草案中用另外的提法取代阿方措辞。对这一微妙之处，阿方心知肚明，有意不予点破，未提任何异议便达成了协议。[②]

第三阶段是中阿边界条约的签订阶段，从1963年8月2日到11月22日。中阿边界谈判以后，按照缔结国家双边条约的程序，中阿两国政府有关部门对边界条约的草案进行了审批。1963年10月15日，阿富汗国民议会批准了中阿边界条约草案。[③] 11月9日，中国第二届全国人民代表大会常务委员会第106次会议审议了中阿边界条约，并决定委派外交部部长陈毅为签约全权代表。[④]

11月21日，应陈毅的邀请，阿富汗内务大臣阿布杜·卡尤姆率领阿富汗王国政府签订阿中边界条约代表团抵达北京。22日，陈毅和卡尤姆分别代表本国政府在《中华人民共和国和阿富汗王国边界条约》上正式签字，该条约即时生效。[⑤] 该条约的签订，正式划定了两国之间在帕米尔地区的边界，将两国在瓦罕走廊的边界线法律化、明确化。《条约》规定："两国之间的边界，从南端高程为5630米的山峰（参考座标约为东经74度36分、北纬37度03分）起，沿着以塔什科老干河的支流卡拉秋库尔苏河为一方、阿克苏河的源流和瓦罕河的上游瓦合知尔河为另一方的穆斯塔格山脉的分水岭而行，经过高程为4923米的南瓦根基达坂（阿方图称瓦根基山口）、北瓦根基达坂（仅中方图有此

① “中国和阿富汗贸易关系及存在的问题、中阿边界简况、中阿关系大事记（1950—1964年）及普什图尼斯坦问题”（1964年10月28日），中国外交部档案馆馆藏档案，档案号：204-01327-05。

② 参见马叙生：“我去过阿富汗”，载郑言主编：《外交纪实》（四），世界知识出版社2007年版，第302页。

③ 参见新华社：“阿富汗国民议会批准中阿边界条约草案”，《人民日报》1963年10月16日，第1版。

④ 参见“关于中阿（富汗）边界条约签署人的请示”（1963年10月17日至1963年11月16日），中国外交部档案馆馆藏档案，档案号：114-00225-01。

⑤ 参见“中华人民共和国和阿富汗王国边界条约”，《人民日报》1963年11月23日，第1版。

名）、西克克吐鲁克达坂（仅中方图有此名）、东克克吐鲁克达坂（阿方图称卡拉吉勒尕山口）、托克满素达坂（阿方图称米赫满育里山口）、沙拉克他什达坂（仅中方图有此名）、克克拉去考勒达坂（阿方图称铁盖满苏山口），到高程为5698米的克克拉去考勒峰（阿方图称波万洛什维科夫斯基峰）。”①

第四阶段是中阿边界勘界及边界议定书的最终签署阶段，从1963年11月22日到1965年3月24日。在中阿边界条约签订的同一天，中国——阿富汗联合勘界委员会在北京正式成立。中方首席代表为中国驻阿富汗大使郝汀，副首席代表为外交部第一亚洲司副司长程之平（中方副首席代表后改为杨公素），阿方首席代表是民航局局长苏尔坦·马茂德·加齐亲王。同日，中阿联合勘界委员会举行了第一次会议。“会议自始至终都是在极为融洽友好的气氛中进行的。”“双方就一九六四年勘测和标定中阿边界的有关问题进行了讨论。”“双方经过友好协商，通过了‘中阿联合勘界委员会的组织、任务、工作程序和方法’和‘关于联合勘测、制图、树桩等问题的共同工作计划’两个文件。并决定明年派出联合勘测树桩队去实地进行工作。”②

根据中阿联合勘界委员会第一次会议的协议，中阿双方决定1964年6月派出联合勘测、树桩队去边界实地进行工作。为共同安排上界前的准备工作，中方邀请阿方代表来北京进行具体磋商。1964年6月26日，中阿联合勘界委员会阿方首席代表、阿富汗民航局局长苏尔坦·马茂德·加齐亲王抵达北京，就联合勘界问题同中方进行了具体的商谈和安排。双方商定在8月底或9月初完成界上的树桩和测图工作。6月30日，在中方副首席代表、外交部第一亚洲司副司长杨公素等陪同下，苏尔坦亲王乘飞机离开北京经乌鲁木齐前往新疆喀什上界。

在此之前，中阿双方的勘界队伍已经出发，奔赴中阿边界实地勘

① “中华人民共和国和阿富汗王国边界条约”，《人民日报》1963年11月23日，第1版。

② 新华社：“中国阿富汗联合勘界委员会在京成立”，《人民日报》1963年11月25日，第1版。

测。阿富汗方面200余人于5月22日从喀布尔出发上界，6月26日中方198人从喀什出发上界。双方约定7月6日界上会合后共同勘测。会合后，中方请阿方实地检查了1963年中方已测中国境内7千米范围地形，阿富汗对测量结果表示认同。然后中方完成阿境沿分水岭4千米（应阿方要求实测5千米）范围内的测图任务，并与阿方共同在实测图上初步标出边界线沿慕士塔格山脉分水岭的走向，并在南瓦根基达坂、托克曼苏达坂（来赫满育里山口）和沙热克塔什达坂（铁盖曼苏山口）等4处树水泥界桩5个。[①] 最终于1964年8月底，“在中国——阿富汗双方勘界工作人员的辛勤劳动和诚挚的合作下，满意地完成了勘界任务。”[②]

在实地勘界过程中，“因为我方条约附图不准确”，导致中阿边界条约中有关边界走向的叙述与实地不符，“克克拉去考勒峰的实地位置与条约我方附图上缩短约7—8公里。”由于“实地上阿领土范围并不受任何影响”，阿富汗既没有提出修改中阿边界条约有关叙述问题，也没有纠缠。后来通过在边界议定书中“规定‘今后边界的具体走向以本协定书中的规定为准’的办法解决”。[③]

11月中旬，中方据中阿联合勘测队实测地形原图制出《中阿边界条约详细附图》，并提交阿方核对。12月，中阿双方在喀布尔举行第二次中阿勘界联委会会议，共同起草了《中华人民共和国政府和阿富汗王国政府关于两国边界的议定书》和审定了地图。1965年3月24日，应阿富汗政府的邀请，中国政府全权代表、国务院副总理兼外交部长陈毅访问阿富汗，并与阿富汗政府全权代表、时任内务大臣阿卜杜勒·查希尔分

① 参见《塔什库尔干塔吉克自治县志》编写组编:《塔什库尔干塔吉克自治县志》，新疆人民出版社2009年版，第502页。

② 新华社:“完成中阿边界勘界工作后 阿富汗勘界人员回到喀布尔”,《人民日报》1964年9月12日，第4版。

③ “中国和阿富汗贸易关系及存在的问题、中阿边界简况、中阿关系大事记（1950—1964年）及普什图尼斯坦问题”（1964年10月28日），中国外交部档案馆馆藏档案，档案号：204-01327-05。

别代表中阿政府在《中华人民共和国政府和阿富汗王国政府关于两国边界的议定书》上签字予以确认。该议定书规定："中阿边界线自南端起点——塔什科老干河、瓦罕河、洪扎河三部分之间的分水岭相交流处高程为5587米的山峰至高程为5554米的克克拉去考勒峰，全部沿穆斯塔格山脉分水岭而行"。[①] 至此，中阿边界问题彻底解决。

三、中阿边界问题解决的历史经验

一般而言，边界问题涉及到国家领土、主权等核心利益，往往几经曲折、历时数载甚至更长时间也未必能解决。被誉为"为解决新中国边界问题提供范例"的中缅边界问题从最初交涉到最后签订边界条约就花了5—6年时间，而中印边界问题已经几十年仍悬而未决。但20世纪60年代前期的中阿边界谈判是中国外交史上的一个特例。"我们从开始谈判，直到完成勘界、树桩和签订议定书，全部工作只用了不到两年的时间，这在国际上是少有的。每个阶段，每个环节的工作，都合作得很好，进行得很顺利。"[②] 因此，系统梳理和分析中阿解决边界问题的历程对当前中国的陆地边界谈判和海洋争端的解决等都大有裨益，有助于为新形势下党和国家的边界政策提供丰富而深刻的历史智慧和现实启迪。

第一，边界问题的解决必须置于周边外交大格局下进行。边界问题是一个国家对外关系尤其是周边关系的重要组成部分。周边关系的好坏与否，将直接影响到边界问题的解决。而边界问题的解决与否，往往又反过来成为影响周边关系的重要因素。与此同时，中国与周边国家的关系又常常会受到美国等大国的影响。因此，真正有效地解决

① 中华人民共和国外交部条约法律司编：《中华人民共和国边界事务条约集》（中阿、中巴卷），世界知识出版社2004年版，第1页。

② 新华社："在阿富汗首相穆罕默德·优素福举行的宴会上 优素福首相和陈毅副总理的讲话"，《人民日报》1965年3月24日，第4版。

边界问题，有必要将边界问题置于周边外交大格局下，综合考量国际形势、周边环境、国际形象、国家利益等诸多方面。中阿边界谈判就是一个很好的例证。它正是中国政府结合冷战大背景，在综观周边外交的大局，着眼于缓和周边环境的基础上，妥善处理中巴、中印、中阿等周边关系的产物。

第二，边界问题的解决必须处理好历史与现实的关系。边界争端的产生大多是由于边界的历史情况与现实控制的差异造成的。因此，如何处理历史与现实的关系常常会成为边界问题能否解决的关键。新中国成立后，对此进行了艰辛的探索，成功地找到了一条既考虑历史背景，又照顾实际情况的路子。周恩来曾具体阐述这一点，他指出：处理边界问题"必须认真对待历史资料，必须以正确的立场和观点对历史资料进行科学的分析和判断，把可以作为法理依据的历史资料同由于情况变化只有参考价值的历史资料加以区别。"[①] 更为重要的是，"要根据现在情况和政策来看待历史资料。要以我们历史的资料作参考，把最后若干朝代的某些谈判材料作为法理根据，但是最主要的还是看今天的情况和我们的政策。"[②] 中阿边界谈判就很好地践行了这一点。中国政府既考虑到历史上英俄侵占中国帕米尔的历史，又结合实际情况，通过和平谈判、互谅互让的方式使中阿边界问题迅速解决。

第三，边界问题的解决必须积极应对干扰，敢于抗争。表面上看，边界问题好像仅仅是两个国家之间的事，但在地缘政治、意识形态、国家利益等交互作用下，其他国家往往不会袖手旁观，甚至会插手其中。面对他国的阻挠、干扰，忍气吞声、沉默不言往往只会给别人众口铄金的机会。只有采取积极措施，沉着应对，才能申明自己的立场，

① "关于中缅边界问题的报告"（1957年7月9日），《周恩来外交文选》，中央文献出版社1990年版，第237页。

② 张植荣：《中国边疆与民族问题——当代中国的挑战及其历史由来》，北京大学出版社2005年版，第48页。

从而推动边界问题的解决。中阿边界谈判的顺利推进，就得益于较好地做到了这一点。在中阿边界谈判过程中，美国、苏联、印度等国施展经济、政治、外交等手段，试图干扰中阿边界问题的解决。对此，中国坚决回击，澄清了诸多不实之词，也有利于加深阿富汗对中国边界政策的了解。[①] 最终，在中阿两国的共同努力下，中阿边界问题顺利且迅速地得以解决。

第三节　历史遗留问题的解决推动了两国睦邻友好关系的进一步巩固和深化发展

20世纪60年代初，中国和阿富汗的国际国内局势都发生着巨大变化。对中国而言，不仅国内遭受着“大跃进”带来的经济困难的折磨，而且在国际上，以美国为首的西方资本主义国家继续敌视中国，不断介入中国周边地区，威胁着中国的周边安全；中苏在意识形态、国家利益等上的分歧一步步加大，两国关系逐渐走向破裂；中印两国因边界问题，不仅结束了“蜜月期”，而且最终兵戎相见。与此同时，阿富汗的国际国内局势也不容乐观。阿富汗与巴基斯坦因普什图尼斯坦问题争端再起，直至断绝外交关系。阿富汗的经济情况也日趋恶化。由于巴阿关系恶化，巴基斯坦宣布封锁过境贸易，加上自然灾害严重，使阿富汗的经济状况更加困难。据1961年中国驻阿使馆向中国外交部的《关于阿巴绝交后阿富汗的经济困难情况的报告》称：“阿巴绝交后，

① 参见“1963年阿富汗形势概述”（1963年11月3日），中国外交部档案馆馆藏档案，档案号：105-01179-01；“1965年阿富汗形势摘要和驻阿使馆1966年工作要点”（1965年2月9日至1965年12月25日），中国外交部档案馆馆藏档案，档案号：105-01345-03；新华社：“我外交部新闻司发言人发表谈话 中阿边界谈判根本没有涉及克什米尔问题”，《人民日报》1963年10月18日，第1版；“关于印度教育部长卡比尔挑拨中国和阿富汗关系问题的处理事”（1963年9月12日至1963年10月17日），中国外交部档案馆馆藏档案，档案号：105-01176-02；“中国和阿富汗贸易关系及存在的问题、中阿边界简况、中阿关系大事记（1950—1964年）及普什图尼斯坦问题”（1964年10月28日），中国外交部档案馆馆藏档案，档案号：204-01327-05。

阿富汗的最大问题是经济困难日益加重。"[1] 正是恶劣的国际国内环境，客观上使双方有相互支持的需要。因此，随着新疆阿侨问题、中阿边界问题等历史遗留问题的解决，中阿两国之间的其他问题也得以顺利解决。以此为契机，两国睦邻友好关系得以进一步巩固和深化发展。

一、两国签订《中阿友好和互不侵犯条约》

1960年7月19日，中国外交部派副部长耿飚和阿富汗驻华大使萨马德沟通同年8月陈毅访问阿富汗的具体事宜时，耿飚向阿方非正式提出，鉴于中阿两国的友好关系，在陈毅访阿之际，中国愿与阿富汗签订友好条约或友好互不侵犯条约，但"也表示，即使不签订条约，两国仍将继续友好下去。""至于签订中缅式的友好和互不侵犯条约或中尼式的和平友好条约则视阿方意见而定。"[2] 接到萨马德的报告后，阿富汗政府旋即进行研究，认为"中阿条约的签订，使它的中立政策多了个强大的后盾。""因此，我一建议阿方立即同意签订。"[3] "原则上可以同意订友好互不侵犯条约。"[4] 7月23日，阿富汗副首相纳伊姆接见中国驻阿使馆代办，告知阿方的决定。7月25日，阿富汗驻华大使萨马德奉阿政府指示向耿飚索取友好条约、友好互不侵犯条约的草案。8月1日，周恩来亲自接见阿富汗大使萨马德，告知其中国外交部"已经准备了两个不同的草案，一个是根据中缅友好互不侵犯条约，另一个是

① "阿富汗和巴基斯坦断绝外交关系以及阿巴边境的紧张关系"（1961年9月7日至1961年11月13日），中国外交部档案馆馆藏档案，档案号：105-01445-01。

② "外交部与我驻阿富汗使馆之间就陈毅副总理赴阿富汗王国访问关于日程安排等问题商谈的电报、谈话记录"（1960年1月19日至1960年9月13日），中国外交部档案馆馆藏档案，档案号：203-00122-01。

③ "1960年中国和阿富汗的关系"（1960年12月11日），中国外交部档案馆馆藏档案，档案号：105-01047-02。

④ "外交部与我驻阿富汗使馆之间就陈毅副总理赴阿富汗王国访问关于日程安排等问题商谈的电报、谈话记录"（1960年1月19日至1960年9月13日），中国外交部档案馆馆藏档案，档案号：203-00122-01。

根据中尼和平友好条约草拟的，准备请大使带回去，供贵国的政府考虑。”[①] 8月2日，耿飚将中阿和平友好条约（草案）、中阿友好和互不侵犯条约（草案）送交阿富汗大使萨马德。

陈毅赴阿富汗后，8月22日上午同阿富汗首相达乌德举行了会谈，阿方明确表示同意和中国签订友好和互不侵犯条约。双方指定专人具体商谈后，对中方提交的中阿友好和互不侵犯条约草案进行了一定修改，随即于8月26日由陈毅和阿副首相纳伊姆分别代表各自国家在条约上签字。条约宣布：“愿意保持和进一步发展中华人民共和国和阿富汗王国之间的持久和平和深厚友谊。深信加强中华人民共和国和阿富汗王国之间的睦邻关系和友好合作符合两国人民的根本利益，并且有利于巩固亚洲和世界的和平。”[②] 双方表示，“这项条约的签订，标志着中阿两国友好关系发展的一个新阶段。”[③] 同时，双方还就废除1944年3月2日中华民国国民政府同阿富汗签订的“中国阿富汗友好条约”互换了照会。

条约签订后，8月27日，陈毅在回国之际在喀布尔机场发表书面讲话，高度赞扬该条约：“两国签订友好和互不侵犯条约是中阿深厚友谊的结晶，是和平共处五项原则和万隆精神的体现和发展，对促进亚非国家的友好团结和维护世界和平的事业是一个重要贡献。”[④] 8月28日，《人民日报》发表文章对该条约的签订也予以很高的评价：该条约把中国同阿富汗之间“友好合作关系用法律的形式固定下来，而且为亚洲

① “周恩来总理接见阿富汗驻华大使萨马德谈话纪要”（1960年8月3日），中国外交部档案馆馆藏档案，档案号：203-00032-06。

② “中阿（富汗）友好和互不侵犯条约文本”（1960年8月26日），中国外交部档案馆馆藏档案，档案号：114-00067-05；中华人民共和国外交部编：《中华人民共和国条约集》（第九集），法律出版社1961年版，第12—13页。

③ 新华社：“中国阿富汗联合公报”，《人民日报》1960年8月28日，第1版；中华人民共和国外交部编：《中华人民共和国条约集》（第九集），法律出版社1961年版，第16—17页。

④ 刘树发主编：《陈毅年谱》（下），人民出版社1995年版，第832页。

国家之间和平共处作出了范例”[①]。同日，阿富汗的《革新报》发表社论，表示，“阿富汗人民对中华人民共和国和阿富汗王国友好和互不侵犯条约的签订表示欢迎，并且把这个条约看成是在世界这一地区的和平友谊的生动例子，认为它是符合人民愿望的。”[②]当日，阿富汗的《友谊报》也称赞：“友好和互不侵犯条约的签订，正如两国公报所提到的，它是阿中友好关系发展新阶段的开始。”[③]当年的10月1日中国国庆节，阿富汗首都所有的三家报纸：《革新报》《友谊报》《希瓦德报》均发表社论再次高度评价该条约，表示，“中国阿富汗友好和互不侵犯条约的签订在阿富汗外交关系的现代历史上翻开了新的一页”。[④]

二、两国多次续订《中阿交换货物和支付协定》

1960年8月陈毅访问阿富汗之时，1957年10月31日生效的《中华人民共和国和阿富汗王国交换货物和支付协定》即将期满，中阿双方就趁此机会在喀布尔进行了重新谈判。经过商谈，1960年8月26日，中阿在喀布尔续订了新的交换货物和支付协定，代表中国政府签字的是中国驻阿富汗大使郝汀，代表阿富汗政府签字的是阿富汗商业大臣吴拉姆·穆罕默德·舍尔扎德。协定于1960年11月3日起生效。该协定规定，“两国间的一切商业交易应符合两国当时有效的进口、出口和外汇条例。”“两国间的商品交换，应在阿富汗王国政府为此目的正式委托的各个组织、公司、贸易商和中国各进出口公司签订的合同的基础上进行。”“买卖双方在执行根据本协定所签订的一切贸易合同时所

① “和平共处的又一榜样”，《人民日报》1960年8月28日，第1版。

② 新华社：“加强中阿友谊有利世界和平 阿富汗〈革新报〉欢迎中阿友好和互不侵犯条约”，《人民日报》1960年8月31日，第5版。

③ 新华社：“两个国家友好关系的象征 阿富汗〈友谊报〉赞扬中阿联合公报”，《人民日报》1960年9月1日，第5版。

④ “阿富汗〈友谊报〉说中国正在向进步和崇高的理想迈进 各国舆论盛赞中国人民的斗争和成就”，《人民日报》1960年10月18日，第5版。

发生的一切异议和争端，应以友好协商的方式予以解决；如协商未能达成协议，应通过仲裁解决。”“本协定有效期为二年。缔约任何一方未在协定期满四个月前，以书面向对方提出修改或废除，本协定的有效期将自动延长一年。”根据该协定，阿富汗向中国输出原棉、生羊毛、生绵羊皮和山羊皮、芝麻和亚麻籽、水果干、阿魏、青金石及其他商品。中国向阿富汗输出茶叶、丝织品和棉织品、建筑材料、纸张、机械、电器零件、地毯染色毛线、自行车、铁锭、铁丝及其他金属制品、皮革制品及其他商品。[①] 1960年8月28日，阿富汗《友谊报》发表题为“阿中友好关系发展的新阶段”的评论，对该协定予以高度赞扬：“交换货物和支付协定的续订，从保持和发展双方所意欲的良好关系看来，有着有价值的作用。”[②]

根据该规定和后来双方协商调整的结果，在换货议定书的有效期间内（1962年7月1日至1963年6月30日），中国计划从阿富汗进口青金石（雕刻原料）1000公斤，葡萄干1000吨。中国向阿富汗出口同等价值的商品。截止到1963年5月，中国实际上已进口青金石1000公斤，葡萄干700吨，共值26万美元。中国已出口茶叶、轻工业品等共值15万美元。[③]

在该协定1963年6月底满期前，中阿双方又进行了新一轮磋商，最终于1963年10月9日再次续订了新的交换货物和支付协定。中国驻阿富汗王国大使郝汀和阿富汗王国商业副大臣沙瓦分别代表两国政府签字。该协定规定，在议定书有效期内，中国政府同意从阿富汗王国进口下列商品：葡萄干1000—1200公吨、青金石1000—1200公斤、果

---

① 参见“中阿（富汗）交换货物和支付协定的批准（中文、英文）”（1960年7月28日至1961年4月23日），中国外交部档案馆馆藏档案，档案号：114-00212-01。

② 新华社：“两个国家友好关系的象征 阿富汗〈友谊报〉赞扬中阿联合公报”，《人民日报》1960年9月1日，第5版。

③ 参见“中阿（富汗）1963—1964年度交换货物和支付协定的签订、核准和生效”（1963年5月22日至1964年1月7日），中国外交部档案馆馆藏档案，档案号：114-00238-01。

干和果仁10000英镑以及阿魏、棉籽、茴香籽和药草等。阿富汗王国政府同意从中国进口等值的中国商品。[①] 在中阿两国的共同努力下，两国贸易总额尽管不大，但逐年发展。1961年贸易总额为16万美元，1962年为33万美元，1963年达到55万美元。[②]

三、中国政府多次对阿富汗关于普什图尼斯坦问题所持立场表示同情

普什图尼斯坦问题是巴阿两国关系中的死结。由于双方实力对比，阿富汗处于不利地位，因此阿富汗千方百计地寻求大国、邻国的支持。但在1960年，美国再次在普什图尼斯坦问题上支持巴基斯坦，并以经济援助向阿富汗施加压力希望阿富汗能够有所让步。在此情况下，阿富汗期盼更多的国家能够站在自己一边。鉴于普什图尼斯坦问题是帝国主义侵略的产物，当地人民要求独立、自治的斗争是正义的，阿富汗又是受害的一方，但"杜兰线"曾经有过条约根据，巴基斯坦在线内的行动可以解释为其内政以及当时的中阿、中巴关系，因此，中国政府不便公开明确表态，但对阿富汗政府反对帝国主义强加的"杜兰线"和民族自决原则等主张多次表示理解与同情。

1960年8月，陈毅访问阿富汗期间就对阿富汗首相和副首相表示："阿富汗对普什图尼斯坦问题的态度，我们是同情的、支持的，中国人民站在你们的一边，你们可以从中国朋友方面指望得到援助。我们完全相信阿富汗没有侵略意图，我们完全同情阿富汗政府用一切办法寻求这个问题的和平解决。相信普什图人民自由意志终于要申张，普什图人民和俾路支人民最后做出有利于自己的决定。如果允许

① 参见"中阿（富汗）1963—1964年度交换货物和支付协定的签订、核准和生效"（1963年5月22日至1964年1月7日），中国外交部档案馆馆藏档案，档案号：114-00238-01。

② 参见"阿富汗国王访华：中国国家领导人同阿富汗国王会谈方案"（1964年10月4日至10月20日），中国外交部档案馆馆藏档案，档案号：204-01526-04。

我讲这句话，我要说：你们英明的领导对这个问题应有所准备，这样做是完全应该的，正确的，合乎逻辑的，没有人能够指责你们。"[①] 在此次访问结束时公开发表的中阿联合公报中还用比较隐晦的表述方式公开表示支持阿富汗在普什图尼斯坦问题上的立场，公报指出："双方重申，支持那些尚未取得独立的人民和国家争取完全的独立；并且深信，这些人们和国家反对殖民主义、争取自由和按照他们自由表达的意愿决定他们的未来的权利的斗争是正义的，终将获得胜利。"[②] 同年11月，陈毅接见阿富汗驻华大使萨马德谈到阿巴冲突时进一步表示："你们反抗侵略，是正义的。一旦事态扩大了，我们是准备表示支持你们的。"[③]

随着阿巴冲突越来越激烈，1961年3月，阿富汗政府首次主动提出中国给予普什图尼斯坦问题以政治上的支持。[④] 对此，中国政府非常重视。新华社先后在《人民日报》发表三篇文章，声援阿富汗。阿方反映很好，表示感谢。[⑤] 1962年1月2日，陈毅还向阿富汗驻华大使萨马德表示："阿巴对普什图之争，阿方是正确的，我们是站在阿方的。同时，我们还要求巴向阿让步，并希望它退出东南亚条约，成为一个

① "巴基斯坦—阿富汗关系恶化及我方态度"（1961年5月8日至1961年6月6日），中国外交部档案馆馆藏档案，档案号：105-01052-08。

② 新华社："中国阿富汗联合公报"，《人民日报》1960年8月28日，第1版。

③ "巴基斯坦—阿富汗关系恶化及我方态度"（1961年5月8日至1961年6月6日），中国外交部档案馆馆藏档案，档案号：105-01052-08。

④ 参见"驻阿富汗使馆关于苏联与阿富汗关系的报道"（1961年1月7日至1961年9月14日），中国外交部档案馆馆藏档案，档案号：109-03027-01。

⑤ 参见"阿富汗1961年形势回顾和1962年形势展望"（1961年5月11日至1962年1月4日），中国外交部档案馆馆藏档案，档案号：105-01047-03。《人民日报》1961年4月18日第6版登载了"阿富汗首相发表谈话　支持普什图尼斯坦人民的斗争"一文；《人民日报》1961年5月31日第6版登载了"巴基斯坦军队进攻巴阿边境部落民族造成伤亡　阿富汗国王和首相表示悲痛"一文；《人民日报》1961年6月22日第6版登载了"协商解决普什图尼斯坦问题　阿富汗建议同巴基斯坦举行会谈"一文。

中立国家。”[①]

此后，1962年5月27日，中国驻阿大使郝汀在向阿富汗国王查希尔祝贺国庆时也表示：“我们支持阿的和平中立政策，并且对阿关于普什图尼斯坦的立场，我们是站在阿方面的。”[②] 1962年11月11日，中国驻阿使馆代办种汉九在拜访阿富汗商业大臣谢尔扎德时同样表示：“关于普什图尼斯坦问题，中国的同情是在阿富汗这边的。”[③]

尽管1963年3月中巴边界协定签订后，中巴关系有了较大改善，但中国在普什图尼斯坦问题上在考虑巴基斯坦立场的同时，也充分照顾阿富汗的利益和反应。中国外交部决定：“我在对巴进行工作时，在可能情况下，也适当照顾到阿方面。”[④] 中国政府和领导人多次向阿富汗说明：“中国同阿富汗友好，中巴关系现在有所改善，但中国绝不做有损害于阿富汗的事情。”[⑤] 1965年3月，陈毅访问阿富汗，阿富汗表示“阿对中巴关系的发展有些担心。”“我除重申对阿巴争端持不介入立场外，强调决不会因中巴友好，而作损害中阿关系的事。阿方反应很好。”[⑥] 1966年4月，刘少奇访问阿富汗，还劝告阿富汗与巴基斯坦和平解决这一问题。

---

① “陈毅副总理同阿富汗驻华大使萨马德谈话摘要”（1962年1月15日至1962年1月30日），中国外交部档案馆馆藏档案，档案号：105-01106-01。

② “阿富汗对中国和巴基斯坦开始谈判边界问题的反应”（1962年5月29日至1962年7月12日），中国外交部档案馆馆藏档案，档案号：105-01106-02。

③ “阿富汗对1962年中印边界冲突问题的反应”（1962年8月6日至1962年11月16日），中国外交部档案馆馆藏档案，档案号：105-01105-01。

④ “阿富1963年形势及阿对我态度和做法”（1963年12月30日至1963年12月31日），中国外交部档案馆馆藏档案，档案号：105-01247-03。

⑤ “巴基斯坦驻华大使罗查要求周恩来总理向阿富汗国王阐述巴政府对普什图尼斯坦问题的立场及韩念龙副外长同阿外交部秘书长埃特马迪的谈话”（1964年11月7日至1964年11月12日），中国外交部档案馆馆藏档案，档案号：204-00991-05。

⑥ “阿富汗和巴基斯坦边界争端及阿对印巴冲突的表态”（1965年4月22日至1965年9月20日），中国外交部档案馆馆藏档案，档案号：105-01350-01。

四、中阿通航问题初步达成协议

中阿通航问题“最初系由阿方主动提出，态度颇积极。”[①] 早在1955年中阿建交的当年，阿富汗就酝酿提出中阿通航问题。1955年8月，阿富汗副首相兼外交大臣纳伊姆以“想送些鲜水果给周总理”为名向刚到任的新中国驻阿富汗第一任大使丁国钰“探询去华的航线”。[②] 1956年12月，在中国外交部委派丁国钰与阿方协调周恩来推迟访问阿富汗的相关事宜[③] 的过程中，纳伊姆更进一步向丁国钰表示：在二战以前，德国的一家航空公司“曾有一、二次从喀布尔试飞新疆以开辟一条从欧洲直通中国的航线，后来因战争而作罢。现坎大哈已成为国际空港，如能从那里开辟一条至北京的航线就不须绕道南方了。”[④] 1957年1月，周恩来访问阿富汗。在周恩来与阿富汗首相达乌德的多次交谈中，达乌德询问了中国的民航情况，并表示“坎大哈飞机场筑成后希望开辟中阿两国航线（经我国新疆）”[⑤]，正式向中国提出通航问题。周恩来回国后，中国外交部办公厅即将这一情况函告民航局，让其进行研究。同年10月，达乌德访华。在周恩来招待达乌德的宴会上，达乌德又“着重谈到中阿两国开辟直接航空线的问题”，他强调：“这是一个值得考虑的一个问题，因为线路短，很经济；通航不仅对于沟通中阿两国的友好往来，而且对于远东同中近东的交往也将

① “关于阿富汗副首相兼外长纳伊姆访华的接待计划和日程的请示报告”（1958年9月17日至1958年10月9日），中国外交部档案馆馆藏档案，档案号：117-00548-01。

② “我驻阿富汗大使丁国钰关于对外活动情况的报告”（1955年 8月25日至1955年9月2日），中国外交部档案馆馆藏档案，档案号：105-00190-06。

③ 应阿富汗政府的邀请，周恩来总理拟于1957年1月初访问阿富汗，但由于应赫鲁晓夫的邀请赴苏联协助处理波匈事件问题，中共中央决定推迟周恩来对阿富汗的访问。为此，中国外交部派丁国钰与阿方协调相关事宜。

④ “我驻阿富汗使馆函报关于丁国钰大使与阿外交大臣纳伊姆商谈周恩来总理访阿日期延期事”（1956年12月25日），中国外交部档案馆馆藏档案，档案号：203-00099-02。

⑤ “周恩来总理与阿富汗首相达乌德在各次宴会中谈话主题摘要”（1957年2月11日），中国外交部档案馆馆藏档案，档案号：203-00024-13。

会有很好的效果。”周恩来表示赞同：“这个问题是值得研究的，此线如果通航，中阿两国间将不仅有陆上的‘丝路’，而且也将会有空中的‘丝路’。”[①]

此时，中阿两国都有直接通航的客观需要。对阿富汗而言，提出中阿通航不仅是政治上释放善意、平衡东西方关系的表现，同时也是其经济发展的客观要求。作为一个交通不便的内陆国，对外贸易主要依赖巴基斯坦转运，一旦阿巴关系恶化，必将受制于巴基斯坦。而当时阿巴两国关系的发展也证明了这一点。1949年和1955年阿巴因普什图尼斯坦问题两次发生大规模冲突，尤其是1955年两国因此断交，巴基斯坦对阿富汗过境贸易实行封锁，导致阿富汗损失惨重。正是有过切肤之痛，阿富汗积极谋求多渠道的贸易通道。“阿方加强其国际交通线，其重点为构成与邻近国家的航空网”，“中阿通航似系其整个计划的组成部分。”[②] 再加上美国援建的当时堪称一流的坎大哈新机场即将全面竣工，民事利用率一直不高，阿富汗政府希望“把它变为国际性的航道，以利于发展本国的经济”。[③] 正是基于以上考虑，阿富汗一直对中阿通航保持着浓厚的兴趣。

对中国而言，在以美国为首的西方国家对中国敌视、包围、封锁的态势下，加强与邻近国家的交往和联系，开辟国际航线不仅承载着睦邻关系的友好发展，而且有利于打破以美国为首的西方国家对中国的封锁，打开中国通往外部世界的一条通道。因此，阿富汗主动提出中阿通航问题正好符合中国的对外战略，中国政府很快就开始把中阿通航问题的解决付诸行动。1957年11月13日，中国外交部、民航局就

---

① “阿富汗王国首相达乌德访华简报”（1957年10月28日），中国外交部档案馆馆藏档案，档案号：204-00059-07。

② “我驻阿富汗使馆电告关于中国—阿富汗通航问题等”（1958年2月4日至1958年2月10日），中国外交部档案馆馆藏档案，档案号：105-00926-05。

③ “我驻阿富汗使馆电告关于中国—阿富汗通航问题等”（1958年2月4日至1958年2月10日），中国外交部档案馆馆藏档案，档案号：105-00926-05。

电告驻阿富汗大使馆："因国内有关阿民航情况资料甚少"，希望在"可能范围内尽量"报回阿民航的相关资料，以供国内研判。[①]

但中阿通航问题也存在着诸多障碍。一方面，阿富汗唯一的航空公司——阿里亚纳航空公司于1957年4月由美国泛美航空公司收购了49%的股权。美国在该公司中派有一名副主席，并按照美国的制度改组和管理该公司。此外，还有来自泛美航空公司的7名驾驶员和22名专家在各部门工作。因此，对阿富汗积极主动的态度，中国政府认为，虽然"就目前情况来看，阿政府的提议尚不可能是由于美国的指使。"但"由于阿富汗航空公司中49%的股份为美国所持有，因之对此保持一定的警惕性，这是必要的。"而且周恩来指示："我国原则上可以同亚洲国家通航，但不能接受美、英、荷等非亚洲国家驾驶员。"[②] 另一方面，"阿方虽有四引擎飞机两架，但现主要用于中东和欧洲方面的航线，阿一两年内不可能有自己的驾驶员，坎大哈国际机场也需到1959年底竣工，同时在客运和货运上在相当的时期内不可能有很多的往来，双方开辟此航线也还存在技术上的困难，因之，两国间的正常通航可能需待1959年之后。"[③] 而当时新中国民航还属于初创时期，还比较落后，缺少飞越高山的四引擎飞机[④]，又已先后开通中苏、中缅、中越等航线，再加上阿富汗在国际事务中多是"事不关己高高挂起"的立场。因此，在一定时期内，中阿通航对中国而言，虽有需要但实际意义和战略意义并不大。

正是考虑到这些，1958年1月9日，中国外交部再次致电驻阿使

---

① 参见"外交部函告民航总局关于周恩来总理访问阿富汗时阿首相达乌德曾提及开辟中国—阿富汗航线事"（1957年3月4日），中国外交部档案馆馆藏档案，档案号：105-00926-01。

② "外交部电告我驻阿富汗使馆关于要求了解阿富汗有关航空方面的资料及使馆的复电"（1958年1月9日至1958年1月26日），中国外交部档案馆馆藏档案，档案号：105-00926-03。

③ "我驻阿富汗使馆电告关于中国—阿富汗航空协定事"（1958年3月31日），中国外交部档案馆馆藏档案，档案号：105-00926-06。

④ 中阿直接通航经过的中阿边界地区海拔平均达到5500千米。

馆，催促使馆“就通航问题提出意见，并将已有的有关资料先行报回”。[①] 1月26日，中国驻阿使馆报回了阿富汗民航组织的情况、阿航空设备和与各国的航空协定等基本资料。为摸清阿富汗的意图和进一步了解阿富汗民航的详细情况，1月27日及2月3日，中国驻阿使馆康矛召参赞两次拜访时任阿民航局长哈基米。在交谈中，哈基米表示愿“在两国政府首长就通航问题交谈的基础上，继续进行讨论”。“有关阿富汗与其他国家的双边协定的文件已准备就绪，希望中国大使馆照会外交部。”通航的具体路线及技术细节“或由中国民航局派人来阿，或阿派人赴华进行谈判”。康矛召表示“将报告大使并赞同其建议，至于有关航空协定的具体谈判拟以民航当局组成的代表团间进行为好”。[②] 根据这两次接触，2月4日，中国驻阿使馆建议中国外交部和民航局：

“（1）阿政府提出与我通航，似主要出自政治考虑，对我表示诚意与友善，因此我应以积极的态度对待。

（2）如我国技术条件无困难，似以直航为宜。否则可经苏联并签订三国间的协定。

（3）建议邀请阿民航局代表团，于四、五月间赴北京进行具体的谈判，并订立航空协定。至于具体航线的安排，可作为协定的附件，视情况同时签订或留待日后。

（4）建议我民航局进行有关的技术上准备，争取今年试航成功（五至十月气候最好），今后可不定期开航。

（5）阿方正式提出在电讯材料及专家等方面予以援助时，

① “外交部电告我驻阿富汗使馆关于要求了解阿富汗有关航空方面的资料及使馆的复电”（1958年1月9日至1958年1月26日），中国外交部档案馆馆藏档案，档案号：105-00926-03。

② “我驻阿富汗使馆电告关于康矛召参赞和阿民航局长哈基米谈民航情况及中国—阿富汗通航事”（1958年1月27日至1958年2月3日），中国外交部档案馆馆藏档案，档案号：105-00926-04。

似可同意。”[①]

在此前后，阿富汗又多次表达了尽早通航的殷切希望。1958年1月3日，中国驻阿大使丁国钰拜会阿富汗外交大臣纳伊姆，纳伊姆“对中阿通航，表示兴趣，希望经研究后有一结果”。[②]1月8日，中国外交部章汉夫副部长接见阿富汗驻华大使萨马德，萨马德又转达了阿首相达乌德“很希望中阿之间能早日开辟民航航线”的愿望，章汉夫表示“我们方面一直在研究”，并“将继续研究通航的问题”。[③]2月10日，阿富汗外交大臣纳伊姆更表示希望在他10月15日访华前签订航空协定或由他在北京签订。3月18日，阿富汗首相达乌德又主动向中国驻阿大使丁国钰谈及中阿通航问题。

3月31日，在同阿富汗政府进一步接触的基础上，中国驻阿使馆电告中国外交部和民航局：考虑到“阿富汗系我友好邻国，他们的通航要求是出于善意，目前通航虽有困难，但我仍可采取相应的积极态度，如不作具体表示，或仅告以目前条件尚不成熟，会使阿方失望”。而且，鉴于“阿方已正式向我提出通航，我须尽早提出明确方案”。[④]就在中国驻阿使馆等待外交部指示的时候，4月9日，阿富汗外交部正式向中国驻阿使馆建议：双方派代表对中阿通航问题进行初步会谈，并拟派民航局局长、航空公司经理和外交部条约司司长三人作为谈判代表。接到驻阿使馆的报告后，中国外交部与交通部、民航局进行了商讨，迅速拟定了中阿通航方案并上报国务院。在国务院未批准前，中国外交部电告驻阿使馆“目前暂不能会谈”。而且，中国外交部提醒

① “我驻阿富汗使馆电告关于中国—阿富汗通航问题等”（1958年2月4日至1958年2月10日），中国外交部档案馆馆藏档案，档案号：105-00926-05。

② “我驻阿富汗使馆电告关于丁国钰大使与阿富汗外交大臣纳伊姆作礼节拜会时的谈话记录”（1958年1月3日），中国外交部档案馆馆藏档案，档案号：105-00879-04。

③ “外交部亚洲司编写的关于章汉夫副部长与阿富汗驻华大使萨马德的谈话记录”（1958年1月7日），中国外交部档案馆馆藏档案，档案号：105-00926-02。

④ “我驻阿富汗使馆电告关于中国—阿富汗航空协定事”（1958年3月31日），中国外交部档案馆馆藏档案，档案号：105-00926-06。

驻阿使馆“北京、乌鲁木齐、喀什均不对资本主义国家开放。将来与阿谈判通航时应注意到这一点”。[①]

此时，恰逢中国首任驻阿大使丁国钰即将离任，考虑到阿方的积极态度，丁国钰估计在辞行时阿外交大臣定会问及。因此，7月3日，丁国钰请示外交部“原则上应如何回答”。[②] 而此时恰好中国国务院批准了中阿通航谈判的方案和原则：“一、我国愿意同阿谈判签订航空协定。航线暂不规定，作为协定附件留待日后解决。二、如阿方要求规定航线，我对阿开放广州或昆明。不开放西北、北京、上海。我方航线为中缅航线的延伸经印巴到坎大哈。”[③] 7月5日，中国外交部就将上述方案和原则告知中国驻阿使馆，并决定“通航问题将由继任大使与阿方商谈”，“待国内具体指示及我方协定草案文本到达后由你馆进行谈判”。“如阿方认为尚有必要由双方专业性代表团进行谈判，我们欢迎他们派代表团来北京谈判。”[④]

8月16日，中国驻阿新任大使郝汀正式拜访阿外交大臣纳伊姆。郝汀表示：“我政府授权谈判此问题，并愿尽早与阿有关当局开始商谈。”纳伊姆称：“即令有关机关开始谈判”。但在郝汀将中方意见告知阿富汗政府后，阿方“表示对经印、缅航线无兴趣，愿直接到新疆”，希望直接开辟由阿富汗经新疆到北京的航线，而当时包括新疆在内的中国西北属于国防重地，中国暂不能开放，北京除苏联外，也不对外国开放。在此情况下，郝汀以“我们考虑飞越阿边境大山存在技术困难，短期内不易解决”为由“向有关方面婉言推辞”。[⑤] 而且，此时阿

① “我驻阿富汗大使馆电告关于阿方提议会谈中国—阿富汗通航问题等”（1958年4月10日至1958年7月5日），中国外交部档案馆馆藏档案，档案号：105-00926-08。

② 同上。

③ 同上。

④ 同上。

⑤ “我驻阿富汗使馆电告关于郝汀大使与阿富汗外交大臣纳伊姆的谈话纪要”（1958年8月16日），中国外交部档案馆馆藏档案，档案号：105-00879-08。

富汗和巴基斯坦的关系已有所改善，阿巴边界的封锁已被解除，以及阿富汗和苏联已签订贸易过境协定，阿富汗和印度等国也已签订了航空协定，其对外贸易渠道重新畅通，中阿“通航目前在阿方还无大需要”。[①] 因此，此后几年，阿富汗未再提这一问题。

直到1963年中阿边界谈判进入最后阶段之际，阿富汗又重新提出中阿通航问题，试图在解决边界问题的同时解决通航问题。1963年10月20日、23日，阿富汗外交大臣助理伊特玛蒂、阿内务大臣卡尤姆两次告知中国驻阿大使郝汀：阿富汗拟派民航局长苏尔坦亲王作为签订中阿边界条约的代表团成员11月来华商谈两国通航问题。阿富汗重提中阿通航问题，主要基于两层原因。第一是阿富汗对与其有宿怨的巴基斯坦和中国政治关系的改善有顾虑。1963年8月，中巴已签署航空协定，因此阿富汗“希望中阿多发展关系，如签订航空协定，以资平衡”。因此，阿富汗“适当主动对我采取措施来抵消巴的宣传影响”，“重提航空协定问题”。[②] 第二是1963年3月执政十年的首相达乌德下台后，亲政的阿富汗国王查希尔希望在外交事务中有所作为，以“从中捞取政治经济实惠”。[③]

此时，中阿通航也符合中国的客观需要。从20世纪50年代后期开始，中苏分歧越来越大。随着两国关系的逐渐恶化，苏联对中国经由中苏航线（当时中国最重要的一条国际航线）转往世界各地的联程客货运输设置了种种障碍。中国与世界各国特别是亚非拉国家的航空联系一度陷入窘境。甚至苏联民航负责人扬言，如果没有苏联的帮助，

① “关于我访问阿富汗王国文化代表团的报告”（1959年7月17日），中国外交部档案馆馆藏档案，档案号：105-00924-02。

② “关于改善中国和阿富汗关系的设想和意见”（1962年1月6日至1962年2月14日），中国外交部档案馆馆藏档案，档案号：105-01102-02。

③ “驻阿富汗使馆报来优素福内阁的看法”（1965年10月22日），中国外交部档案馆馆藏档案，档案号：105-01347-02。

中国在航空交通上将与世隔绝。[①] 面对超级大国对中国航空交通的封锁，中国考虑到“由于修正主义者和印度反动派挡道，我计划开辟的西亚、非洲航线必要时需经我西部出去。开辟西线为国际航路也是形势所趋，需要解决”。于是，周恩来指示中国民航局：“中国民航不飞出去，就打不开局面，一定要飞出去，才能打开局面。”他强调，在我国还不具备开辟远程国际航线条件之前，可以有选择地允许少数友好国家的航空公司，先期开航中国，尽早改变主要依靠中苏航线的被动局面。[②]

1963年5月20日，中国政府正式批准中国民航逐步开辟东南亚、西亚、非洲航线。同时决定，除原已开放的昆明、南宁、广州外，增加开放上海以供国际通航。[③] 因此，中国政府对中阿通航一度也比较热心。10月29日，中国外交部向国务院建议“由民航总局与之接谈并另拟方案请示”。[④] 但此时中巴通航问题已经解决，且巴基斯坦的战略地位更为重要，11月7日，中国外交部、民航总局经过深入研究，拟定了具体方案并上报国务院，考虑到由于西北地区实质上还未开放，拟拒绝阿方通航要求，建议推迟谈判或仅发表表示共同愿望的声明，或签不规定航线的原则协定。对此，陈毅批示：“先由民航局与阿民航局长面谈为好。”周恩来原则上同意该方案和陈毅的意见，但强调在与阿方

① 参见林明华：《天泉——周恩来与中国民航》，中国民航出版社2007年版，第71页。

② 同上，第81页。

③ 参见《当代中国》丛书编辑部编：《当代中国的民航事业》，中国社会科学出版社1989年版，第595页。

④ “阿富汗内务大臣卡尤姆访华：关于签订中国和阿富汗边界条约的时间、地点、人选的初步方案的请示报告”（1963年6月5日），中国外交部档案馆馆藏档案，档案号：204-00888-03。

会谈时要注意："（1）不能说西北不开放，事实上对巴基斯坦已开放[①]。（2）关于阿富汗阿里安纳航空公司问题，不能这样说。（按：即不能说该公司中49%股权属美国泛美航空公司，实权即操在美国人手里。）（3）飞行员国籍问题，只要与我友好国家的就可以。"[②]

11月20日，阿富汗签订中阿边界条约的代表团抵达北京后，阿内务大臣卡尤姆、阿民航局长苏尔坦亲王等先后向刘少奇、周恩来、陈毅等表达了通航中国的愿望。中阿边界条约签订后的第二日，即11月23日，阿富汗驻华大使向中国外交部直接提出：准备同中国谈判通航问题，希望中方马上安排。[③] 随后，在中国外交部的安排下，阿民航局长苏尔坦亲王就中阿通航事与中国民航局先后进行了两次谈判。在两次谈判中，苏尔坦都表示阿方希望开辟由阿富汗首都喀布尔经乌鲁木齐至北京的航线，并希望中方能飞往喀布尔。但中方认为："相互通航是中阿两国的共同愿望，这种愿望迟早会实现的。但我西北乌鲁木齐、喀什两机场较小，跑道短，而且是戈壁滩跑道，经常打坏螺旋桨，技术设备差，扩建又需较长的时间。"对此，苏尔坦表示："不一定要飞乌鲁木齐，可以从喀布尔飞往北京。""希望双方努力克服存在的困难，争取早日实现通航，阿方不一定飞，请中国先飞。""通航地点、具体航线和开航日期等问题将由双方以后商定。"但中国外交部经过认真考虑，认为，尽管若"进一步同意开放北京，可以争取更多国家通航我

① 1963年8月29日，中巴签订《中华人民共和国政府和巴基斯坦政府航空运输协定》，协定规定，巴方航线为：由巴基斯坦的一点经过或不经过第三国至中国的广州和上海再至第三国。该航线由巴基斯坦的达卡飞经印度至中国的广州、上海，不经过中国西北地区。但考虑到当时的印巴关系、中印关系，中巴双方在换文中又规定："缔约一方由于不可抗拒的原因，难以飞行规定航线时，可由缔约双方协议规定另一航线。"理论上保留了巴方航线在飞越印度受阻时改道中国西北地区的权利。实际上直到1973年，巴方航线才真正飞经中国西北地区。

② "关于中国与阿富汗之间通航问题的谈判情况（1957年周恩来总理访阿时阿首相达乌德提出中阿通航，但终因各种原因谈判未果）"（1957年1月1日至1965年11月23日），中国外交部档案馆馆藏档案，档案号：105-01701-01。

③ 参见"阿富汗内务大臣卡尤姆访华：阿代表团访华简报"，中国外交部档案馆馆藏档案，档案号：204-00889-01。

国，从而突破修正主义者在北方，印度反动派在西方对我航空交通的阻碍，打开从北京直接通往亚、非友好国家的捷径，密切这些国家与我国的关系，活跃国际往来。此外，还可使我与这些国家交换通航首都的权利时，体现相互对等，在政治上处于主动地位，并对我开辟国际航线的工作，更为有利”。[①] 但开放北京涉及到扩建首都机场、划定国内航线、指定和扩建备降或技术降落机场、客货运量不足、增添设备及人员、开放北京的时间等诸多问题需要妥善解决，准备工作也需要一定的时间。因此，在短期内开放北京还不现实。于是，中方婉言拒绝了阿方的开放北京的要求。

最终经过双方商谈，11月24日，中阿双方政府代表——阿富汗民航局长苏尔坦亲王同中国民航局长邝任农就实现两国间通航愿望达成协议，原则上同意中阿双方通航，并商定于1963年12月9日[②] 在北京和喀布尔两地同时公布新闻公报。双方还互相交换了通航协定格式，以供进一步研究。苏尔坦原有意就通航协定条文进行进一步商讨，后因第二天即要离开北京，时间不够而自动打消此意。12月12日，《中国阿富汗通航谈判新闻公报》正式公布，《公报》宣布："双方一致表示了实现两国间通航的愿望并达成了协议。有关通航的具体航线和开航日期，将由双方以后商定。"[③] 至此，中阿通航问题取得突破性进展。

① "关于中国与阿富汗之间通航问题的谈判情况（1957年周恩来总理访阿时阿首相达乌德提出中阿通航，但终因各种原因谈判未果）"（1957年1月1日至1965年11月23日），中国外交部档案馆馆藏档案，档案号：105-01701-01。

② 1963年12月1日，阿富汗提出改在12月11日晚广播，12日见报。参见"关于中国与阿富汗之间通航问题的谈判情况（1957年周恩来总理访阿时阿首相达乌德提出中阿通航，但终因各种原因谈判未果）"（1957年1月1日至1965年11月23日），中国外交部档案馆馆藏档案，档案号：105-01701-01。

③ 新华社："中国阿富汗通航谈判新闻公报 双方商谈了两国间建立航空线问题并达成协议"，《人民日报》1963年12月12日，第4版。

五、中国开始大规模援助阿富汗

新中国成立伊始，即拉开了对外经济援助的序幕。1955年万隆会议后，随着对外关系的发展，中国对外援助范围从社会主义国家扩展到其他发展中国家。[①] 1956年5月下旬，阿富汗西南部和东北部地区发生水灾，中国红十字会打电报给阿富汗红新月会表示慰问并提出愿意给予援助。5月28日，阿富汗红新月会回电感谢中国红十字会的慰问并欢迎中国给予任何形式的帮助。30日，中国红十字会电汇人民币1万元（折合1443英镑），帮助阿富汗受灾人民。[②]

1956年11月6日，中国驻阿使馆建议中国外交部考虑进一步加强对阿经济援助问题和边境小额贸易问题。对此，中国外交部和外贸部共同进行了仔细研究。[③] 1957年1月，周恩来在访问阿富汗期间同阿富汗首相达乌德的会谈中，明确表示："如对今天阿国经济适合，我们都可以考虑帮助。"考虑到当时阿富汗贸易代表团正在中国访问，周恩来建议："经济合作的具体办法可由阿国经济代表团返国报告后再作决定。"[④] 对中方的善意，阿首相达乌德表示：等经济代表团从中国返回之后，提供必要的材料，通过两国大使的联系，再决定经济合作的具体办法。虽然后来阿富汗考虑到苏联已经给予了大量援助，若再接受中国的援助，势必和社会主义阵营进一步亲密，进而影响其中立政策。因此，此后一段时间内没有向中方提出具体的要求。但中方的这一举措使阿富汗切切实实感受到中方睦邻友好的诚心，"表明了我们帮助这

① 参见"中国对外援助"，《人民日报》2011年4月22日，第22版。

② 参见新华社："我捐款帮助阿富汗受水灾灾民"，《人民日报》1956年5月31日，第1版。

③ 参见"关于答复驻阿富汗使馆经济援助和小额贸易事及宴请阿驻华大使事"（1956年11月24日），中国外交部档案馆馆藏档案，档案号：203-00100-02。

④ "阿富汗王国访问期间周恩来和阿首相达乌德第二次会谈摘要"（1957年1月20日），中国外交部档案馆馆藏档案，档案号：204-00059-08。

些国家独立发展的真诚愿望”。[①] 同样在阿富汗访问期间，周恩来承诺向阿方赠送一批医疗和教学器材。1957年6月，中国驻阿富汗使馆将医疗器械和教学仪器送交阿教育部，后该部均转给喀布尔大学医学院使用。为表示对中国的友好，1957年3月，阿富汗国王回赠周恩来葡萄苗。1957年10月，阿富汗首相达乌德在访华期间捐款2000美元给中国红十字会。

此后，尽管阿富汗也曾向中国提出过援助，如：1958年12月，阿富汗农业大臣阿达莱特向中国驻阿大使郝汀提出要中国援助2万吨小麦麦种。[②] 但当中国政府将决定无偿援助小麦2万吨的消息告知阿方的时候，阿富汗政府却进行推脱，声称“请中国政府把这笔援助留待将来我国感到需要的时候”[③]。中方也曾主动提出过给阿富汗援助，如：1959年阿副首相兼外交大臣纳伊姆访华时，中方曾试探提出给阿经援；1960年陈毅访问阿富汗前也对阿富汗驻华大使说过：“如果你们方面对哪些项目感兴趣，向我们提出来，我们愿意提供。”[④] 但阿富汗从自身利益考虑，从美、苏等国已能解决经济援助问题，若再接受中方的援助必然会造成其与社会主义阵营关系过于亲密的景象而不利于其中立政策。因此，其政治疑虑较多，对中方的援助并不积极。它虽“愿与我发展睦邻友好关系，取得我的支持，但因此事涉及阿苏、阿印和阿

---

① “关于访问亚洲和欧洲十一国的报告”（1957年3月5日），《周恩来外交文选》，中央文献出版社1990年版，第214页。

② 参见“我驻阿富汗使馆函告关于阿富汗农业大臣阿达莱特同郝汀大使谈话时要求我国无偿援助2万吨小麦事”（1958年12月24日），中国外交部档案馆馆藏档案，档案号：105-00634-01。

③ “我驻阿富汗使馆函告关于郝汀大使拜会阿副首相兼外交大臣纳伊姆时的谈话”（1959年3月7日），中国外交部档案馆馆藏档案，档案号：105-00631-01。

④ “陈毅副总理接见阿富汗驻华大使萨马德谈话记录”（1960年7月30日），中国外交部档案馆馆藏档案，档案号：203-00032-08。

美关系，情况较复杂，故对我虽有所需，却怯于所求”。[①] 此后，中方充分考虑到阿富汗的承受心理和实际境况，采取了“我不主动提，对方提出后我将考虑和尽力满足”[②] 的方针，且“一般的友好来往和我技术援助并非阿所急需，故我不必多搞”。[③] 因此，整个20世纪50年代乃至60年代初期，中国对阿富汗的援助几乎停滞不前。

随着中阿边界问题的逐步解决，也由于1963年3月阿富汗新内阁上台后对外政策的转变及中苏同盟的逐步消解，阿富汗开始把中国视为牵制美苏的第三种力量，“借此对抗美苏压力，增加其向苏美讨价还价的资本。”[④] 而且阿富汗经济困难的现实，使阿富汗政府认识到解决边界问题，与中国发展睦邻友好关系，也可以谋求中国政治上的支持、提高其政治威信和从中国直接取得援助，从而解决其困难、巩固其政权。因此，1963年7月，阿富汗计划大臣阿齐兹直接对中国驻阿大使郝汀说，阿政府已决定“不管是哪方面的援助都拿”。[⑤] 而1964年1月中国对外援助八项原则的提出，展现了中国对民族主义国家经济技术援助的真诚，对阿富汗有着较大的感召力，“在阿人民和政府中正在发生着有力的影响，产生着极大的吸引力。”1964年9月，阿首相优素福正式向郝汀大使提出要求中国经济援助。此时，中国政府也考虑借边界问题的解决之机，加强工作，“在条件成熟时，对阿进行一定的经济技

① “外交部关于1962年对阿富汗工作的几点建议（附阿富汗1961年形势回顾和1962年展望）”（1962年1月4日至1962年1月6日），中国外交部档案馆馆藏档案，档案号：105-01102-01。

② “驻阿富汗使馆1961年工作规划”（1960年12月10日至1961年8月18日），中国外交部档案馆馆藏档案，档案号：105-01047-05。

③ “驻阿富汗使馆1961年阿富汗形势和使馆工作总结及1962年工作规划及外交部批复”（1961年12月31日至1962年3月27日），中国外交部档案馆馆藏档案，档案号：105-01103-01。

④ “1963年阿富汗使馆工作规划和形势总结及外交部批复”（1963年3月31日至1963年7月17日），中国外交部档案馆馆藏档案，档案号：105-01175-02。

⑤ “阿富汗内务大臣卡尤姆访华：关于签订中国和阿富汗边界条约的时间、地点、人选的初步方案的请示报告”（1963年6月5日），中国外交部档案馆馆藏档案，档案号：204-00888-03。

术援助，开始进行示范，以逐步发展两国的经济关系。”[①] 以此作为“一种争取阿的新的有力的手段，也是削弱苏美在阿势力和影响的有力工具”。[②] 于是，1964年10月阿富汗国王查希尔访华，双方商谈了经济援助的一般原则性问题。最终在1965年3月，陈毅赴阿富汗签订中阿边界议定书之际，两国经过商谈签订了《中华人民共和国政府和阿富汗王国政府经济技术合作协定》。该《协定》规定，“根据阿富汗发展经济的需要，中华人民共和国政府同意在一九六五年七月一日至一九七〇年六月三十日的时期内，给予阿富汗王国政府以无息的和不附带任何条件的贷款，金额为一千万英镑”。“阿富汗王国政府自一九七五年七月一日至一九八五年六月三十日的十年内，分期以两政府商定的阿富汗出口货物偿还，每年偿还上述贷款的十分之一。”“根据阿富汗王国政府的需要和中华人民共和国政府的可能，中国政府将派遣专家和技术人员前往阿富汗提供技术援助。”[③] 在协定签订后，陈毅还同意了阿方希望贷款限期加以延长的要求。[④]

该协定的签订，不仅证明了两国之间的友好关系，而且加深了两国的友谊，促使了两国友好合作关系进入了一个新的发展阶段。阿富汗首相优素福在签订该协定后曾发表公开讲话说：“中国给阿的长期贷款的技术援助协定，是中国政府和人民对亚非国家的发展的诚挚的关心的标志，也是中国人民对阿富汗的良好感情的象征，正在为自己经济的发展而进行着广泛的努力的阿富汗人民，高兴地欢迎友好国家和邻国的不附带条件的经济、技术援助，因此阿人民以感激的眼光看待

---

① “1964年阿富汗形势、基本经济情况及存在的问题”（1964年7月30日至1964年10月7日），中国外交部档案馆馆藏档案，档案号：105-01620-01。

② “驻阿富汗使馆调研文章：从中阿关系看美、苏、我争夺阿富汗的形势”（1965年1月3日），中国外交部档案馆馆藏档案，档案号：105-01345-02。

③ “中国和阿富汗经济技术合作协定”（1965年4月18日），中国外交部档案馆馆藏档案，档案号：105-01702-03。

④ 参见“陈毅副总理访问阿富汗、巴基斯坦、尼泊尔三国遗留事项”（1965年4月20日），中国外交部档案馆馆藏档案，档案号：203-00655-03。

由于这一协定的实现而有助于我们经济发展的中国援助。”[①] 陈毅谦虚地表示：“我们的国家目前仍然是比较贫穷和落后的。我们的经济力量还很有限。我们虽然尽自己的能力向兄弟的亚非各国人民提供了一些援助，但是比起我们应当作出的贡献来，还是很不够的。我深信，随着两国各自建设事业的发展，经过我们双方的共同努力，我们两国在经济文化领域的合作是有远大发展前途的。”[②]

除了以上几点外，中阿两国政府还采取其他措施互释善意，使两国关系不仅维持了友好的局面，而且促进了两国关系的巨大发展。就中方而言，如陈毅访问阿富汗、出版阿富汗皇叔瓦里汗的回忆录[③]、就中巴边界谈判和某些接触多次向阿富汗解释以消除阿方的疑虑，等等，这些工作都收到了较好效果。尤其是1960年8月陈毅访阿，“参加阿独立节庆典，对发展中阿友好关系、扩大我国影响、打击美帝和孤立印度都是有利的。”[④] 陈毅还代表中国国家主席刘少奇邀请阿国王访华和邀请阿工业考察团访华，为继续发展两国关系创造了有利条件。[⑤] 阿富汗也相应地对中国采取友好态度，继续支持恢复新中国在联合国的合法权利；在报刊上增加对中国情况的报导；对中国的交涉较重视，1961年在放映辱华影片和新年鉴有关中国部分发生错误等问题上，经

① “阿富汗首相优素福在中阿间三个文件签字仪式后的讲话（附有波斯文原稿）”（1965年3月1日至1965年3月30日），中国外交部档案馆馆藏档案，档案号：203-00437-02。

② 新华社：“中国阿富汗边界议定书在喀布尔签字 中国阿富汗两国经济和技术合作协定、文化合作协定同时签订 陈毅副总理查希尔副首相共祝中阿两国友好关系不断巩固发展”，《人民日报》1965年3月26日，第2版。

③ ［阿］沙阿·瓦里汗著，史力译：《我的回忆》，世界知识出版社1961年版。

④ “外交部与我驻阿富汗使馆之间就陈毅副总理赴阿富汗王国访问关于日程安排等问题商谈的电报、谈话”（1960年1月19日至1960年9月13日），中国外交部档案馆馆藏档案，档案号：203-00122-01。

⑤ 参见“1960年中国和阿富汗的关系”（1960年12月11日），中国外交部档案馆馆藏档案，档案号：105-01047-02。

交涉后，阿均基本纠正；对国际反华运动持态审慎。[①] 阿富汗还于1963年第一次派三名留学生到中国学习。此外，在中印边界问题上，阿富汗也尽量保持中立。在中苏分歧问题上，阿富汗不追随苏联反华，中苏分歧尖锐化时阿国王甚至主动要求访华。1964年10月16日，中国第一颗原子弹成功爆炸。1964年10月20日，阿首相就对中国驻阿大使馆临时代办表示："他对我在科学方面的成就感到高兴，对我爆炸原子弹表示祝贺。""中国是爱好和平的国家，是不要战争的，中国掌握了原子武器，对世界和平更加有利。中国是大国，有权利享有这种富强的地位。"[②] 1965年5月10日，阿首相又指示其外交部向中国驻阿大使馆临时代办"申明了阿对我第二次核爆炸的立场，对我科学成就表示赞扬"。"重申支持我关于召开首脑会议讨论禁试和销毁核武器的建议。"[③] 1965年5月，对台湾当局出席联合国在阿举行的人权讨论会问题，阿富汗也处理慎重，对中方表现友好。此外，1963年8月12日和1964年8月27日，中阿友好协会和阿中友好协会的先后建立，也反映了这一时期中阿关系发展的良好势头。

正是由于新疆阿侨问题、中阿边界问题等的解决推动了两国关系的全面发展，两国不断加强友好往来。阿富汗顶住各方面的压力，维护和发展着中阿睦邻友好关系，对中阿间的各项文化交流、往来如邀中国杂技团、医学代表团访阿，成立阿中友协等态度比较积极。两国还互派各种代表团互访，仅1960年就有包括陈毅访阿在内共六起。其中，1960年7月，阿富汗王国艺术团第一次访华，受到周恩来、陈毅的

① 参见"外交部关于1962年对阿富汗工作的几点建议（附阿富汗1961年形势回顾和1962年展望）"（1962年1月4日至1962年1月6日），中国外交部档案馆馆藏档案，档案号：105-01102-01。

② "中国和阿富汗贸易关系及存在的问题、中阿边界简况、中阿关系大事记（1950—1964年）及普什图尼斯坦问题"（1964年10月28日），中国外交部档案馆馆藏档案，档案号：204-01327-05。

③ "刘少奇主席访问阿富汗参考资料：中阿关系大事记"（1950年1月12日至1966年1月31日），中国外交部档案馆馆藏档案，档案号：203-00547-04。

接见。1963年9—10月，阿富汗文化代表团访华。同年9月，阿富汗绘画艺术展览在北京展出。[①] 1965年3月，中阿还签订文化合作协定等相关协议文件。而中国在自身经济非常窘迫的情况下，在1965年下半年和1966年初，还先后派出考察组对阿方提出的12个项目进行了考察。

特别值得一提的是，1966年4月，中华人民共和国主席刘少奇和夫人王光美应阿富汗国王查希尔的邀请，前往阿富汗进行友好访问。这是刘少奇最后一次出访外国，也是冷战时期中国国家主席唯一的一次出访阿富汗。"阿官方对刘主席的访问极为重视，接待规格很高，热情隆重，有些是破格的，如'抢羊'这个民族传统节目，为国宾表演还是第一次；国宾在王宫举行告别宴会也是无先例的；为欢迎刘主席阿动员群众之多，规模之大，情绪之高是出乎意料的"。"这些不仅使阿人民感到了像节日一样的气氛，即在阿的外国人也感到惊奇。阿方曾一再向我表示，将尽一切努力使刘主席的访问要成为他访问国家中印象最好的"。[②] 美国中央情报局认为，"刘少奇对阿富汗的访问是北京试图扩大在喀布尔的影响的一次新的努力"。[③]

期间，刘少奇同查希尔·沙阿国王举行会谈，刘少奇在讲话中重申："中国一贯主张根据和平共处五项原则，同各国发展关系。我们特别强调大小国家一律平等，坚决反对大国沙文主义。我们反对大国歧视和蔑视小国、欺压小国。世界问题只能由世界各国来共同决定，绝不容许少数大国来包办。中国不容许别人用大国沙文主义态度对待我们，同时也不容许自己用这样的态度对待别人。"[④] 4月8日，中国和阿

---

① 参见《新中国对外文化交流史略》编委会编著：《新中国对外文化交流史略》，中国友谊出版公司1999年版，第161—163页。

② "驻阿富汗使馆关于刘少奇主席访问阿富汗工作总结"（1966年7月15日），中国外交部档案馆馆藏档案，档案号：203-00544-02。

③ 沈志华、杨奎松主编：《美国对华情报解密档案（1948—1976）》（第6卷），东方出版中心2009年版，第489页。

④ 新华社："查希尔国王和王后设国宴招待刘主席和夫人"，《人民日报》1966年4月6日，第1版。

富汗就刘少奇在阿富汗进行国事访问的联合公报发布。“双方对两国友好合作关系的发展表示满意。”“双方一致认为，两国领导人的相互访问，对促进友好关系、睦邻和相互尊重以及巩固世界和平是有重大意义的。”[①] 两国的媒体对这次会谈称赞备至。4月9日，《人民日报》以“中国阿富汗友谊发展的新标志”为名发表文章表示：“两国领导人的相互访问，经济往来、文化交流的日益增进和频繁，都赋予了中、阿友谊以新的内容和新的活力。”“中国政府和阿富汗政府在处理两国关系时，相互同情，相互支持，以和平共处五项原则作为准绳。这是中、阿两国友好关系不断增进的可靠保障。”[②] 4月10日，阿富汗《喀布尔时报》发表社论，赞扬中国—阿富汗联合公报是两国友好关系的又一标志，它“表明了两个不同社会制度国家的悠久的传统友谊、睦邻关系和合作感情”。[③]

稍后，1966年6月16日，中国国务院总理周恩来在前往罗马尼亚进行友好访问途中在阿富汗首都喀布尔还作了短暂的停留。受到阿富汗首相穆罕默德·哈希姆·迈万德瓦尔、外交大臣努尔·艾哈迈德·埃特马迪和阿富汗—中国友好协会会长苏尔坦·马哈茂德·加齐亲王的热烈欢迎。两国政府领导人进行了亲切友好的谈话。[④] 刘少奇的访问及周恩来的短暂停留标志着中阿关系达到了冷战时期的顶峰。

---

① 新华社：“中国和阿富汗发表联合公报 支持亚非各国争取和维护民族独立”，《人民日报》1966年4月6日，第1版。

② “中国阿富汗友谊发展的新标志”，《人民日报》1966年4月9日，第3版。

③ 新华社：“阿富汗报纸赞扬中阿联合公报 中阿联合公报是友谊加强的新标志”，《人民日报》1966年4月12日，第3版。

④ 参见新华社：“周总理在阿富汗首都短暂停留 迈万德瓦尔首相到喀布尔机场热烈欢迎和欢送”，《人民日报》1966年6月17日，第1版。

小　结

总的来说，在中阿双方的共同努力下，历史遗留下来的侨民问题、边界问题等得到妥善解决。毕竟，对阿富汗这样一个贫穷弱小的内陆国而言，在美苏冷战的夹缝中如何处理好与大国、区域国家和周边国家的关系以确保国家独立和民族生存，始终是国家的头等大事。对中国而言，与周边国家解决边界等历史遗留问题，一直是中国睦邻外交政策的重要内容。

这一时期，随着历史遗留问题的解决，中阿关系有了前所未有的全方位的飞速发展。通过双方的互动和了解，阿富汗政府认识到中国对阿富汗是很友好的，“阿也体会到我对它尊重”，[①] 愿意同中国发展睦邻友好关系。而且，阿富汗从其中立政策的有效执行和本身所处的战略形势着眼，需要和中国保持友好关系，并希望从中国取得一定的政治支持。也就是说，阿富汗“为了保持和发展些中阿关系”，愿意同中国进行一定的友好来往。[②] 因此，“阿政府一直未受反华逆流的波动，不为各种反华力量帮腔”。[③]

但这并不意味着两国之间毫无杂音。不可否认的是，阿富汗在与中国发展友好关系的同时，对中国仍然保持有一定的疑虑和担忧。这种疑虑和担忧一方面来自于社会制度和意识形态的差异，更重要的方面是，恰在此时中巴关系有所缓和的迹象和一些国家对中国的造谣和污蔑，使阿富汗加剧了疑惑和担心。正是由于阿富汗对中国有着疑虑，

---

① “驻阿富汗使馆1961年阿富汗形势和使馆工作总结及1962年工作规划及外交部批复”（1961年12月31日至1962年3月27日），中国外交部档案馆馆藏档案，档案号：105-01103-01。

② “1960年中国和阿富汗的关系”（1960年12月11日），中国外交部档案馆馆藏档案，档案号：105-01047-02。

③ “1960年中国和阿富汗的关系”（1960年12月11日），中国外交部档案馆馆藏档案，档案号：105-01047-02。

它虽想和中国发展一些关系，但又刻意保持一定距离。比如阿富汗国王查希尔一再推迟访问中国。1960年8月，陈毅访问阿富汗时，受中华人民共和国主席刘少奇的委托并且代表中国政府邀请阿富汗国王查希尔“在对他方便的时候到中国进行友好访问，这一邀请已被高兴地接受”。且这一邀请写入了陈毅访阿的两国联合公报。[①] 但1961年4月，中国驻阿使馆重新“提出欢迎阿国王今年访华”，“阿方无表示”。[②] 对此，中国外交部“建议周总理接见或陈总宴请萨马德时，口头重申邀请，以示我方重视”。[③] 于是，1962年1月，周恩来和陈毅在接见阿驻华大使萨马德时，再次重申此项邀请。而阿富汗仍未表可否。同年5月27日，中国驻阿大使郝汀在阿富汗国庆节拜会阿国王时，“亦曾表示期待阿国王访华，当时阿国王表示‘一定在有空时到中国进行访问’”。[④] 实际上直到1964年10月查希尔才成行。此外，1965年12月10日、11日，阿富汗《友谊报》译登了时任美国总统约翰逊的题为“美国在东南亚的政策”攻击中国的长篇谈话，并加倾向性编者按语加以肯定。1965年12月21日，中国驻阿使馆参赞就此事向阿外交部政治处长拉旺提出了交涉。拉旺辩解称，编者按语并不是肯定约翰逊的观点，社论才能代表阿政府的观点。[⑤]

---

① 参见新华社：“陈毅副总理在阿富汗喀布尔机场上发表书面谈话 亚非各国人民团结一致互相支持共同前进”，《人民日报》1960年8月28日，第2版；《中阿（富汗）友好和互不侵犯条约文本》（1960年8月26日），中国外交部档案馆馆藏档案，档案号：114-00067-05。

② “阿富汗1961年形势回顾和1962年形势展望”（1961年5月11日至1962年1月4日），中国外交部档案馆馆藏档案，档案号：105-01047-03。

③ “外交部关于1962年对阿富汗工作的几点建议（附阿富汗1961年形势回顾和1962年展望）”（1962年1月4日至1962年1月6日），中国外交部档案馆馆藏档案，档案号：105-01102-01。

④ “外交部关于阿富汗国王访华问题的报告及致驻阿使馆电”（1962年7月10日），中国外交部档案馆馆藏档案，档案号：105-01104-03。

⑤ 参见“刘少奇主席访问阿富汗参考资料：中阿关系大事记”（1950年1月12日至1966年1月31日），中国外交部档案馆馆藏档案，档案号：203-00547-04；“关于阿富汗报纸刊登美国总统约翰逊攻击中国谈话问题的交涉事”（1965年12月12日至1965年12月22日），中国外交部档案馆馆藏档案，档案号：105-01351-08。

但不管怎么说，通过历史遗留问题的解决，尽管阿富汗对中国仍有一些猜疑，但它看到了中国睦邻友好的诚心，增加了对中国的了解和信任，从而把与中国维持友好作为其长期的外交战略和政策。它进一步加强了中国和阿富汗这两个邻国的友谊，为国与国之间通过和平协商解决历史遗留问题树立了一个良好的范例。对此，《人民日报》公开表示：中阿边界问题等历史遗留问题的解决，“使中阿友好关系进入一个新的阶段，同时也将有助于促进亚非国家之间的友好团结和维护亚洲和平”。[①]

① 新华社：“米斯凯尼亚大使和陈毅副总理在阿富汗国庆招待会上宣布 中阿即将谈判正式划定友好边界”，《人民日报》1963年5月28日，第1版。

第三章

自说自话："文革"的爆发和中阿关系的冷却及恢复（1966—1973）

"文革"爆发后，由于"左"倾思想的影响，中国对阿外交的"左"倾错误一度泛滥。由此，中阿关系发展的光辉岁月被打断，两国关系迅速由顶点跌落，仅维持着最基本的往来。直到1970年，中国外交部主动修复中阿关系，两国关系才开始有所恢复。

第一节 "文革"的爆发和中阿关系的倒退（1966—1969）

一、"文革"的爆发和中国外交领域的乱象

随着1966年"文化大革命"的爆发，"左"倾错误很快肆虐到外交领域。尤其是1967年1月上海夺权后，全国掀起的夺权浪潮席卷了中国外交部。1月6日和10日，中国外交部"革命造反联络站"召开大会，揭发批判外交部长陈毅执行的"资产阶级反动路线"。5月，外事口的一些造反派和红卫兵组织相继冲击外交部，并在首都主要街道游行示威，公然打出"打倒陈毅"的标语。[①] 8月7日，中央文革小组成员王力接见造反派，公开煽动"外交部可以夺权"，史称"王八七讲话"。8月

① 参见刘树发主编:《陈毅年谱》（下），人民出版社1995年版，第1189页。

16日，外交部"造反派"在王力等人的支持下，宣布正式夺权，封闭外交部党委、政治部，掀起了反对周恩来、打倒陈毅的逆流，使中国外交工作受到严重干扰和破坏。[①] 在此前后，在北京还发生了"三砸一烧"的严重涉外事件，即6月18日砸印度驻华大使馆、7月3日砸缅甸驻华大使馆、8月6日砸印尼驻华大使馆和8月22日火烧英国驻华代办处，使中国的国际声誉受到巨大损害。[②]

在"左"倾思想的指导下，中国驻外大使、参赞几乎全部奉调回国参加政治运动，许多人挨批斗，甚至一些大使遭到责骂、个别被罚跪甚至殴打。[③] 驻外使馆的工作不能正常进行。对外交流中断，互访急剧减少。中国退出了所有国际组织，不出席任何国际会议。据黄华回忆，在极左思潮的影响下，"中央文革小组"要求国内有关部门向中国各驻外使馆、领馆大量寄送毛主席著作、语录、像章和"文革"宣传品。在对外宣传方面，不顾内外有别的原则，把"宣传毛泽东思想"作为对外活动的主要任务，屡屡发生"唯我独革"、强加于人的错误。在对外交往中，多次发生不顾国际交往的常规，行动粗暴过火的错误。[④] "一些外交工作人员受到当时环境的影响，盲目推行打倒一切和惟我独尊的外交活动，使外交工作更加混乱。他们不顾内外有别的实际情况，信奉康生提出的世界已进入毛泽东思想的新时代，宣传毛泽东思想不要怕反华，不要怕断交等错误提法，在对外宣传和交往中出现一系列盛气凌人、强加于人的做法，如驻外使馆一些工作人员对外国人滥发甚至强行发放毛泽东像章和毛主席语录，引起反感；利用使馆新闻公报等宣传材料以及新闻橱窗等方式宣传'文革'；有的居然还向伊斯兰教妇女宣传解放思想，受到强烈反对；在出访演出中，在

① 参见刘树发主编：《陈毅年谱》（下），人民出版社1995年版，第1194页。

② 参见中共中央文献研究室主编：《周恩来传》（四），中央文献出版社1998年版，第2546—2550页。

③ 参见黄华：《亲历与回忆：黄华回忆录》，世界知识出版社2007年版，第137页。

④ 参见黄华："文革时期的荒诞外交"，《读书文摘》2015年第5期。

演出前则必念毛主席语录，有的语录革命性极强，矛头直指所在国，引起所在国强烈不满和反对；在驻外使馆举行的国庆招待会上，则不顾驻在国的反对，公开点名指责一些国家，引起驻在国的不安。”[①] 对外宣传中的这些极左做法，引起许多国家对中国的怀疑、不满和反感，严重破坏了中国正常的外交工作。短短时间内，中国同已建交的或半建交的40余个国家中的30个国家先后发生了外交纠纷，有些甚至到了要断绝外交关系的边缘。其中不少是由于中方外交方面处理不当而引起的。[②] 正如美国中央情报局的情报评估所言：“在‘文化大革命’的影响下，对外政策机构像其他官僚机构一样脆弱。在近三年内，由于政治斗争，对外政策的形成和实施处于瘫痪状态。驻外使馆和外交部内部的红卫兵运动使外交机构的活动实质上处于停顿状态。所有驻外大使只有一个没有被召回北京，大使馆工作人员锐减，而且好战立场取代了传统外交。”[③]

二、极左思想影响下的中国对阿外交

中国外交领域的乱象必然影响到中国驻阿大使馆。根据中国外交部发出的驻外使领馆人员分期分批回国参加“文化大革命”的通知，1967年1月中旬，中国驻阿使馆第一批人员回国。到当年7月初，共有三批人员回国。在使馆里只剩下一个临时代办和几名馆员留守。在这期间，中国驻阿富汗大使陈枫有长达两年的时间被留在国内，直到1969年7月中国驻阿富汗新任大使谢邦治上任。这种状况不能不影响中国对阿工作的开展。

中阿关系也深受极左思想泛滥的影响。这一时期，中国对阿外交

① 黄华：“文革时期的荒诞外交”，《读书文摘》2015年第5期。

② 参见黄华：“文革时期的荒诞外交”，《读书文摘》2015年第5期。

③ 沈志华、杨奎松主编：《美国对华情报解密档案（1948—1976）》（第3卷），东方出版中心2009年版，第548页。

充斥着对毛泽东主席的个人崇拜和宣传毛泽东思想及"文化大革命"等。这从这一时期《人民日报》的一系列相关报道就可以看出端倪。比如《人民日报》1966年6月 8日第4版报道，"阿富汗妇女界说中国人民热爱毛主席听毛主席的话"。[①] 1966年9月24日《人民日报》第5版报道中国杂技艺术团在阿富汗首都喀布尔的访问演出时，阿富汗人民观看了演出后纷纷表达他们对中国人民最伟大的领袖毛泽东主席的无限热爱和敬意。[②]《人民日报》1966年10月8日第5版以"亚洲人民热爱毛主席"为题发表文章，论述"亚洲千千万万劳动人民的心向往着北京，向往着毛泽东主席。在反美怒涛澎湃的富士山边，在我们友好邻邦的工厂和农村中，以及在美帝国主义走狗残酷统治下的地方，人们都在热情洋溢地歌颂毛泽东主席，阅读毛主席的书，学习毛泽东思想"。其中再次以中国杂技艺术团访问阿富汗为例，表示在中国杂技艺术团访问期间，一位阿富汗司机热情地请中国演员用中国话教他唱《东方红》。"他说，这首歌是歌颂全世界人民伟大领袖毛主席的，我非常热爱它。所以我一定要学会这首歌。他说，毛主席也是劳动者，他是世界上最伟大的人，是最值得尊敬的人。""许多阿富汗工人经常向中国演员们要带有毛主席像的纪念章。"[③] 1967年1月10日《人民日报》第5版以"阿富汗一位朋友"的名义表示："我每天都收听北京电台的广播，特别注意收听毛主席语录。伟大领袖毛泽东的语录对于今天仍然处在帝国主义和殖民主义枷锁下的受压迫的广大人民群众来说，特别需要。"[④] 1967年9月19日《人民日报》第5版在报道9月16日大寨图

① 新华社："阿富汗妇女界说中国人民热爱毛主席听毛主席的话 中国的道路是真正发展的道路"，《人民日报》1966年6月8日，第4版。

② 参见"各国朋友热情歌颂我们伟大的领袖 毛主席是世界革命人民的舵手"，《人民日报》1966年9月24日，第5版。

③ 新华社："亚洲人民热爱毛主席"，《人民日报》1966年10月8日，第5版。

④ 一位朋友、铃木、平井、植西、赛尔蒙、皮尔斯、汉恩、斯库特："革命真理传播海外各国人民热心倾听"，《人民日报》1967年1月10日，第5版。

片展览在阿富汗首都开幕时描述："阿富汗观众对展出的图片上反映的中国劳动人民在伟大的战无不胜的毛泽东思想指引下取得的巨大成就，表示极大的兴趣。""在展览会上陈设的伟大领袖毛主席的彩色像和半身塑像吸引着观众。他们对展览会上陈列着的《毛主席语录》和毛主席著作，表示热爱并且向中国人员索取。"[①] 1967年10月4日《人民日报》第7版报道当年10月1日中国驻阿富汗大使馆临时代办姚吉年在大使馆举行招待会，"一些阿富汗朋友向主人表示热烈祝贺，并为伟大领袖毛主席的健康、为中阿友谊而干杯。他们还热烈赞扬中国在伟大领袖毛主席的领导下所取得的巨大成就"。[②] 1967年11月22日《人民日报》第5版又报道了一位阿富汗青年渴望《毛主席语录》，决心努力学习毛主席著作的事迹。[③]

具体说，此时，中国对阿外交的"左"倾错误表现在以下方面：

首先，不顾内外有别，在对阿富汗的宣传和交往中强加于人的做法屡次出现，甚至导致中阿之间出现外交危机。这突出地表现在"打像风波"上。1966年8月，中国沈阳杂技团应阿富汗新闻文化部文化司的邀请，参加阿富汗独立日庆典演出。此前每年，中国艺术团都曾赴阿演出，在当地口碑颇佳。按道理说，此次演出应该是驾轻就熟，不会出现意外。但在当时"文化大革命"运动狂飙之际，国内大张旗鼓地宣传毛泽东思想的热浪自然波及中国杂技团和中国驻阿使馆。根据原定安排，中国杂技团在开幕式上要在二道幕上用幻灯打出有毛主席彩色肖像的灯光。但在审查节目时，阿方不同意这种做法。得知这一消息，中国杂技团和驻阿使馆认为为了宣传毛泽东思想，为了捍卫革命真理，一定要力争使阿方同意在幕布上打出中国领袖的肖像。为此，

① 新华社："大寨图片展览在阿富汗首都开幕"，《人民日报》1967年9月19日，第5版。

② 新华社："我驻亚洲国家使节举行国庆招待会 许多朋友欢呼毛泽东思想万岁！中国文化大革命万岁！"，《人民日报》1967年10月4日，第7版。

③ 参见新华社："努力学习毛主席著作"，《人民日报》1967年11月22日，第5版。

在阿方审查节目的第二天，中国驻阿使馆政务参赞赴阿富汗新闻文化部进行交涉。但阿方坚持不松口。直到中国驻阿使馆与阿富汗外交部再三协商，阿方从两国友好关系出发，同意中国杂技团在开幕式上只打一回像，但此后的演出不要这样做。中方表示同意。阿富汗政府领导人不愿出席开幕式，阿当局在出席官员人数上进行了控制，使本该气氛非常热烈的开幕式冷冷清清，不欢而散。①

除此之外，中国杂技团每次演出开始前演员们都高举中国领袖画像，手捧《毛主席语录》高呼“毛主席万寿无疆”。中方还提出，中国是“革命”的国家，不能与“帝国主义、修正主义和反动派的国家”的艺术团同台演出，首场必须由中国艺术团独家演出。面对这一啼笑皆非的要求，阿首相梅文瓦和阿富汗新闻文化部大臣西德亚态度十分强硬，主张让中国杂技团离境，不允许中国向阿富汗“输出革命”。阿富汗新闻文化部大臣西德亚直接向中方表示：不允许在舞台上举中国领袖的画像；中国杂技团如不愿与别国艺术团同台演出可以不演回国。为此，时任中国驻阿大使陈枫几度找西德亚交涉、抗议。双方一度剑拔弩张，气氛十分紧张。在此情况下，阿富汗外交部政治司司长拉旺·法尔哈迪约见中国驻阿大使陈枫，耐心劝说中方并提出一个妥协方案：考虑到中国的艺术家不愿与别国同行同台演出，阿方可以为中国杂技团安排专场演出，演出时举中国领袖画像也可以，为表示客人对东道主的尊重，请中方将双方领袖的画像并举。中方同意专场演出，但不同意将别人的画像与伟大领袖的画像并举。双方僵持到深夜仍不能达成协议。此时拉旺·法尔哈迪提出，既然中方拒绝“并举”，阿方同意中国杂技团的专场演出照常举行，但查希尔国王和王室成员不能出席。中方最终接受了这个方案。谈判结束时已是凌晨三时，专场演出就在当日，拉旺·法尔哈迪等到清晨六时报告阿首相，终于说服了

① 参见王修才:《中阿关系琐记》，载马行汉主编:《外交官谈阿富汗》，世界知识出版社2002年版，第172页。

他批准妥协方案，危机得到缓解。

事后，中国驻阿使馆内部并没有意识到“打像”事件对中阿关系的负面影响，反而在对这一事件的总结中认为这次“打像”斗争的胜利是毛泽东思想的胜利，是一项成功的宣传活动；使馆同阿方进行了“有理、有利、有节”的说理斗争，贯彻了国内的工作方针，坚持了原则。此后，中国驻阿使馆的某些人员甚至不顾阿富汗的国情在公开场合散发毛主席语录和像章。这使阿方非常紧张，匆忙派出便衣假冒群众索取语录和像章，然后集中起来另作处理。这一系列极左做法，必然把中阿关系搞得很僵。①

众所周知，做外交工作，明智的做法是不要把自己的意志强加于人，要尊重驻在国，根据驻在国的国情，有针对性地进行工作，这样才会事半功倍，切忌己所不欲，勿施于人，任何强加于人的做法不仅是不可取的，而且往往会搬起石头砸自己的脚。1967年12月17日，周恩来在接见学生时就曾说过：毛主席语录不要乱用，不然就没有什么针对性了。每个民族都有民族自尊心，强加于人，适得其反。② 但此后一段时间，类似的行为仍不时发生。1968年8月14日，中国阿富汗友好协会举行电影招待会热烈庆祝中国阿富汗友好协会成立五周年，“招待会上放映了我们伟大领袖毛主席和他的亲密战友林彪副主席接见革命战士的纪录影片，以及反映拥军爱民的纪录影片”。③ 直到1969年6月4日，周恩来利用接见耿飙等即将赴任的驻外大使的时机，针对对外宣传工作中采取的一些强加于人的做法，周恩来特别强调要善于做对

---

① 参见王修才：“中阿关系琐记”，载马行汉主编《外交官谈阿富汗》，世界知识出版社2002年版，第172页。

② 参见黄华：“文革时期的荒诞外交”，《读书文摘》2015年第5期。

③ 新华社：“庆祝中国阿富汗友协成立五周年 中国阿富汗友协举行电影招待会”，《人民日报》1968年8月17日，第5版。

外宣传，要慎之又慎。[①] 之后，这些行为才有所收敛。

其次，不顾中阿外事活动的场合，公开点名指责其他国家的行为经常发生。如1967年5月27日，时任国务院副总理兼外交部长陈毅在阿富汗驻中国大使苏海尔为庆祝阿富汗独立49周年而举行的招待会上，"强烈谴责英国政府和香港英国当局对我香港爱国同胞进行的疯狂镇压"。陈毅强调："帝国主义、现代修正主义和各国反动派，对我国的无产阶级文化大革命，非常害怕，万分痛恨。它们不断地叫嚣反华，到处掀起歇斯底里的反华活动。它们竭力挑拨友好国家同我国的关系，并且企图用联合反华的办法来孤立中国、抵制伟大的毛泽东思想。这是痴心妄想，任何阻止中国人民胜利前进的企图，都是一定要失败的。"[②]

面对中国政府的种种举措，阿富汗保持着相当的警惕。首先，由于中国对阿交往中一厢情愿、强加于人的做法，引起阿当局对中国的疑惧和猜忌，阿富汗对中国保持敬而远之的态度。据日本《每日新闻》驻喀布尔特派记者大高升的报道，"阿富汗政府对于共产党中国的露骨地强制推行自己的主张，感到为难"，"阿富汗政府对待文化大革命的态度，一句话，就是采取'局外中立'"。[③]

其次，尽力缩小中国在阿富汗的影响。"打像"事件后，阿当局对中国驻阿使馆的对外活动作出了一些限制和监督，特别是使馆的对外宣传工作受到了阿富汗的约束。如对刊载了中国消息的中国驻阿使馆发行的新闻公报，禁止使用阿富汗通行的波斯语和普什图语，只能使用英语书写。由于阿富汗识字的人不多，通晓英语的人更是微乎其微。

① 参见中共中央文献研究室主编：《周恩来传》（四），中央文献出版社1998年版，第2695页。

② 新华社："陈毅副总理在阿富汗驻华大使举行的国庆招待会上强调 中国政府不能坐视港英当局镇压我同胞 我政府将根据情况发展采取行动支持越南人民抗美战争"，《人民日报》1967年5月28日，第3版。

③ "日报报道：阿富汗官方拒谈我文化大革命"，《参考消息》1967年4月22日，第1版。

而且，英文的新闻公报以中国驻阿使馆新闻文化处的名义对外发行，每次印刷装订仅500余份，向阿各部门、驻阿使团人士和使馆的阿富汗友人分发，每期分发前送数份给阿富汗有关当局检查和备案。“所以它的影响只限于喀布尔的知识阶层和外国人。”①

再次，对阿富汗国内宣传毛泽东思想的左翼力量进行毫不留情的镇压。1964年9月，阿富汗国王查希尔主持召开制宪大国民会议，审议并通过了1964年宪法。根据该宪法，阿富汗先后制定选举法、新闻法，阿富汗各种政治组织随之日渐活跃。在知识分子阶层中不断壮大的左翼力量得到对现实不满的学生的支持，利用学生和工人在首都和各地进行罢课和游行示威。其中，政治组织“火焰派”主张走中国农村包围城市的革命道路，于1968年4月3日创办《永恒的火焰》报②，积极宣传毛泽东思想。《永恒的火焰》报第九、十、十一期刊头都刊登了毛主席语录。如第十期用的是：“斗争，失败，再斗争，再失败，再斗争，直至胜利——这就是人民的逻辑，……。”6月15日该报被阿富汗当局查封。为此，据《参考消息》报道：“六月十五日，以《永恒的火焰》报为核心的阿富汗进步势力，有组织地分成好几部分，在喀布尔各地区游行演说，宣传革命道理，启发群众觉悟。”“一些知识分子参加了工厂工人的罢工和游行队伍，并和工人一起演讲。”“演讲的人还背诵毛主席语录：‘革命不是请客吃饭，不是做文章，不是绘画绣

---

① “日报报道：阿富汗官方拒谈我文化大革命”，《参考消息》1967年4月22日，第1版。

② 《永恒的火焰》报由政治组织“火焰派”创办。“火焰派”在思想上主张走武装革命的道路，成员来自知识分子、什叶派和哈扎拉人。它是“左派中的左派”。参见黄民兴：《阿富汗问题的历史嬗变》，中国社会科学出版社2013年版，第170页。另据张敏的《阿富汗文化和社会》，该派成员大都是大、中学生、青年学生、低级军官和部分工人。领导人是哈迪·马赫穆迪医生和穆罕默德·奥斯曼工程师。该派在阿富汗以“最革命”的面孔出现，在喀布尔的大中学生中的影响最大。他们坚持“枪杆子里面出政权”的口号，在赫拉特和哈扎拉贾特等地的少数民族中间进行了广泛的宣传工作，并积极在首都组织了各种反政府游行示威。1968年6月15日，该派主要领导人共13人被捕，报纸以“攻击国王”的罪名被查封。组织的元气大伤，但仍坚持活动。1972年以后，处于四分五裂状态。参见张敏：《阿富汗文化和社会》，昆仑出版社2007年版，第388页。

花。'"“阿政府派出大批警察、宪兵进行镇压，警察和宪兵用警棍和拳头殴打示威群众，并按照当局的预谋，强行逮捕进步人士。示威群众也事前作了准备，他们在口袋里装着石块，英勇地向警察、宪兵还击。示威游行的工人、学生、知识分子等几十人受伤，四十多人被逮捕入狱。《永恒的火焰》报的主要负责人和撰稿人及部分家属被捕。”①

三、中阿关系的冷却

前文所述种种，使这一时期的中阿关系不可避免地陷入低谷，两国关系迅速冷却下来。据曾在中国驻阿富汗使馆工作的华黎明回忆："'文革'十年，其中有5年我在驻阿富汗使馆工作，我是那个时期中国'抗议外交'和'革命外交'的见证人。使馆常为当地报纸上刊登西方报刊批评和调侃中国的文章和漫画向驻在国外交部抗议，阿富汗军警阻止阿富汗人观看中国援阿工程技术人员在工地放映革命电影，双方发生冲突，大使馆又到阿外交部抗议，此类事件层出不穷，抗议也就成了家常便饭"。②

政治方面，中阿两国只保持了最基本的往来。根据1955年两国建交谈判的协议，阿富汗一如既往地支持恢复中国在联合国的席位。每年两国国庆节，两国元首例行互相致电祝贺。每年两国领导人例行出席对方使馆举办的国庆等重要节日招待会。每年中国阿富汗友好协会例行在两国关系中的重大事件周年举办活动。如1966年5月26日，中国阿富汗友好协会举行酒会，庆祝阿富汗王国独立48周年。③ 1968年5月25日，中国阿富汗友好协会举行招待会，庆祝阿富汗王国独立

① "阿富汗〈永恒的火焰〉报刊登毛主席语录"，《参考消息》1968年7月24日，第1版。

② 华黎明："历尽沧桑话友情（外交官亲历）"，《人民日报》2004年2月6日，第15版。

③ 参见新华社："庆祝阿富汗王国独立四十八周年 中阿友协举行酒会"，《人民日报》1966年5月27日，第5版。

日。[①] 8月14日，为庆祝中国阿富汗友协成立五周年，中国阿富汗友协举行电影招待会。[②] 11月22日，中国阿富汗友好协会举行酒会，庆祝中国阿富汗边界条约签订五周年。[③] 但中阿两国之间高层互访几乎断绝。阿富汗高层从未访问中国。中国军政要人仅仅只有两次在访问其他国家时短暂停留过阿富汗。1968年12月3日，由中国人民解放军总参谋长黄永胜率领的中国党政军代表团，在结束对阿尔巴尼亚的访问后的回国途中，在阿富汗坎大哈机场作短暂的停留。[④] 1969年11月26日，以中共中央政治局委员、国务院副总理李先念为团长，中共中央政治局候补委员、中共中央军事委员会委员、安徽省革命委员会主任李德生为副团长的中国党政代表团，在乘专机往返地拉那参加阿尔巴尼亚解放和人民革命胜利25周年庆祝活动途中，在阿富汗坎大哈机场作短暂停留。[⑤]

经济方面，中阿贸易额较少。这几年中，“我同阿贸易额不大，每年进出口额仅三四十万美元，最多为五十多万美元。我自阿进口葡萄干、青金石、阿魏等，阿自我进口茶叶、轻工业品等”。[⑥]

此时，中阿经济关系主要停留在履行以前签订的协定上。根据1963年10月9日签订的“中华人民共和国政府和阿富汗王国政府交换货物和支付协定”，每年中阿两国政府例行签订中国和阿富汗年度换货

① 参见新华社：“庆祝阿富汗独立日 中阿友协举行招待会”，《人民日报》1968年5月27日，第6版。

② 参见新华社：“庆祝中国阿富汗友协成立五周年 中国阿富汗友协举行电影招待会”，《人民日报》1968年8月17日，第5版。

③ 参见新华社：“中国阿富汗友好协会举行酒会 庆祝中国阿富汗边界条约签订五周年”，《人民日报》1968年11月23日，第6版。

④ 参见新华社：“中国党政军代表团回国途经阿富汗”，《人民日报》1968年12月6日，第3版。

⑤ 参见新华社：“我党政代表团赴阿尔巴尼亚途中路经阿富汗和罗马尼亚”，《人民日报》1969年11月28日，第2版。

⑥ “刘少奇访问阿富汗参考资料：阿富汗概况”（1966年3月1日至1966年3月30日），中国外交部档案馆馆藏档案，档案号：203-00547-06。

议定书。1966年12月28日，《中国—阿富汗一九六六——一九六七年换货议定书》在喀布尔签订。1968年1月10日，中华人民共和国驻阿富汗大使馆临时代办姚吉年、阿富汗商业部商业司长阿里·纳瓦兹于喀布尔分别代表两国在中国和阿富汗之间的1968年度换货议定书上签字。1969年1月26日，中国驻阿富汗大使馆临时代办姚吉年、阿富汗商业部商业司长阿里·纳瓦兹再次分别代表两国政府签订中国和阿富汗1969年度换货议定书。①

1965年3月中阿经济技术合作协定签订后，中国政府即积极筹备援建阿富汗的各项目。根据周恩来的批示，中国对外经济联络委员会与农垦部等有关部门迅速组成了考察组，对阿方提出的十二个项目进行考察。②1965年6月底，农牧业考察组赴阿富汗，考察各项目的建设条件、规模、性质和地点。到同年11月底，考察组经过考察水利工程、养鱼、养蚕、养家禽、农场等五个项目，发现阿富汗"显然是贪大求全，脱离实际的"③。最终考察组与阿方取得一致意见，于1965年11月向阿方提交了考察报告。④1966年1月，考察组回国。根据考察组的意见，对外经济联络委员会向中央提交了"关于同阿富汗签订有关经援项目文件的请示报告"。1966年2月20日，国务院批准了该报告。

1966年4月刘少奇访问阿富汗。期间，为促进中阿友好关系的发展，他向阿富汗国王"保证认真执行两国间的协定"，并向其说明"我积极对亚非国家提供经济援助，但我国力量有限，不能全部满足需要，

① 参见新华社："中国和阿富汗今年换货议定书在喀布尔签字"，《人民日报》1969年1月31日，第6版。

② 参见"刘少奇主席访问巴基斯坦、阿富汗、缅甸：会谈方案"（1966年3月17日），中国外交部档案馆馆藏档案，档案号：203-00669-02。

③ "国务院关于委托北京市承担援助阿富汗种禽场筹建任务的通知和其他有关材料"（1966年4月20日至1966年12月9日），北京市档案馆馆藏档案，档案号：002-018-00038。

④ 参见长江水利委员会档案馆编：《长江水利委员会大事记》，长江水利委员会档案馆1992年版，第343页。

希望友好国家谅解。”[①] 在此前后，根据对外经济联络委员会的报告，中国国务院将援建阿富汗各项目的筹建任务，分别委托北京、天津、浙江等各省市及长江水利委员会承担。[②]

为确保1965年签订的中阿经济技术合作协定更好地推进，1966年7月23日，由阿富汗农业水利大臣米尔·穆罕默德·阿克巴尔·雷扎率领的阿富汗王国政府经济代表团访华。此行的目的，主要是与中方最后商定中国援助的具体项目。[③] 7月28日，周恩来接见了米尔·穆罕默德·阿克巴尔·雷扎及由他率领的阿富汗王国政府经济代表团全体成员。7月29日，中国对外经济联络委员会主任方毅，阿富汗王国政府经济代表团团长、农业水利大臣米尔·穆罕默德·阿克巴尔·雷扎分别代表两国政府在《中华人民共和国政府和阿富汗王国政府经济技术合作协定议定书》上签字。[④] 根据该议定书，中国援建阿富汗帕尔旺水利工程、巴格拉密纺织厂、达鲁拉孟蚕种场、达龙塔养鱼场、喀布尔种禽场和喀布尔镶嵌工艺厂等6个项目。

由于中国的援建对阿富汗摆脱经济困境有着积极的作用，阿富汗政府保持了相当的关注和迫切。1966年11月15日，阿农业副大臣拉菲克向中国驻阿大使陈枫提出，“要我养鱼养鸡专家尽快来阿。”[⑤] 1966年12月19日，援阿养鱼专家工作组抵达阿富汗。[⑥] 1967年3月，北京市国营农场管理局与中国建筑工程部一起派出专家组4人赴阿为种禽场进行

① “刘少奇主席和陈毅副总理同阿富汗国王查希尔和首相迈万德瓦尔会谈情况”（1966年4月4日至1966年4月5日），中国外交部档案馆馆藏档案，档案号：203-00541-03。

② 参见“国务院关于委托北京市承担援助阿富汗种禽场筹建任务的通知和其他有关材料”（1966年4月20日至1966年12月9日），北京市档案馆馆藏档案，档案号：002-018-00038。

③ 参见新华社：“阿富汗王国政府经济代表团到京 李先念副总理接见代表团全体成员 对外经委主任方毅欢宴阿富汗客人”，《人民日报》1966年7月25日，第5版。

④ 参见新华社：“阿政府经济代表团长举行告别宴会 中阿经济技术合作协定议定书签字 李先念副总理出席宴会并参加签字仪式”，《人民日报》1966年7月30日，第2版。

⑤ “国务院关于委托北京市承担援助阿富汗种禽场筹建任务的通知和其他有关材料”（1966年4月20日至1966年12月9日），北京市档案馆馆藏档案，档案号：002-018-00038。

⑥ 参见浙江省水产志编纂委员会编：《浙江省水产志》，中华书局1999年版，第805页。

选场。1967年4月，达伦塔养鱼试验场在中国援助下开始建场。1968年3月，喀布尔种禽场开始修建。对此，阿富汗政府比较重视。1968年2月22日，阿富汗国王查希尔视察了中国帮助兴建的达伦塔养鱼试验场。在此前后，1967年7月和1968年6月，中国政府曾派专机分两批将优良鱼种运到阿富汗。[①] 1968年12月12日、15日、19日，阿富汗国王查希尔又连续三次视察达伦塔养鱼试验场。[②] 1969年3月9日，中国养鱼工程技术工作组和阿富汗农业水利部，在喀布尔签署了关于中国帮助阿富汗在达伦塔养鱼试验场进行鱼苗人工繁殖的会谈纪要。根据会谈纪要，中国养鱼技术人员将进一步帮助阿富汗在这个养鱼场解决人工繁殖鱼苗问题。[③] 1969年12月21日，阿富汗政府为达伦塔养鱼试验场举行开网捕鱼仪式，热烈庆祝中国阿富汗合作养鱼试验项目的成功。[④]

1967年8月，中国开始派遣水利专家赴阿富汗为援建的帕尔万水利工程进行勘测与调查。1967年11月22日，阿富汗国王查希尔视察了由中国援助修建的水利灌溉工程，并且同中国专家进行了友好的谈话。国王对工程的进展表示满意。他说："我们是两个友好的国家，你们在这里的工作，反映了这种友好的关系。这项工程是对阿富汗人民的巨大帮助，是为阿富汗人民造福利。"[⑤] 1968年12月31日，帕尔万水利工程正式动工。1969年6月23日，阿富汗国王查希尔视察了帕尔万水利

① 参见新华社："阿富汗国王视察我国援建的养鱼场"，《人民日报》1968年3月5日，第5版。

② 参见新华社："阿富汗国王视察中国帮助兴建的养鱼场 对中国工程技术人员的工作表示十分满意"，《人民日报》1968年12月26日，第5版。

③ 参见新华社："关于中国帮助阿进行鱼苗人工繁殖问题 中国和阿富汗签署会谈纪要"，《人民日报》1969年3月13日，第6版。

④ 参见新华社："中国援助阿富汗兴建的 达伦塔养鱼试验场举行开网捕鱼仪式 中国援助阿富汗试种茶树会谈纪要在喀布尔签字"，《人民日报》1969年12月25日，第5版。

⑤ 新华社："简明新闻"，《人民日报》1967年11月24日，第5版。

工程。[①]

1967年9月，中国援建的巴格拉密纺织印染联合厂开始兴建。由于两国工人和工程技术人员的密切合作和共同努力，这个现代化的纺织印染联合企业，从动工兴建到建成只用了一年零十一个月时间。[②]同年，中国派遣雕刻技术人员到阿富汗传授雕刻技术。[③]

此外，1966年4月刘少奇访问阿富汗期间，阿富汗“首相希望我国帮助阿种茶。刘主席表示同意，答应派茶叶专家组来阿富汗”。[④]1966—1967年，中国种茶考察组在阿富汗进行了考察，选定了试种茶树地区。1967年12月6日，中国驻阿富汗大使馆临时代办姚吉年和阿富汗农业水利副大臣拉菲克分别代表中国和阿富汗在喀布尔签字交换了关于中国帮助阿富汗在库纳尔省试种茶树的技术合作项目的换文。[⑤]1968年2月，中国试种茶树技术工作组在阿富汗开始进行茶树试种工作。1969年12月23日，中国试种茶树技术工作组和阿富汗农业和水利部在喀布尔签署了中国援助阿富汗试种茶树的会谈纪要。

文化方面，中阿双方主要是履行1965年签订的中阿文化合作协定。1966年 5月18日，由中国对外文化联络委员会副主任史怀璧率领的中国政府文化友好代表团，对阿富汗进行友好访问。22日，阿富汗首相穆罕默德·哈希姆·迈万德瓦尔接见了中国政府文化友好代表团。24日，中国政府文化友好代表团团长、中国对外文化联络委员会副主任

---

① 参见新华社：“阿富汗国王视察我援建的一项水利工程”，《人民日报》1969年6月27日，第6版。

② 参见新华社：“中国和阿富汗两国政府和人民友好合作的成果 喀布尔举行我援建的纺织印染厂投入生产仪式 我驻阿富汗大使和阿富汗首相 在盛大仪式上共祝两国友谊进一步巩固和发展”，《人民日报》1970年4月1日，第5版。

③ 参见新华社：“阿富汗政府为我援建的青金石雕刻工场举行开工仪式”，《人民日报》1970年4月24日，第5版。

④ “阿富汗外省途中刘少奇主席和陈毅副总理同阿首相谈话摘要”（1966年4月7日），中国外交部档案馆馆藏档案，档案号：203-00668-03。

⑤ 参见新华社：“中国帮助阿富汗试种茶树”，《人民日报》1967年12月16日，第6版。

史怀璧和阿富汗宣传和文化部副大臣穆罕默德·纳季姆·阿里亚分别代表两国政府签订中国—阿富汗文化合作协定1966年执行计划。[①] 1966年7月20日，由阿富汗新闻文化部文学顾问齐亚·考里察达率领，阿富汗新闻代表团一行三人乘飞机到达北京。代表团是为执行中国阿富汗1966年文化合作执行计划，并应中华全国新闻工作者协会邀请来中国访问的。[②] 1966年8月5日，陈毅接见由阿富汗新闻文化部文学顾问齐亚·考里察达率领的阿富汗新闻代表团全体成员，同他们进行了亲切友好的谈话。[③]

除此之外，这一时期中阿之间的文化友好往来也屈指可数。《人民日报》仅报道了二次。1966年7月20日，由喀布尔大学教授阿卜杜勒·拉赫曼·埃巴迪博士率领的阿富汗科学家代表团前来参加北京科学讨论会1966年暑期物理讨论会。[④] 1967年9月16日，中国大寨图片展览会在阿富汗首都喀布尔的市政厅开幕。阿富汗议会长老院议长阿卜杜勒·哈迪·达威以及阿富汗外交部、新闻和文化部的一些官员出席了展览会的开幕式。[⑤]

---

① 参见新华社："中阿文化合作协定执行计划签字"，《人民日报》1966年5月28日，第5版。

② 参见新华社："阿富汗新闻代表团到京"，《人民日报》1966年7月21日，第6版。

③ 参见新华社："陈毅副总理分别接见阿富汗和比利时客人"，《人民日报》1966年8月6日，第5版。

④ 参见新华社："我参加暑期物理讨论会代表团组成 又一批科学家代表团和科学家抵京"，《人民日报》1966年7月21日，第1版。

⑤ 参见新华社："大寨图片展览在阿富汗首都开幕"，《人民日报》1967年9月19日，第5版。

第二节 “左”倾的消退与中阿关系的恢复（1970—1973）

一、中国为恢复中阿关系的种种努力

从1969年开始，随着中国外交系统失控状况的逐步恢复，虽然“意识形态在中国对外政策的表述中继续扮演着格外重要的角色”，“随着‘文化大革命’过激性的平息，甚至向更常规的外交的回归都要披上毛泽东思想的外衣”。[①] 但“随着对外事务机构在很大程度上恢复，北京快速转向恢复‘文化大革命’之前的外交位置，并在新的领域争夺影响。其动力在于强调和平共处和通过常规的、外交的途径扩大影响力”。[②]

在此情况下，从1970年开始，由于中国方面积极主动地去改善中阿关系，同时尊重阿富汗奉行的和平、中立政策，从而使阿富汗政府消除了疑虑，中阿关系开始复苏。[③] 到1973年7月阿富汗前首相达乌德发动政变前，两国关系又恢复到相当的程度。具体表现在：

第一，中国积极加强对阿援助。

首先，原有援建项目继续进行。其中最值得称道的是中国援建的阿富汗巴格拉密纺织印染联合厂。1970年3月底，中国援建的阿富汗巴格拉密纺织印染联合厂正式投入生产，工期比原计划缩短一年。为此，3月25日，阿富汗专门举行投入生产的盛大仪式。阿富汗议会人民院议长穆罕默德·奥马尔·瓦尔达克，长老院议长阿卜杜勒·哈迪·达威，首相努尔·艾哈迈德·埃特马迪，第一副首相阿卜杜勒·雅夫塔利，内

① 沈志华、杨奎松主编：《美国对华情报解密档案（1948—1976）》（第3卷），东方出版中心2009年版，第546页。

② 沈志华、杨奎松主编：《美国对华情报解密档案（1948—1976）》（第3卷），东方出版中心2009年版，第548页。

③ 参见彭树智、黄杨文：《中东国家通史 阿富汗卷》，商务印书馆2000年版，第344页。

阁的许多大臣和其他高级军政官员等共600多人出席仪式。阿富汗首相埃特马迪在仪式上表示："阿富汗人民和政府赞扬中华人民共和国在完成这项工程方面给予的援助和合作，赞扬正在帮助建设其他工程的中国专家的援助和合作，并且认为这是在加强两国友好关系的道路上又迈出了有效的一步。"[①] 该厂是阿富汗第一个吸收妇女参加生产的工厂。该厂拥有2万多纱锭和600台织布机，年产量为1200万米棉布和800多吨棉纱。移交后，双方继续进行技术合作。中国专家帮助阿方培训人员，搞好管理，提高产品的产量和质量，并即时调整花色品种，工厂产销两旺。"巴格拉姆纺织厂的棉布上市后，阿富汗人民群众普遍反映图案新颖，色泽鲜艳，牢度较好，不褪色，深受欢迎，甚为畅销。"[②] 不但供应阿富汗国内市场的需要，而且还出口一部分。这是在阿富汗对外贸易中第一次把纺织品列入出口商品，远销欧美国家。1972年底技术合作结束时，各种棉布的总产量达到1360米，超过原设计生产能力13.3%，年纯利润4000万阿尼（约合人民币215万元）。联合国开发计划署驻阿富汗代表处在1971年阿富汗经济发展年报中称，该厂是"阿富汗唯一的技术管理水平达到国际水准的工业企业"。阿富汗政府以及各种媒体均予以高度赞扬，称这个厂是"阿富汗最成功的企业之一"。[③] 1973年2月底，中国和阿富汗又达成了扩建阿富汗巴格拉密棉纺厂的协议。根据该协议，巴格拉密棉纺厂将再增加240台新的织布机。中国方面将对这个厂的厂房建筑、机器安装和新装备的试产提供技术指导。[④] 阿富汗政府也非常重视巴格拉密纺织厂的建设。1970年12月8日，阿富汗国王穆罕

① 新华社："中国和阿富汗两国政府和人民友好合作的成果 喀布尔举行我援建的纺织印染厂投入生产仪式 我驻阿富汗大使和阿富汗首相 在盛大仪式上共祝两国友谊进一步巩固和发展"，《人民日报》1970年4月1日，第5版。

② "阿富汗人民衷心感谢我国的援助"，《参考消息》1970年10月21日，第1版。

③ 参见《当代中国的对外经济合作》编辑委员会编：《当代中国的对外经济合作》，当代中国出版社、香港祖国出版社2009年版，第118页。

④ 参见新华社："中国和阿富汗关于扩建棉纺厂会谈纪要签字"，《人民日报》1973年3月2日，第5版。

默德·查希尔·沙阿视察了巴格拉密纺织厂。[①]

与此同时，其他援建项目也在不断推进。1970年4月21日，中国援建的青金石雕刻工场正式开工。[②] 在中方技术人员的指导下，1972年6月，阿富汗学习制作青金石雕刻的学员顺利毕业，并在阿富汗工矿部举行毕业典礼。阿富汗学员基本上掌握了青金石的雕刻技术，并且能够独立设计和制作各种优美的青金石雕刻工艺品。[③] 1970年3月，阿富汗达伦塔养鱼试验场在第一个捕鱼季节里从达伦塔水库捕获鲜鱼5万公斤。这些鲜鱼充分满足了供应阿富汗首都喀布尔和其他城市的需要。[④] 同年第一期援阿养鱼专家回国。为使该鱼场继续发展，解决鱼种自给问题，中方于1969年12月22日、1970年7月27日，派出浙江省的养鱼专家赴阿进行第二期援阿工作，使中国"四大家鱼"成功落户阿富汗。[⑤] 1973年3月，养鱼专家组完成任务返回中国。[⑥] 另外，1970年4月底，中国援建的阿富汗喀布尔家禽饲养场竣工。1971年5月30日，阿富汗喀布尔家禽饲养场正式投入生产。[⑦]

其次，中国援建阿富汗新的项目。经过中阿两国政府的协商，1972年7月25日，中阿两国在喀布尔签订关于中国为阿富汗无偿建设一座200—250个床位医院的换文。阿富汗计划大臣阿卜杜勒·瓦希

① 参见新华社："阿富汗国王视察巴格拉密纺织厂等工程"，《人民日报》1970年12月18日，第6版。

② 参见新华社："阿富汗政府为我援建的青金石雕刻工场举行开工仪式"，《人民日报》1970年4月24日，第5版。

③ 参见新华社："阿富汗学习石雕技术的学员举行毕业典礼 阿富汗工矿大臣和我大使出席"，《人民日报》1972年7月8日，第6版。

④ 参见新华社："我援建的阿富汗养鱼试验场获得丰收"，《人民日报》1970年6月19日，第5版。

⑤ 参见浙江省水产志编纂委员会编：《浙江省水产志》，中华书局1999年版，第805页。本书编委会编：《浙江省淡水水产研究所志》，浙江省淡水水产研究所2001年版，第36页。

⑥ 参见《苕溪运河志》编纂委员会编：《苕溪运河志》（下册），中国水利水电出版社2011年版，第967页。

⑦ 参见新华社："阿喀布尔家禽饲养场举行正式生产仪式 阿富汗第一副首相和我大使共颂阿中友好关系发展"，《人民日报》1971年6月10日，第5版。

德·萨拉比和中国驻阿富汗大使谢邦治分别代表本国政府在换文上签了字。[①] 根据这一换文，1973年1月28日，中国卫生部派出援助阿富汗建设医院考察组到达喀布尔。[②]

最后，中国捐赠大批物资和现金给阿富汗灾民。1969年、1970年阿富汗连续两年冬季少雪，春季雨量不足，致使许多河流干涸，许多地区歉收。1971年夏季，阿富汗的一些地区又突然遭到水灾袭击。在此情况下，中方主动对阿富汗提出援助。1971年8月2日，周恩来打电报给阿富汗王国政府首相阿卜杜勒·查希尔，对阿富汗遭受严重旱灾和水灾地区的农牧民表示深切的同情和慰问。[③] 同日中国红十字会致电阿富汗红新月会会长、阿富汗皇太子艾哈迈德·沙阿，在对阿富汗遭受严重旱灾和水灾地区的灾民表示亲切的慰问的同时，决定捐500万元人民币以购赠1万5000吨小麦、3000吨玉米、5000条毛毯和余款为药品，帮助灾民克服困难。[④] 1973年3月28日，中国驻阿富汗大使甘野陶代表中国红十字会把10万元人民币的汇款交给阿富汗外交部政治司司长阿卜杜勒·瓦希德·卡里姆，请他转交给首相府救济行动局，以供对遭受旱灾、水灾地区的阿富汗人民进行救济之用。[⑤]

中国对阿富汗援助，受到阿富汗政府和民众的欢迎。据《人民日报》报道："阿富汗一些工人、学生和职员，热爱伟大领袖毛主席和毛泽东思想，赞扬我国对阿富汗的无私援助和我援阿人员的国际主义精

---

① 参见新华社："中国为阿富汗建设一座医院的换文签字仪式在喀布尔举行"，《人民日报》1972年7月26日，第5版。

② 参见新华社："我为阿富汗无偿建造一座医院的会谈纪要签字仪式在喀布尔举行"，《人民日报》1973年11月24日，第5版。

③ 参见新华社："周总理致电阿富汗首相查希尔 对灾民表示深切的同情和慰问"，《人民日报》1971年8月8日，第2版。

④ 参见新华社："我红十字会致电慰问阿富汗灾民并捐赠物资帮助他们克服困难"，《人民日报》1971年8月8日，第2版。

⑤ 参见新华社："我红十字会向阿富汗捐款救灾"，《人民日报》1973年3月31日，第5版。

神。"[①] 对此，1970年11月24日，英国《泰晤士报》刊登了题为《阿富汗谋求收入和自身发展》的文章，不无嫉妒地认为："中国是插足进来的最强有力的新手，而且肯定是最有效的援助国。"[②]

第二，中国热情地接待阿富汗来访人员。

无论是来访的各种阿富汗代表团，还是阿富汗官方政治人物，中国都热情地予以接待。如1970年12月，由阿富汗商业大臣穆罕默德·阿克巴尔·奥马尔博士率领的阿富汗贸易代表团来华签订中阿贸易和支付协定、换货议定书。代表团途经上海时，上海市革命委员会副主任王少庸等到机场迎送。飞机抵达北京时，中国外贸部部长白相国和有关方面负责人周化民、王磊、吴晓达、杨公素等到机场热烈欢迎。[③] 12月23日晚，外贸部部长白相国举行宴会，热烈欢迎由阿富汗商业大臣穆罕默德·阿克巴尔·奥马尔博士率领的阿富汗贸易代表团。中方出席宴会作陪的，有韩念龙、周化民、王磊、杨公素、吴晓达等有关方面负责人。[④] 12月26日，国务院总理周恩来会见了由阿富汗商业大臣穆罕默德·阿克巴尔·奥马尔博士率领的阿富汗贸易代表团。会见以后，举行了中华人民共和国政府和阿富汗王国政府贸易和支付协定，以及换货议定书的签字仪式。周恩来参加了签字仪式。[⑤] 在北京参观访问以后，12月27日，中方安排由阿富汗商业大臣穆罕默德·阿克巴尔·奥马尔博士率领的阿富汗贸易代表团，乘飞机去中国南方访问。外贸部部长白相国和有关方面负责人周化民、王磊、王润生、杨公素、

① "阿富汗人民热爱毛主席"，《参考消息》1970年10月8日，第1版。

② "英报载文谈阿富汗情况"，《参考消息》1971年1月9日，第2版。

③ 参见新华社："阿富汗贸易代表团到京"，《人民日报》1970年12月23日，第5版。

④ 参见新华社："我外贸部部长宴请阿富汗贸易代表团"，《人民日报》1970年12月24日，第4版。

⑤ 参见新华社："周总理会见阿富汗贸易代表团 并参加中阿贸易和支付协定、换货议定书签字仪式"，《人民日报》1970年12月27日，第1版。

吴晓达，到机场热烈欢送。[1] 12月28日到30日，阿富汗贸易代表团在上海参观了上海工业展览会和工厂。上海市革命委员会副主任王少庸设宴招待阿富汗贸易代表团。12月30日，代表团到达广州。当晚，广东省革命委员会副主任陈郁设宴招待他们。第二天开始在广州进行参观访问，参观了中国出口商品陈列馆。1971年1月1日，代表团结束了对中国的友好访问，启程回国。[2] 代表团回国后，1月13日晚，中国驻阿大使谢邦治在喀布尔举行招待会，热烈欢迎访问中国回国的由阿富汗商业大臣穆罕默德·阿克巴尔·奥马尔率领的阿富汗贸易代表团。[3]

又如，1972年4月，阿富汗外交大臣穆罕默德·穆萨·沙菲克，应中国政府邀请前来进行友好访问。当时，阿富汗访华人员均先转道香港，再达广州，最后才能到北京。4月16日，沙菲克到达广州，受到广东省革命委员会副主任邱国光，广州市革命委员会副主任黄业和有关方面负责人的热情接待。当天下午，沙菲克外交大臣等由中国外贸部副部长陈树福陪同参观了1972年春季中国出口商品交易会。晚上，邱国光副主任设宴招待贵宾。与此同时，中国外交部专程派遣亚洲司副司长叶成章前往广州迎接沙菲克。4月17日，沙菲克乘专机自广州到达北京。中国外交部部长姬鹏飞、副部长韩念龙、对外经济联络部副部长陈慕华、对外贸易部负责人王安居，和政府其他有关部门、北京市革命委员会、中国人民对外友好协会的负责人杜星垣、焦善民、刁炳章、王建功、周荣国、丁雪松、程飞、朱传贤，以及首都三千群众，前往机场热烈欢迎阿富汗贵宾。据《人民日报》报道，当时机场上飘扬着阿富汗国旗和中国国旗。欢迎群众举着欢迎横幅，上面写着："中、

① 参见新华社："阿富汗贸易代表团离北京去我国南方访问"，《人民日报》1970年12月29日，第6版。

② 参见新华社："结束在我国的友好访问 阿富汗贸易代表团离广州回国"，《人民日报》1971年1月2日，第5版。

③ 参见新华社："我驻阿富汗大使举行招待会 欢迎访华回国的阿富汗贸易代表团"，《人民日报》1971年1月19日，第5版。

阿两国人民的友谊万岁！”“亚非人民大团结万岁！”沙菲克同欢迎群众见面时，人们高呼：“热烈欢迎阿富汗贵宾！”青少年们跳起欢乐的舞蹈，向来自友好邻邦的阿富汗贵宾表达了友好的情谊。当晚，中国外交部长姬鹏飞在人民大会堂举行宴会，热烈欢迎阿富汗外交大臣沙菲克等。[①] 18日，中国人民对外友好协会举行文艺晚会，欢迎秘鲁贵宾和阿富汗贵宾。晚会上中国舞剧团演出了革命现代舞剧《红色娘子军》。中国国务院副总理李先念、外交部长姬鹏飞、外贸部长白相国、外经部副部长陈慕华、对外友协副会长丁西林，以及有关方面负责人林佳楣、丁雪松、谢静宜、许寒冰、杨阳、刘庆棠、吴凡吾、叶成章、王海容、朱传贤、杜永锡等陪同贵宾观看了文艺演出。[②] 4月19日，沙菲克在阿富汗驻华大使馆举行宴会。中国国务院总理周恩来、外交部部长姬鹏飞等出席了宴会，周恩来并在宴会上祝酒。[③] 20日，中国人大常委会副委员长郭沫若，会见了沙菲克及其随行人员。会见以后，郭沫若还设便宴招待沙菲克等。在此期间，4月18日和19日，沙菲克等分别由中国对外经济联络部副部长陈慕华和北京市革委会副秘书长周荣国陪同，观看了近期出土的历史文物，游览了长城等名胜古迹。20日，阿富汗外交大臣沙菲克及其随行人员，由中国轻工业部负责人焦善民、外交部亚洲司副司长叶成章陪同，访问了北京地毯总厂。21日，还游览了颐和园。[④] 结束在北京的访问后，沙菲克及其随行人员在中国外交部亚洲司副司长叶成章的陪同下又访问参观了杭州等地，并于4月23

① 参见新华社：“阿富汗外交大臣沙菲克到京 姬鹏飞部长宴请阿富汗贵宾”，《人民日报》1972年4月18日，第1版。

② 参见新华社：“对外友协举行文艺晚会 欢迎秘鲁和阿富汗贵宾 李先念等陪同观看革命现代舞剧《红色娘子军》秘鲁贵宾在京继续参观访问”，《人民日报》1972年4月19日，第3版。

③ 参见新华社：“沙菲克大臣、西迪基大使和夫人举行宴会 周恩来总理、姬鹏飞部长、陈慕华副部长以及有关方面负责人应邀出席 沙菲克大臣和周恩来总理共祝阿富汗和中国两国人民的友谊得到新发展”，《人民日报》1972年4月20日，第1版。

④ 参见新华社：“郭沫若会见沙菲克大臣 阿富汗贵宾在京访问游览”，《人民日报》1972年4月21日，第3版。

日乘专机到达广州。当晚，广东省革命委员会副主任赵紫阳设宴招待沙菲克等。4月24日，沙菲克以及随同人员结束了在中国的友好访问，乘火车离开广州回国。广东省革命委员会副主任赵紫阳，广州市革命委员会副主任黄业，以及有关方面负责人前往车站热烈欢送。到车站欢送的还有陪同访问的中国外交部亚洲司副司长叶成章。①

再如，1972年10月，阿富汗中国友好协会主席、阿富汗民航和旅游总局长苏尔坦·马茂德·加齐亲王和由他率领的阿富汗中国友好协会代表团，应中国人民对外友好协会的邀请访华。10月18日，苏尔坦亲王率领的阿中友好协会代表团，经广州乘飞机到达北京。中国对外友协副秘书长郭东俊专程前往广州迎接，并陪同他们到达北京。中国外交部副部长韩念龙，对外友协副会长杨骥和有关方面负责人王雨青、李权中、叶成章、张杰、嵇保书前往机场热烈欢迎。②19日，国务院总理周恩来，对外友协副会长杨骥，民用航空总局局长邝任农，会见苏尔坦亲王率领的阿中友好协会代表团全体成员，同他们进行了友好的谈话。同日，中国人民对外友好协会举行宴会宴请了他们。③20日晚，中国民用航空总局局长邝任农举行宴会，欢迎苏尔坦亲王率领的阿中友好协会代表团。④23日，在中国人民对外友好协会副秘书长郭东俊陪同下，苏尔坦亲王和由他率领的阿中友好协会代表团，乘飞机离开北京，前往上海、杭州、广州参观访问。⑤23日、24日在上海参观了上海机床厂、莘

① 参见新华社："结束在我国的友好访问 沙菲克大臣等阿富汗贵宾离广州回国"，《人民日报》1972年4月25日，第2版。

② 参见新华社："阿富汗中国友协代表团到京"，《人民日报》1972年10月19日，第3版。

③ 参见新华社："周恩来、杨骥、邝任农会见苏尔坦亲王和由他率领的阿富汗中国友好协会代表团 我对外友协举行宴会热烈欢迎阿富汗中国友好协会代表团"，《人民日报》1972年10月20日，第1版。

④ 参见新华社："邝任农局长举行宴会 欢迎阿富汗中国友协代表团"，《人民日报》1972年10月21日，第3版。

⑤ 参见新华社："阿富汗中国友协代表团离京去南方访问"，《人民日报》1972年10月24日，第3版。

庄人民公社和中山医院。上海市革命委员会副主任马天水为代表团举行了欢迎宴会。25日，代表团到达杭州。当天晚上，浙江省革命委员会副主任赖可可为他们举行了欢迎宴会。在杭州期间，代表团参观了杭州织锦厂和杭州茶叶试验场，游览了西湖风景区。[①]28日，代表团乘专机离开杭州前往广州访问，在广州参观了中国出口商品交易会，游览了名胜古迹。当晚，广东省革命委员会副主任陈郁为其举行宴会。29日，代表团结束了在中国的友好访问，乘火车离开广州回国。广东省革命委员会副主任陈郁，对外友协广州分会负责人杨康华，中国民用航空广州管理局局长周青，前往车站热烈欢送。中国对外友协副秘书长郭东俊陪同他们前往深圳。[②]11月19日晚，中国驻阿富汗大使谢邦治在喀布尔举行招待会，热烈欢迎到中国进行友好访问以后回到阿富汗的、由苏尔坦亲王率领的阿富汗中国友好协会代表团。[③]

第三，中国积极开展“文化外交”。

其一，中国积极开展“电影外交”。在这之前虽也有“电影外交”，但这么频繁是前所未有的。1970年1月28日，中国驻阿使馆在阿富汗首都喀布尔举行中国电影招待会。招待会上放映了大型彩色文献纪录影片《庆祝伟大的中华人民共和国成立二十周年》。[④]2月，中国驻阿富汗大使馆又在喀布尔举行了几场电影招待会。出席这些招待会的有阿富汗政府官员、阿富汗一些社会团体和人民团体负责人以及各界知名

① 参见新华社：“阿富汗中国友好协会代表团结束在沪、杭的访问去广州”，《人民日报》1972年10月29日，第3版。

② 参见新华社：“阿富汗中国友协代表团离广州回国”，《人民日报》1972年10月30日，第3版。

③ 参见新华社：“欢迎访华回国的阿富汗中国友协代表团 我驻阿富汗大使举行招待会”，《人民日报》1972年11月21日，第5版。

④ 参见新华社：“我驻阿富汗大使馆举行电影招待会 放映我国庆二十周年大型文献纪录影片”，《人民日报》1970年2月1日，第5版。

人士。这些电影"受到阿富汗朋友的热烈欢迎和赞扬。"[①] 1971年5月25日，中国驻阿大使谢邦治在喀布尔举行电影招待会，放映中国革命现代舞剧彩色影片《红色娘子军》，受到阿富汗客人们的热烈欢迎。[②] 1972年3月1日，阿富汗王国政府公共卫生大臣穆罕默德·易卜拉欣·马吉德·塞拉杰在喀布尔会见中国驻阿大使谢邦治。会见时，谢邦治代表中国卫生部，把纪录影片《针刺麻醉》赠送给阿富汗王国公共卫生部。塞拉杰大臣对此表示感谢。[③] 1972年7月3日，中国驻阿大使谢邦治在大使馆举行电影招待会，招待阿富汗朋友。招待会上，放映了中国彩色纪录影片《亚非乒乓球友好邀请赛》。这部影片"受到阿富汗朋友的热烈欢迎"。[④] 1972年8月，中国驻阿富汗大使谢邦治代表中国乒乓球协会向阿富汗奥林匹克联合会赠送了彩色纪录影片《亚非乒乓球友好邀请赛》。[⑤] 1972年9月6日，中国驻阿富汗大使馆临时代办曹胜功举行电影招待会。出席电影招待会的有：阿富汗长老院议长阿卜杜勒·哈迪·达威，阿富汗武装部队参谋总长古拉姆·法鲁克上将，军事学院院长阿卜杜勒·拉扎克·迈万德和一些议员、政府高级官员以及社会知名人士等174人。在电影招待会上放映中国纪录片《热烈欢迎阿富汗外交大臣沙菲克》和中国彩色片《白毛女》。[⑥] 这些电影，既有助于阿富汗了解中国，也有利于拉近两国的距离。

其二，中国每年展开"图片外交"，希望以工农业以及其他方面

① 新华社："我驻刚果、阿富汗使馆等分别举行电影招待会 放映我国庆二十周年大型文献纪录影片受到热烈欢迎 各国朋友热情赞扬我国人民二十年来取得的辉煌成就"，《人民日报》1970年3月2日，第6版。

② 参见新华社："我国一些驻外使节举行电影招待会 放映彩色影片《红色娘子军》等受到热烈欢迎"，《人民日报》1971年6月25日，第5版。

③ 参见新华社："阿富汗公共卫生大臣会见我大使 我大使代表我卫生部赠送纪录影片《针刺麻醉》"，《人民日报》1972年3月3日，第6版。

④ 新华社："我驻阿富汗大使举行电影招待会"，《人民日报》1972年7月15日，第6版。

⑤ 参见新华社："我体委和乒协向坦桑、阿富汗等国赠送影片"，《人民日报》1972年8月13日，第6版。

⑥ 参见新华社："我驻阿富汗临时代办举行电影招待会"，《人民日报》1972年9月8日，第6版。

取得的巨大成就感召阿富汗。1970年10月11日到17日，“中国社会主义工农业建设成就图片展览”在喀布尔展出一周，约1800名观众参观了展览。[①] 1971年10月5日，由阿富汗王国政府新闻和文化部和中国驻阿富汗大使馆在喀布尔又联合举办中国社会主义建设成就图片展览。1972年12月10日，中国图片展览在喀布尔开幕。这个图片展览是在阿富汗王国新闻和文化部协助下举办的。[②]

第四，在国际事务上，中国也多次支持阿富汗。

1972年4月27日，联合国非殖民化特别委员会亚的斯亚贝巴会议，通过了一项由阿富汗、埃塞俄比亚和其他9个国家联合提出的关于南罗得西亚问题的决议。这项决议强烈谴责英国政府拒不根据联合国有关决议结束南罗的非法种族主义少数人政权。决议要求英国政府立即采取一切措施取消叛逆的少数人政权。决议还要求英国政府施加影响，以便立即无条件地释放南罗的一切政治犯以及被拘留和被管制的人。中国代表张永宽在会上发言，表示中国代表团同意阿富汗等11国提出的决议草案。[③]

二、阿富汗的回应

面对中国为改善两国关系付出的种种努力，阿富汗在不同场合对中国表达了善意。1970年4月26日，中国第一颗人造卫星发射成功。28日，阿富汗《商队报》就发表题为《中国有人造卫星》的社论对此称赞倍至，表示：“中国把人造卫星发射到外层空间这件事使勤劳和智慧的中国人民的朋友感到高兴。”“应当让世界上最大国家中国参加国

① 参见新华社：“阿富汗朋友说：中国人民所取得的成就证明，人民一旦掌握了自己的命运，就能够创造奇迹”，《人民日报》1970年11月1日，第6版。

② 参见新华社：“我国图片展览在阿富汗开幕”，《人民日报》1972年12月13日，第6版。

③ 参见新华社：“联合国非殖民化特委会亚的斯亚贝巴会议闭幕 会议通过关于南罗得西亚问题的决议 张永宽代表表示中国代表团同意阿富汗等十一国提出的决议草案”，《人民日报》1972年5月4日，第6版。

际事务。"[①] 5月18日，阿富汗《商队报》再次发表文章说："中国把人造卫星发射到如此高度说明了中国火箭的力量"，"中国以一个大国出现在国际舞台，这是肯定而明显的事。"[②]

1972年12月12日，阿富汗国王穆罕默德·查希尔·沙阿发布命令，任命以穆罕默德·穆萨·沙菲克为首相的新内阁成员。据《喀布尔时报》12月11日报道，阿富汗首相兼外交大臣穆罕默德·穆萨·沙菲克在阿富汗议会人民院发表政策声明时说："阿富汗的对外政策将继续建立在积极的和活跃的不结盟的中立的基础之上。阿富汗的对外政策的主要支柱是尊重致力于国际合作的努力所珍视的崇高原则，支持各国人民和各民族的权利，消灭形形色色的殖民主义，为反对种族歧视而斗争。"他表示："进一步加强我们同伟大邻邦中华人民共和国的良好关系，继续扩大我们两国富有成果的合作，也是我国的政策的一部分。"[③] 1972年12月15日，周恩来打电报给阿富汗王国政府首相穆罕默德·穆萨·沙菲克，衷心地祝贺他就任阿富汗王国政府首相。[④]

在国际事务上，阿富汗也投桃报李。阿富汗坚定地支持恢复中华人民共和国在联合国合法席位。1970年11月12日，联合国大会第二十五届会议开始就恢复中国在联合国的合法席位问题进行辩论。辩论会上，阿富汗代表穆罕默德·阿纳斯强调指出，"只有中华人民共和国真正代表全体中国人民"。[⑤] 最终，大会在暴风雨般的掌声中以51票

① "阿富汗《商队报》评我卫星上天：中国依靠自己人民的力量和智慧取得了巨大进展"，《参考消息》1970年5月2日，第1版。

② "阿富汗《商队报》记者说：中国卫星上天结束了美苏垄断宇宙飞行的时代"，《参考消息》1970年6月9日，第3版。

③ 新华社："阿富汗首相沙菲克组成内阁并发表政策声明 强调发展民族经济，继续推行在不结盟和中立基础上的对外政策，进一步加强同中华人民共和国的良好关系"，《人民日报》1972年12月15日，第6版。

④ 参见新华社："周恩来总理致电衷心祝贺沙菲克就任阿富汗王国政府首相"，《人民日报》1972年12月16日，第1版。

⑤ 新华社："联合国大会就恢复中国合法席位问题进行辩论的情况表明 中国国际威望越来越高 我们的朋友遍天下"，《人民日报》1970年11月18日，第6版。

对49票及25票弃权的表决结果，通过了阿尔巴尼亚、阿尔及利亚等18国要求恢复中华人民共和国在联合国的合法席位、立即把国民党当局驱逐出联合国的提案。阿富汗投票赞成阿尔巴尼亚等18国提案。不过由于美国纠集日本等国再次抛出所谓“重要问题”提案，使中华人民共和国虽然得到多数票的支持，但仍不能驱逐国民党当局，恢复在联合国的合法席位。[①] 1971年4月13日，阿富汗《祖国报》发表一篇社论，表示：“随着时间的推移，世界各国除了承认中国之外，别无其他选择。这一点已变得很明显了。22年来的情况已充分地表明，北京政府确实是伟大的中国人民的真正代表。在这个政府的领导下，中国的工农业有了巨大的进展。这个国家已无可置疑地显示出了它在科学、技术和军事方面的力量。”[②]

1971年10月25日，联合国大会第二十六届会议就“恢复中华人民共和国在联合国组织中的合法权利问题”进行表决。大会以76票赞成、35票反对、17票弃权的结果，通过了阿尔巴尼亚、阿尔及利亚等22个国家联合向大会提出的提案。阿富汗再次赞成阿尔巴尼亚等22国提案。不仅如此，阿富汗既投票否决了美国和日本政府等炮制的“重要问题”提案，也否决了美日的另一项提案：既接纳中华人民共和国进入联合国、并得到安全理事会常任理事国的席位，又保留国民党当局代表权的所谓“双重代表权”提案。[③] 从而为新中国恢复在联合国的合法席位做出了贡献。1971年10月26日，阿富汗首相阿卜杜勒·查

① 参见新华社：“要求恢复中国合法权利 立即把蒋匪帮驱逐出联合国 联大多数国家赞成阿尔巴尼亚等国提案 许多国家代表纷纷谴责美帝制造‘两个中国’的阴谋”，《人民日报》1970年11月23日，第5版。

② “阿富汗《祖国报》发表社论说：世界各国除承认中国外别无选择”，《参考消息》1971年4月20日，第4版。

③ 参见新华社：“阿尔巴尼亚、阿尔及利亚等二十二国 提案全文和联合国大会表决结果”，《人民日报》1971年10月27日，第1版。

希尔给周恩来总理就恢复中国在联合国的合法权利发来贺电。[①] 1971年11月15日，在联大第二十六届会议全体会议上，有34个国家的代表先后发表讲话，欢迎中国代表团。阿富汗代表表示:“要是没有他们，联合国就不那么有成效；我希望由于他们的来临，将使联合国比较有成效。这只有通过融洽相处做出建设性的贡献才能作到。”[②] 1971年11月底，阿富汗王国外交大臣穆罕默德·穆萨·沙菲克写信给中国外交部代部长姬鹏飞，表示最衷心地祝贺恢复中华人民共和国在联合国的合法权利。[③]

三、中阿关系的恢复

在两国政府的共同努力下，中阿两国关系有了较大恢复。

第一，中阿两国体育卫生文化交流密切，各种代表团互访频繁。

1971年10月31日，阿富汗乒乓球代表团应邀来北京参加亚非乒乓球友好邀请赛。[④] 1972年8月26日，以杜前为团长、潘桂林为副团长的中国足球代表团，应邀前往阿富汗进行友好访问。[⑤] 1972年8月29日，由团长阿卡·穆罕默德·巴哈尔率领的阿富汗乒乓球代表团，来华参加第一届亚洲乒乓球锦标赛和亚洲乒乓球联盟第一次代表大会。[⑥] 1972年9月18日，以杜前为团长、潘桂林为副团长的中国足球代表团应邀

① 参见新华社:“热烈祝贺恢复我国在联合国的合法权利”,《人民日报》1971年11月2日，第6版。

② 新华社:“在联大第二十六届会议十一月十五日下午全体会议上 各国代表讲话欢迎我国代表团”,《人民日报》1971年11月19日，第1版。

③ 参见新华社:“阿富汗外交大臣写信祝贺恢复中国在联合国合法权利”,《人民日报》1971年11月30日，第5版。

④ 参见新华社:“前来参加亚非乒乓球友好邀请赛 八个亚非国家乒乓球代表团到京”,《人民日报》1971年10月31日，第3版。

⑤ 参见新华社:“我足球代表团前往斯里兰卡、阿富汗访问”,《人民日报》1972年8月27日，第6版。

⑥ 参见新华社:“越南、阿富汗、也门、伊朗乒乓球代表团 和埃及乒乓球协会代表团到京”,《人民日报》1972年8月30日，第6版。

到达喀布尔，对阿富汗进行友好访问。[①]9月20日，阿富汗—中国友好协会会长苏尔坦·马哈茂德·加齐亲王和外交部文化事务司司长穆罕默德·阿克拉姆，分别接见了正在阿富汗访问的中国足球代表团团长杜前、副团长潘桂林和其他成员。[②]中国足球运动员同阿富汗各足球队先后举行了五场友谊比赛，观众共达4万多人。中国运动员在阿富汗停留期间，还参观了一些工厂和名胜古迹。[③]此外，1971年8月18日，阿富汗王国教育部保健和卫生事务司副司长纳斯洛拉·优素菲博士应中国卫生部邀请来中国进行友好访问。[④]

最值得一提的是，1973年3月6日，以申剑为团长、里若和夏菊花为副团长的中国武汉杂技团访问阿富汗。[⑤]3月8日，阿富汗新闻和文化大臣萨巴赫丁·库什卡基接见了杂技团负责人。[⑥]3月11日晚，阿富汗宣传和文化部在喀布尔新闻俱乐部举行宴会，热烈欢迎正在阿富汗访问演出的中国武汉杂技团。[⑦]3月14日晚，中国武汉杂技团在喀布尔剧院举行专场演出。这场演出由阿富汗宣传和文化大臣萨巴赫丁·库什卡基和中国驻阿富汗大使甘野陶联合主持，受到了观众的热烈欢迎。[⑧]3月19日，阿富汗中国友好协会会长、阿富汗民航和旅游总局局

① 参见新华社："我足球代表团到阿富汗进行友好访问"，《人民日报》1972年9月20日，第6版。

② 参见新华社："阿富汗—中国友好协会会长接见中国足球代表团"，《人民日报》1972年9月22日，第5版。

③ 参见新华社："我足球代表团离阿富汗回国"，《人民日报》1972年10月3日，第6版。

④ 参见新华社："我卫生部负责人宴请阿富汗优素菲博士"，《人民日报》1971年8月20日，第5版。

⑤ 参见新华社："武汉杂技团离巴基斯坦到阿富汗访问 在巴基斯坦白沙瓦演出受到万余观众热烈欢迎"，《人民日报》1973年3月8日，第6版。

⑥ 参见"近邻友谊深——记中国武汉杂技团访问阿富汗"，《人民日报》1973年3月29日，第6版。

⑦ 参见新华社："阿富汗宣传和文化部设宴欢迎武汉杂技团"，《人民日报》1973年3月13日，第5版。

⑧ 参见新华社："武汉杂技团在喀布尔举行专场演出 阿富汗人民院、长老院议长和一些大臣出席"，《人民日报》1973年3月17日，第5版。

长苏尔坦·马哈茂德·加齐亲王接见了中国武汉杂技团。3月20日，阿富汗首相穆罕默德·穆萨·沙菲克也在首相府接见了中国武汉杂技团全体成员。中国武汉杂技团在结束对阿富汗为期15天的友好访问之后，于3月21日乘飞机离开喀布尔。访阿期间，武汉杂技团在喀布尔共演出12场，将近1万人观看了表演，受到阿富汗政府和人民的热情接待和欢迎。武汉杂技团在阿富汗访问期间，还参观了一些名胜古迹。3月18日，杂技团访问了帕尔旺水利工程建设工地，为在那里工作的阿富汗和中国两国工人和工程技术人员表演了杂技节目。杂技团离开阿富汗的前一天，阿富汗宣传和文化部出版司司长吴拉姆·哈兹拉特·库桑同杂技团全体团员共进早餐，并代表阿富汗宣传和文化大臣向杂技团赠送了礼品。[①] 在中国自身实力和能够给予的物质援助有限的情况下，体育卫生文化的交流取得了意想不到的后果，有力地促进了中阿两国关系的发展。

第二，中阿两国经贸联系进一步密切。

1970年11月14日，根据中华人民共和国政府与阿富汗王国政府的经济技术合作协定，中国用贷款方式向阿富汗提供商品的换文仪式在喀布尔举行。中国驻阿大使谢邦治和阿富汗财政大臣穆罕默德·阿曼，分别代表中国政府和阿富汗王国政府在换文上签字。[②] 1970年12月26日，中阿两国举行了中华人民共和国政府和阿富汗王国政府贸易和支付协定，以及换货议定书的签字仪式。中国外贸部长白相国和阿富汗商业大臣穆罕默德·阿克巴尔·奥马尔分别代表本国政府在协定和议定书上签字。[③] 1971年10月到11月，阿富汗派人参加了在广州举行

① 参见新华社："阿富汗首相接见武汉杂技团 我大使为阿富汗朋友和杂技团举行招待会"，《人民日报》1973年3月22日，第6版。

② 参见新华社："我用贷款方式向阿富汗提供商品换文仪式在喀布尔举行"，《人民日报》1970年11月18日，第6版。

③ 参见新华社："周总理会见阿富汗贸易代表团 并参加中阿贸易和支付协定、换货议定书签字仪式"，《人民日报》1970年12月27日，第1版。

的1971年秋季中国出口商品交易会。[①] 1972年4月1日，由中国政府对外贸易部副部长陈洁率领的中国政府贸易代表团应阿富汗王国政府的邀请对阿富汗进行友好访问。[②] 4日，中国政府贸易代表团团长、外贸部副部长陈洁和阿富汗政府贸易代表团团长、商业副大臣阿里·纳瓦兹，分别代表本国政府在中华人民共和国政府和阿富汗王国政府1972年度换货议定书上签字。[③] 同日，阿富汗王国政府副首相阿卜杜勒·萨马德·哈米德4日接见了中国政府贸易代表团团长、对外贸易部副部长陈洁。[④] 4月16日，访华的阿富汗外交大臣沙菲克等由中国外贸部副部长陈树福陪同参观了1972年春季中国出口商品交易会。[⑤]

第三，中阿通航协定的签订。

1963年12月《中国阿富汗通航谈判新闻公报》正式公布，中阿通航问题取得突破性进展。此后，阿富汗政府多次提出中阿进一步进行通航谈判，但是，由于国际国内形势的变动及中国民航客观条件的限制，中阿通航问题一直拖而未决。

1971年以后，国际局势发生巨大变化。中国恢复了在联合国的合法权利，中美关系开始缓和，和中国建交的国家日益增多。中国国际环境的改善迫切要求中国民航进一步发展国际通航。而且，为适应国际通航的需要，中国政府决定北京向各国开放通航；同时还决定有限度地开放经过中国新疆到北京的西北航线，并于1971年开工改建乌鲁

① 参见新华社："一九七一年秋季中国出口商品交易会闭幕 在国内外一片大好形势下举办的这届交易会，自始至终呈现着热烈友好、繁荣兴旺的景象"，《人民日报》1971年11月16日，第4版。

② 参见新华社："前往阿富汗和伊朗进行友好访问 我政府贸易代表团离开北京"，《人民日报》1972年3月30日，第5版。

③ 参见新华社："中国阿富汗今年度换货议定书在喀布尔签字"，《人民日报》1972年4月5日，第5版。

④ 参见新华社："阿富汗副首相接见我政府贸易代表团团长"，《人民日报》1972年4月5日，第5版。

⑤ 参见新华社："阿富汗外交大臣沙菲克到京 姬鹏飞部长宴请阿富汗贵宾"，《人民日报》1972年4月18日，第1版。

木齐地窝铺机场。与此同时，中国还先后购买了伊尔62、三叉戟、波音707等中远程喷气式飞机，中国民航也已具备了开辟远程航线的技术条件。这些措施，为中阿通航谈判扫清了最后的障碍。

在此情况下，1971年3月，阿外交副大臣和阿民航局长苏尔坦亲王数次向中国驻阿使馆提出重新进行通航谈判。1972年4月，阿外交大臣沙菲克访华，正式提出中阿通航问题，周恩来表示同意。1972年7月18日，应阿富汗政府的邀请，由中国民航总局副局长马仁辉率领的中国政府民航代表团一行五人，赴阿富汗进行正式的中阿通航谈判。经过数天的谈判，7月26日，中国政府民航代表团团长、中国民用航空总局副局长马仁辉和阿富汗政府民航代表团团长、阿富汗民航和旅游总局副局长阿卜杜勒·哈利克分别代表本国政府在《中华人民共和国政府和阿富汗王国政府民用航空运输协定》上签字。[①] 协定规定，"中华人民共和国政府和阿富汗王国政府，为便利中国人民和阿富汗人民之间的友好往来，发展两国航空运输方面的相互关系，根据互相尊重独立和主权、互不干涉内政、平等互利和友好合作的原则"，"建立并经营两国间以及延伸至两国以外地区的定期航班"。[②] 协定规定，中方航线为：中国境内的地点——喀布尔和／或坎大哈—德黑兰—延伸点（喀布尔和／或坎大哈至德黑兰以远无业务权）。阿方航线为：阿富汗境内的地点——乌鲁木齐和／或北京—东京—延伸点（乌鲁木齐和／或北京至东京以远无业务权）。该协定自1973年7月3日生效。[③] 同日，双方还签订了《关于相互提供航行、通信、气象等技术服务的议定书》。至

① 参见新华社："中国和阿富汗签订民用航空运输协定 我政府民航代表团离喀布尔回国"，《人民日报》1972年7月28日，第6版。

② 中华人民共和国外交部编：《中华人民共和国条约集》第19集，人民出版社1977年版，第170页。

③ 同上，第176页。

此，中阿通航谈判最终取得圆满的结果。[①]

小　结

外交是内政的延伸和展现。“不论是在国内还是在国外，没有任何一个领导人敢于在思考外交政策选择时低估或者轻视国内政治。”[②] 这一时期中阿关系的变动，与中国国内政治形势的变化直接关联。具体说，从“文革”爆发后的相当一段时间内，“左”倾的乌云一直笼罩着中阿关系，两国关系一度冷却下来，人员往来几乎停滞。但从1970年开始，由于中国在外交领域的“左”倾狂热逐步消退，中国方面积极主动地去改善中阿关系，同时尊重阿富汗奉行的和平、中立政策，从而使阿富汗政府消除了疑虑，中阿关系开始复苏。[③]

① 此后阿富汗的政局一直处于复杂多变、风雨飘摇之中，1973年阿富汗前首相达乌德发动政变，1978年阿富汗人民民主党再次发动政变，1979年苏联入侵阿富汗，苏联撤离阿富汗后阿富汗又陷入军阀混战，此后塔利班又与反塔联盟对峙。在此情况下，中阿两国关系实际处于中断的状态，中阿通航更是不可能成为现实。直到“9·11”事件之后，阿富汗要求与中国重签航空运输协定，中阿两国就民航问题进行了重新谈判，并于2003年草签了新航空运输协定文本，并就航线表、运力额度、第五业务权和包机飞行等事宜达成谅解备忘录。根据该协定，当年7月11日，一架阿富汗客机当天上午从喀布尔国际机场起飞，开始执行从喀布尔至乌鲁木齐之间的试航任务。7月15日，该航线正式开通，成为中国与阿富汗之间的首条民航线路。2006年3月7日，中国民航总局国际合作司司长王荣华与阿富汗伊斯兰共和国运输部法律与航空运输协定局局长阿巴维在北京再次举行双边航空会谈。本次会谈中，双方新增了有关航空安全的条款，使协定更符合国际民航组织的建议文本。由于看好中国浙江省的日用品市场和前往阿富汗经商的客源，阿富汗要求经营至杭州的航班。阿方还特别要求将协议文本中的“阿富汗过渡国家政府”改为“阿富汗伊斯兰共和国政府”，以展现阿富汗新的面貌。根据新协议，双方指定航空公司每周可以经营7个客/货航班，双方还适度交换了第五业务权。在此次会谈的基础上，2006年6月19日，阿富汗伊斯兰共和国总统哈米德·卡尔扎伊在访华期间，中阿双方正式签署了《中华人民共和国政府和阿富汗伊斯兰共和国政府民用航空运输协定》，该协定自签字之日开始实施，同时宣布1972年签订的中阿民航协定自本协定生效之日终止。从此，屡经波折的中阿通航最终进入到常态化的新阶段。参见《当代中国》丛书编辑部编：《当代中国的民航事业》，中国社会科学出版社1989年版，第405页；新华社：“中国与阿富汗发表联合声明”，《人民日报》2006年6月21日，第3版。

② 王鸣鸣：《外交政策分析：理论与方法》，中国社会科学出版社2008年版，第24页。

③ 参见彭树智、黄杨文：《中东国家通史 阿富汗卷》，商务印书馆2000年版，第344页。

与此同时，中阿关系的恢复，还有中国政府应对面临的严峻的苏联军事压力的考量有关。中苏两党、两国关系破裂后，1969年中苏爆发珍宝岛之战等一系列武装冲突。之后，苏联进一步咄咄逼人，在中苏东北边境等地调集、驻扎重兵，严重威胁了中国的国家安全。而且，此时中美关系开始趋向缓和。在此情况下，中国对西部邻国阿富汗的战略地位、阿富汗对苏联的意义等均有深入研究，并改变对阿政策以改善中阿关系。但直到"9・11"事件的爆发，中阿关系再也没有恢复到"文革"前的状态。其中的经验教训，值得我们深思。

第四章

一波三折：阿富汗政局的变动和中阿关系的曲折发展（1973—1979）

就在中阿关系有所恢复之际，阿富汗局势开始陷于频繁的变动之中。中阿关系也随之一波三折。1973年，达乌德在苏联和阿富汗人民民主党的支持下发动政变，由此开启了此后几十年阿富汗内乱的潘多拉魔盒。此时，中苏正处于对峙之中，因此达乌德上台之初奉行着亲苏政策，中阿关系有所疏远。随着时间的推移，不管是出于中立主义的外交传统，还是不甘于沦为苏联的傀儡，达乌德又逐渐靠拢美国、中国，中阿关系又有所恢复。但达乌德的这一政策最终失败，苏联不会容忍已投入巨大援助和精力的阿富汗的疏离。在苏联的策动之下，1978年，阿富汗人民民主党发动政变，达乌德全家遇难。阿富汗人民民主党上台后，不管内政还是外交，亲苏的倾向更为明显，中阿关系也处于风雨飘摇之中。而1979年苏联入侵阿富汗，最终导致中阿官方关系的中断。

第一节　达乌德政变与中阿关系的波动（1973—1978）

一、达乌德政变和中国承认阿富汗新政权

1973年7月17日，阿富汗前首相达乌德趁国王查希尔去意大利度

假之机发动军事政变，建立阿富汗共和国。尽管达乌德在政变当天的广播讲话中谈到新政府的对外政策时说：“阿富汗的对外政策将建立在中立、不参加军事集团的基础上”，“阿富汗政策的第一个支柱是希望和平以及同世界所有国家和各国人民友好。”[①] 但有着“红色亲王”之称的达乌德正是在苏联和阿富汗人民民主党的支持下才上台的。因此他的对外政策不可避免地打上了苏联的烙印。苏联在阿富汗政变的第二天即承认了达乌德政权，是“承认阿富汗新共和政府的第一个国家”。7月19日，印度也“承认了以达乌德为首的阿富汗新的共和国政权”。[②] 这在中苏、中印关系恶化的情况下，必然会导致中国对达乌德政权的疑虑。当时，西方媒体普遍认为，“达乌德在阿富汗发动政变是苏联的一大胜利，将使南亚的外交角逐局面为之一变”。[③] 7月18日，英国《金融时报》刊登了一篇题为《阿富汗在政变后改为共和国》的文章就表示：“达乌德接管权力一事也不大可能受到毗邻的中国、巴基斯坦或伊朗的欢迎，这些国家都担心俄国在这个地区的势力会扩大。”[④] 7月19日，马来西亚《马来亚通报》发表题为《阿富汗政变》的社论，同样认为：“苏联若获得阿富汗的‘友谊’，那么，对中国的包围圈，属进一步完成（原文如此），更无形中对中巴的安全的中间部位，插上一把利刀。”“中国及巴基斯坦对阿富汗今后的动向，当然必加以特别警戒。看来，一场紧张将是难免的。”[⑤]

达乌德政变后，要求包括中国在内的有关国家承认。7月20日，阿驻华大使西迪基奉命约见中国外交部副部长韩念龙，请求中国尽早承认阿富汗共和国。得知这一消息，身患重病的周恩来于深夜11点在中

① 新华社：“穆罕默德·达乌德宣布阿富汗成为共和国 我国政府应阿富汗新政府的要求承认阿富汗共和国”，《人民日报》1973年7月29日，第5版。

② “外电报道：苏联和印度承认阿富汗新政权”，《参考消息》1973年7月21日，第1版。

③ “外电外报评述阿富汗政变”，《参考消息》1973年7月20日，第1版。

④ “外电外报评述阿富汗政变”，《参考消息》1973年7月20日，第1版。

⑤ “‘马来亚通报’社论：‘阿富汗政变’”，《参考消息》，1973年7月22日，第3版。

南海召见姬鹏飞等中国外交部领导、中国外交部亚洲司、苏欧司处领导及主管科员以及中国驻阿使馆的外交人员，研究阿富汗形势与地区形势，以处理对达乌德政权的承认问题。根据有关人员的汇报，周恩来判断，阿富汗的政变，主要是阿富汗的内部矛盾造成的，阿富汗国王查希尔和达乌德都是我们的朋友。关于承认阿富汗新政府问题再看几天形势就可以决定了，不宜过迟。[①] 此时，据基辛格回忆：周恩来对使达乌德上台的政变表示严重关切。周恩来分析："接近达乌德的军官们是亲苏的；阿富汗的动乱很可能尚未结束。阿富汗针对巴基斯坦和伊朗两个邻国提出的收复失地的要求即使不是苏联挑动的，也会为苏联的阴谋服务。它将削弱巴基斯坦和伊朗的地位，使莫斯科获得一条通往印度洋的通道。"[②]

在中国政府观望之际，7月22日，美国承认阿富汗新政权。美国判断："达乌德在出任首相的十年（截至1963年为止）期间，使阿富汗靠拢苏联的程度，超过他的国家任何其他现代的领导人。这并不意味着他放弃了喀布尔的不结盟政策。"[③] 因此，美国大使罗伯特·纽曼"拜访了阿富汗外交部长瓦希德·卡里姆，并通知该政府说，不会中断正常的外交关系"。当天，巴基斯坦政府也承认以穆罕默德·达乌德为首的阿富汗共和国的新政府。[④] 7月24日，阿富汗《喀布尔时报》以《阿富汗共和国成立的第一周》为题发表社论表示："在宣告成立共和国后的72小时内，外国就开始一个接着一个地承认我们这个年轻的共和国。阿富汗已经在世界上得到了威信和地位。20个国家、其中包括绝大多数大国，已经给予承认，从而为正常相互之间的外交、商业和贸易关

① 参见周溢潢主编：《惊心动魄的外交岁月：中国外交官手记》，湖南人民出版社2006年版，第97页。

② ［美］亨利·基辛格著，刘丽媛、马德麟等译：《动乱年代——基辛格回忆录》第2册，世界知识出版社1983年版，第325页。

③ "加弗向评苏联对阿富汗政变的态度"，《参考消息》1973年7月23日，第3版。

④ 参见"美国和巴基斯坦宣布承认阿富汗新政权"，《参考消息》1973年7月24日，第1版。

系铺平了道路。”[①]

遵照周恩来的指示，7月28日，中国外交部副部长韩念龙奉命口头通知阿富汗驻华大使：“中华人民共和国应阿政府的要求，承认阿富汗共和国，并希望中阿两国人民的传统友谊和两国间的友好关系，得到继续保持和发展。”[②] 但“阿新政府对我国承认较晚有抱怨，说中国关系冷淡了，对中国揭露苏联欲打通南下印度洋的通道与美国争霸有不满”。[③]

二、达乌德政变后中阿关系的疏远与恢复

由于中国承认阿富汗新政权稍迟引起达乌德的不快，以及阿富汗新政权奉行的亲苏政策，使阿富汗新政府与中国的关系一度有所疏远。中阿两国官方接触较少，民间往来也基本停滞。政变当年仅有1973年11月23日，阿富汗公共卫生部长纳扎尔·穆罕默德·西坎达尔和中国驻阿大使甘野陶分别代表本国政府在中国为阿富汗无偿建造一座拥有250张病床医院的会谈纪要上正式签字。[④] 1974年上半年两国交往的次数也屈指可数。2月22日，中国驻阿大使甘野陶在喀布尔举行电影招待会。招待阿富汗奥林匹克联合会代主席阿卜杜勒·瓦希德·埃特马迪、有关部门负责人、阿富汗国家乒乓球队成员以及曾参加第一届亚洲乒乓球锦标赛的阿富汗乒乓球代表团的部分成员。在招待会上放映了彩色纪录片《第一届亚洲乒乓球锦标赛》受到阿富汗朋友们的热烈欢迎。放映结束后，甘野陶代表中国乒乓球协会把这部影片赠送给阿富汗奥

① “阿富汗《喀布尔时报》社论：‘阿富汗共和国成立的第一周’”，《参考消息》1973年7月28日，第3版。

② “中阿双边政治关系”，新华网，http://news.xinhuanet.com/zhengfu/20010519/573210.htm，2001年5月19日。

③ 马行汉主编：《外交官谈阿富汗》，世界知识出版社2002年版，第10页。

④ 参见新华社：“我为阿富汗无偿建造一座医院的会谈纪要签字仪式在喀布尔举行”，《人民日报》1973年11月24日，第5版。

林匹克联合会。[①] 1974年4月21日，中国驻阿大使甘野陶和阿富汗商业部副部长阿里·纳瓦兹，分别代表本国政府签订中华人民共和国政府和阿富汗共和国政府贸易和支付协定和1974年度换货议定书。[②]

随着政变后达乌德权力的巩固，他开始对阿富汗的内外政策进行调整。他“在右派分子的支持下，逐步地把那些曾经同他一起策划并实行了政变的左派分子清除出中央和地方政府机关”[③]。1973年8月25日，达乌德政变仅一个多月之后，英国《经济学家》周刊刊登该报特派记者从喀布尔发回的题为《阿富汗：掌了政权，但是如何运用它还要以后再定》的一篇文章就称：“自从穆罕默德·达乌德在7月17日发动军人政变废黜了国王以来，新总统和他的中央委员会之间已经出现了关系紧张状态。”[④] 在对外政策上，他不断修正其亲苏的外交政策。他在强调阿苏友好关系的同时，一方面宣称要自力更生，如1974年12月底，阿富汗《共和国日报》发表文章所指出，阿富汗共和国政府充分了解现实的真实情况，按照有益的计划和规划，并在考虑到充分利用本国资源和友好国家援助的情况下，“同本国人民一道齐心协力朝着建设自己国家的方向胜利前进。今天，我们的行动是清醒而明智的，我们懂得，建设我们自己的国家只有依靠我们自己”。[⑤]

另一方面达乌德不断发展与美国、中国等国的关系，试图以此牵制苏联。“达乌德为了借助中国影响，取得政治资本和经济实惠，仍需同中国保持一定友好关系。”他在多次公开讲话中，“强调对中国友好，

---

① 参见新华社：“我驻阿富汗大使举行电影招待会”，《人民日报》1974年1月11日，第4版。

② 参见新华社：“我驻阿富汗大使举行电影招待会”，《人民日报》1974年2月26日，第5版。

③ 张敏：《阿富汗文化与社会》，昆仑出版社2007年版，第408页。

④ “阿富汗：掌了政权，如何运用它要以后再定”，《参考消息》1973年8月30日，第3版。

⑤ 新华社：“阿根廷报纸发表文章赞扬第三世界的团结斗争 抨击苏美两个超级大国瓜分世界的野心 阿富汗和突尼斯报纸强调第三世界国家必须实现经济独立”，《人民日报》1975年1月2日，第6版。

对中国的经济援助评价较高，并要求中国给予新的援助”。[①] 1974年4月，达乌德在对印度记者谈到“阿富汗对大国的态度”时表示：“我们从来不是极端的。我们在行动上一直是走中间道路；既不完全站在苏联一边，也不完全站在美国一边。”其中，他特意提到：“同中国的关系：无疑的，中国是一个伟大的邻国。我们同它保持着正常的、应有的关系。”[②] 7月16日，达乌德总统在阿富汗共和国成立一周年的前夕通过阿富汗电台发表一篇广播讲话中表示：“我们同另一个大邻国中国的关系是友好的，两国继续正常地保持着关系。”[③] 1974年8月，达乌德接见日本《朝日新闻》记者的谈话中再次提到和中国保持着友好关系。[④]

在此情况下，据外交官马行汉回忆，1974年6月8日，时任国务院副总理邓小平指示外交部，对阿富汗的工作要考虑一下，提出一个方针。他指出：阿富汗政变是既成事实。要对阿做友好工作。做好了阿的工作，也可以帮巴基斯坦的忙。中国同伊朗、孟加拉的关系会很快发展，如不加强对阿工作，它会感到中国冷淡了它。中国与阿过去无恶感，现在应对它开展工作，例如开展人员往来等。根据邓小平的这一指示，1974年8月，中国外交部提出了开展对阿友好工作的几点意见：邀请达乌德之弟纳伊姆访华，向达乌德政府提供经援1亿元人民币贷款，并在纳伊姆访华时签订协定。[⑤]

此后，中阿两国间民间往来开始恢复，官方交流也开始升温。1974年8月5日，阿富汗喀布尔足球队访华。6日，中国足球协会为欢迎阿富汗喀布尔足球队举行了招待会。8日，8万名观众冒雨观看了阿富汗喀布尔足球队同中国青年足球队在北京工人体育场进行的友谊比

① 马行汉主编：《外交官谈阿富汗》，世界知识出版社2002年版，第11页。

② “达乌德谈阿富汗同巴印中苏美等国关系”，《参考消息》1974年5月4日，第3版。

③ “达乌德谈阿富汗同苏、中、巴的关系”，《参考消息》1974年7月21日，第3版。

④ 参见“日报报道达乌德接见记者的谈话”，《参考消息》1974年8月29日，第3版。

⑤ 参见马行汉主编：《外交官谈阿富汗》，世界知识出版社2002年版，第11页。

赛。[①] 在中国期间，阿富汗喀布尔足球队先后访问了北京、武汉、郑州、上海等地，于8月26日乘飞机离开北京回国。[②] 1974年8月21日，以流静为领队、张海涛为副领队的中国江苏省男子排球队飞机离开北京，前往阿富汗等地进行友好访问。8月24日，中国江苏省男子排球队在喀布尔同阿富汗银行男子排球队举行首次友谊赛。同一天，阿富汗教育部长尼马图拉·帕日瓦克会见了江苏省男子排球队。在访问期间，中国江苏省男子排球队同阿富汗运动员共进行了六场比赛。阿富汗教育部长尼马图拉·帕日瓦克、阿富汗—中国友好协会会长苏尔坦·马哈茂德·加齐、阿富汗奥林匹克联合会主席埃特马迪曾分别接见了中国江苏省男子排球队并同他们进行了友好的谈话。埃特马迪主席还举行招待会欢迎中国客人。[③] 1974年9月26日，阿富汗副总理穆罕默德·哈桑·沙尔克在喀布尔接见了援建阿富汗帕尔旺水利灌溉工程的中国水利灌溉工程技术工作组的负责人张魁元和总工程师曾本枢。接见时，哈桑·沙尔克询问了有关帕尔旺水利灌溉工程的情况，并且进行了友好谈话。[④] 10月，中国援助扩建巴格拉密棉纺厂的中国工程技术小组抵达阿富汗。10月23日，阿富汗工矿部长阿卜杜勒·加尧姆·瓦达基，在喀布尔接见了援助扩建巴格拉密棉纺厂的中国工程技术小组的组长温聚和，副组长刘文恢、张立业。接见时，瓦达基部长赞扬了中国工程技术人员对建设巴格拉密棉纺厂作出的贡献，询问了棉纺厂扩建工程的情况。瓦达基说："我们同伟大的友好邻邦中华人民共和国

---

① 参见新华社："中国阿富汗足球运动员在京进行友谊赛"，《人民日报》1974年8月9日，第4版。

② 参见新华社："阿富汗喀布尔足球队离京回国"，《人民日报》1974年8月27日，第4版。

③ 参见新华社："江苏省男排结束对阿富汗的访问"，《人民日报》1974年9月10日，第5版。

④ 参见新华社："阿富汗副总理沙尔克接见我技术人员"，《人民日报》1974年10月8日，第6版。

的合作是卓有成效的。”[①] 11月4日，中国驻阿大使馆临时代办曹胜功在喀布尔剧场举行电影招待会。阿富汗新闻和文化部长阿卜杜勒·拉希姆·纳温、外交部副部长瓦希德·阿卜杜拉、空军和空防司令穆罕默德·穆萨上将、喀布尔市长古拉姆·萨基·努尔扎德、喀布尔大学校长穆罕默德·海德尔、阿富汗各界友好人士和一些国家驻阿富汗的外交使节500多人出席了招待会。招待会上放映了两部中国彩色纪录片，受到观众的热烈欢迎。[②]

特别要强调的是，在中国政府的邀请下，1974年12月6日，阿富汗共和国达乌德总统的特使纳伊姆访华。纳伊姆此行的主要目的是向中方解释阿政府的对外政策，说明阿政府的变更无外来影响，以寻求中国的谅解和支持，希望与中国发展友好关系。在访华期间，纳伊姆转交了达乌德总统给毛泽东主席、周恩来总理的亲笔信，强调阿奉行积极的中立、和平共处的外交政策。12月7日上午，中国外交部部长乔冠华与纳伊姆进行了会谈，他向纳伊姆表示，中国理解阿同苏联保持友好，并说中国根据和平共处五项原则，认为阿内部变化是阿内政，中国尊重阿的内政，中国起初观察了一下，但很快承认了阿新政府，说明中国对阿是尊重的。纳伊姆对乔冠华表示感谢，表示阿同苏友好是有限度的，即不能干涉阿内政。[③]

12月7日下午，国务院副总理李先念同纳伊姆举行会谈，双方就国际形势和中阿关系等问题交换意见。李先念指出，在阿富汗共和国成立后，达乌德总统阁下一再表示了要加强阿中友谊的愿望，中国政府和人民也十分珍视发展同阿富汗的友好关系。我们相信，在中阿两国政府和人民的共同努力下，中阿两国人民的友谊必将获得进一步的

---

① 新华社：“阿富汗工矿部长接见我工程技术小组负责人”，《人民日报》1974年10月25日，第5版。

② 参见新华社：“我驻阿富汗使馆临时代办举行电影招待会”，《人民日报》1974年11月6日，第5版。

③ 参见马行汉主编：《外交官谈阿富汗》，世界知识出版社2002年版，第12页。

巩固和发展。纳伊姆特使表示，我们高兴地看到，阿中之间的友好关系和有成效的合作在发展。我们赋予自己同中华人民共和国的关系以重大意义，这种关系一贯是基于真诚友好、睦邻、互不干涉内政、互相尊重独立、主权和领土完整之上的。[①] 中方充分感受到了阿富汗的善意，对纳伊姆进行了热情地接待。当天下午，纳伊姆等还参观了北京南苑人民公社。7日晚，病重的周恩来总理在医院会见了纳伊姆及随行来访的阿富汗外交部副部长赛义德·瓦希德·阿卜杜拉。12月8日下午，纳伊姆及其一行由中国外交部副部长韩念龙陪同，参观了故宫和出土文物。当天晚上还应邀出席文艺晚会，观看北京杂技团演出的杂技节目。[②] 12月10日，纳伊姆及其一行，由中国外交部副部长韩念龙陪同乘专机离开北京前往广州等地进行访问。[③] 直到12月19日，纳伊姆及其一行才返回阿富汗。中方不仅热情接待了纳伊姆一行，而且在纳伊姆访华期间，12月8日晚，中国外交部副部长韩念龙和阿富汗外交部副部长赛义德·瓦希德·阿卜杜拉分别代表本国政府签订了中华人民共和国政府和阿富汗共和国政府经济技术合作协定。[④] 中国方面向阿富汗提供一亿元人民币的贷款。[⑤] 纳伊姆此行的目的圆满达到，也进一步增进了中阿友好关系。

1975年1月2日，阿富汗《喀布尔时报》发表一篇题为《阿富汗同中国合作》的社论，对纳伊姆此行称赞不已："阿富汗总统特使此次访

① 参见新华社："李先念副总理会见并宴请 纳伊姆特使等阿富汗贵宾 李先念副总理和纳伊姆特使先后在宴会上讲话"，《人民日报》1974年12月8日，第4版。

② 参见新华社："纳伊姆特使等阿富汗贵宾 应邀出席文艺晚会 乔冠华外长等陪同观看演出"，《人民日报》1974年12月9日，第4版。

③ 参见新华社："纳伊姆特使离京去广州访问"，《人民日报》1974年12月11日，第4版。

④ 参见新华社："中国阿富汗经济技术合作协定在京签字 李先念副总理，纳伊姆特使等出席签字仪式"，《人民日报》1974年12月9日，第4版。

⑤ 参见马行汉主编：《外交官谈阿富汗》，世界知识出版社2002年版，第12页。此外，据阿富汗《喀布尔时报》社论称：此次纳伊姆访华，"中华人民共和国答应向阿富汗共和国提供的5500万美元长期无息贷款将使两国的合作得以继续和扩大。"参见"阿富汗《喀布尔时报》社论：'阿富汗同中国合作'"，《参考消息》1975年1月8日，第4版。

问中国是我们两国间一直保持的睦邻友好关系中的里程碑。随着技术和经济合作的发展，我们两国之间的和睦关系将进一步发展。”[①]

此后，在达乌德执政期间，中国对阿援助继续推动。1974年12月19日，中国援建的阿富汗巴格拉密纺织厂扩建工程正式开工。巴格拉密纺织厂扩建工程包括安装240台新自动布机。扩建工程完成以后，这家工厂棉布产量将增加三分之一。[②]1976年3月，中阿两国政府又商定中方将在生产技术、管理方面同阿富汗人员进行合作。1976年10月10日，扩建工程竣工并正式投产。1977年2月12日，中国纺织技术组完成了在阿富汗巴格拉密纺织厂的技术合作任务后，离开阿富汗回国。[③]

中国援建的帕尔旺水利工程也不断推进。1975年11月2日，中阿两国政府又达成了援建帕尔旺水利工程支渠的协议。1976年6月，帕尔旺水利工程主干渠全部建成，并于1976年12月30日竣工。期间，根据灌区人民和当地政府的要求，自1971年7月开始，每年利用已完成的部分工程，向灌区供应一定数量的水，工程建设期间约有3.5万阿亩（折和100500亩）农田受益，同时改善了沿渠居民的生活用水条件。中国共派遣了援阿水利专家118名，分批到阿富汗进行技术指导。此后，根据中阿双方协议，中方又派工程技术人员赴阿指导帕尔旺水利灌溉工程支渠的测量、设计及施工等工作。而阿富汗政府为适应工程施工的需要，成立了“帕旺水利工程局”。阿方参加建设的官员、技术工人与民工，高峰期达到约2500人。[④]1974年9月26日，阿富汗副总理穆罕默德·哈桑·沙尔克在喀布尔接见了援建阿富汗帕尔旺水利灌溉工

① “阿富汗《喀布尔时报》社论：‘阿富汗同中国合作’”，《参考消息》1975年1月8日，第4版。

② 参见新华社：“阿富汗巴格拉密纺织厂扩建工程开工 瓦达基部长赞扬阿中两国友好合作关系”，《人民日报》1974年12月25日，第5版。

③ 参见新华社：“我纺织技术组离阿富汗回国”，《人民日报》1977年2月26日，第5版。

④ 参见长江水利委员会档案馆编：《长江水利委员会大事记》，长江水利委员会档案馆1992年版，第343—358页。

程的中国水利灌溉工程技术工作组的负责人张魁元和总工程师曾本枢。接见时，哈桑·沙尔克询问了有关帕尔旺水利灌溉工程的情况，并且进行了友好谈话。[①]

此外，1976年6月26日，中国无偿援助兴建的阿富汗坎大哈地区医院的建设工程正式开工。[②] 中方决定援建阿富汗新的项目——棉纺、印染厂和喀布尔造纸厂。1976年9月2日，中国驻阿大使甘野陶和阿富汗计划部长阿里·艾哈迈德·胡拉姆分别代表两国政府签订关于中国政府帮助阿富汗政府建设一个拥有2万5000个纱锭的棉纺、印染厂和一个日产能力为8吨的造纸厂的换文。[③]

据苏联解密档案称："在达乌德时期，阿富汗与中华人民共和国的经贸关系进一步发展。双方开始建设喀布尔造纸厂、坎大哈医院等。中国人开始给达乌德政权施加压力，在对苏保持积极中立的情况下计划使其转向西方。中国人特别关注使阿富汗与巴基斯坦接近。"[④] "经济援助的性质是中国正在执行的政策的一部分，该政策主要贯彻到阿富汗。例如，中国专家参加建设坎大哈医院，特别关注做那些定居在中央阿富汗区的哈扎尔人的工作，经常穿过阿富汗南部地区去哈扎尔人散居的地方，那里有自己的文化。在达乌德时期曾创建了一些亲北京的小组，驻喀布尔的北京代表团就依靠他们。"[⑤]

除了中国援建阿富汗各种项目以外，中国还对阿富汗灾民进行捐赠。1976年4月下旬，阿富汗的一些地区遭受洪水和地震的灾害，当

---

① 参见新华社："阿富汗副总理沙尔克接见我技术人员"，《人民日报》1974年10月8日，第6版。

② 参见新华社："阿富汗一医院建设工程举行开工仪式"，《人民日报》1976年7月6日，第5版。

③ 参见新华社："我帮阿富汗建设棉纺和造纸厂的换文签字"，《人民日报》1976年9月7日，第5版。

④ 沈志华主编：《俄罗斯解密档案选编 中苏关系》第12卷，东方出版中心2015年版，第303页。

⑤ 同上。

地人民的生命和财产遭到了损失。1976年5月10日，中国红十字会打电报给阿富汗红新月会，对阿富汗发生地震和水灾地区的人民表示深切慰问，并且决定赠送药品一吨给阿富汗，以帮助灾区民众克服暂时困难。[①]

与此同时，中阿两国经贸往来继续进行。1975年5月11日，中国和阿富汗在喀布尔签订了1975年的换货议定书。[②] 1976年5月31日，由阿富汗商业部副部长穆罕默德·阿扎姆·阿齐米率领的阿富汗政府贸易代表团应中国外贸部的邀请进行友好访问并商签中阿1976年度换货议定书。[③] 6月5日，中国外贸部副部长柴树藩和阿富汗商业部副部长穆罕默德·阿扎姆·阿齐米分别代表本国政府签订了中华人民共和国政府和阿富汗共和国政府1976年度换货议定书。[④] 1977年4月，中国外贸部副部长柴树藩率领的贸易代表团访阿。13日，柴树藩和阿富汗商业部副部长哈米杜拉·塔尔齐分别代表本国政府，签订了中阿两国的贸易和支付协定以及1977年的换货议定书。[⑤] 1978年3月19日，由阿富汗商业部长穆罕默德·汗·加拉拉尔率领的阿富汗政府贸易代表团访华。3月21日，中国外贸部部长李强和阿富汗政府贸易代表团团长、商业部长穆罕默德·汗·加拉拉尔，分别代表本国政府签订中华人民共和国政府和阿富汗共和国政府1978年度换货议定书。[⑥] 3月22日，中国国务院副总理余秋里会见了由穆罕默德·汗·加拉拉尔率领的阿富汗政

① 参见新华社："中国红十字会致电慰问阿富汗受灾地区人民"，《人民日报》1976年5月11日，第4版。

② 参见新华社："我国和阿富汗签订今年换货议定书"，《人民日报》1975年5月12日，第5版。

③ 参见新华社："阿富汗政府贸易代表团到京"，《人民日报》1976年6月2日，第4版。

④ 参见新华社："中国阿富汗一九七六年度换货议定书在京签字"，《人民日报》1976年6月6日，第4版。

⑤ 参见新华社："我政府贸易代表团结束对阿富汗友好访问"，《人民日报》1977年4月16日，第5版。

⑥ 参见新华社："中国和阿富汗政府年度换货议定书签字"，《人民日报》1978年3月22日，第4版。

府贸易代表团。[①]

此外，两国各类代表团也时有往来。1975年8月，以徐少华为领队的中国河北足球队访问阿富汗。[②] 访问期间中阿足球运动员共进行了四场友好比赛。阿富汗—中国友好协会会长苏尔坦·马哈茂德·加齐、阿富汗奥林匹克联合会主席阿卜杜勒·瓦希德·埃特马迪还分别设宴欢迎中国河北足球队。[③] 1975年12月，以乔晓光为团长的中国人民对外友好协会代表团访问阿富汗。1976年7月，以禹文淮为领队、衣丰为副领队的中国男子篮球队，对阿富汗的友好访问。在阿富汗访问期间，中国男子篮球队同阿富汗男子篮球队一共举行了三场友谊比赛。阿富汗第一副总理穆罕默德·哈桑·沙尔克接见了中国篮球队。阿富汗—中国友好协会会长苏尔坦·马哈茂德·加齐和阿富汗奥林匹克联合会主席阿卜杜勒·瓦希德·埃特马迪也分别接见了中国篮球队的全体成员。[④] 1976年8月20日，中国新疆维吾尔自治区歌舞团访问阿富汗。8月21日晚，中国新疆维吾尔自治区歌舞团在阿富汗首都喀布尔举行首场演出。歌舞团在阿富汗访问期间共举行了五场演出。[⑤] 1976年10月底11初，阿富汗中国友好协会会长、阿富汗民航和旅游总局局长苏尔坦·马茂德·加齐率领的阿中友协代表团访华。

但综观达乌德执政时期，中阿关系比之前有着一定后退，且主要是中方主动开展活动，但毕竟双方维持着友好关系。而且，在适当的时候，阿富汗也会采取一些举措推动一下中阿关系。比如，这一时期

---

① 参见新华社："余秋里副总理会见阿富汗政府贸易代表团 加拉拉尔团长举行答谢宴会"，《人民日报》1978年3月23日，第4版。

② 参见新华社："河北足球队在阿富汗举行首场友谊赛"，《人民日报》1975年8月15日，第6版。

③ 参见新华社："河北足球队访问阿富汗后回国"，《人民日报》1975年8月29日，第5版。

④ 参见新华社："我男子篮球队访问阿富汗后回国"，《人民日报》1976年7月27日，第5版。

⑤ 参见新华社："新疆歌舞团结束对阿富汗的友好访问"，《人民日报》1976年8月28日，第5版。

阿富汗对中国开展的“吊唁外交”。1975年、1976年前后，中国不少领导人逝世。阿富汗就趁此机会，展露善意。1975年4月5日，阿富汗共和国国家元首穆罕默德·达乌德致电周恩来总理，对董必武副委员长的逝世表示深切的哀悼。[①] 4月7日，阿富汗政府官员和友好人士前往中国驻阿富汗大使馆吊唁董必武副委员长逝世。[②] 1975年12月22日，阿富汗第一副总理穆罕默德·哈桑·沙尔克，武装部队总参谋长阿卜杜勒·卡里姆·穆斯塔格尼以及其他军政官员和各界友好人士，“到中国驻阿富汗大使馆吊唁康生同志逝世”。[③] 穆罕默德·哈桑·沙尔克还专门致电朱德委员长，“对康生同志的逝世表示深切哀悼”。[④]

1976年1月8日，时任中国国务院总理周恩来逝世。第二天阿富汗国家元首兼总理达乌德就致电中国最高领导人毛泽东主席表示慰问和哀悼，称：“他的去世是中国政府和人民的巨大的国家损失，而且使全世界和所有像我这样曾愉快地认识他的人感到悲痛。他不仅是亚洲的一位卓越的政治家，也是当代国际上一位著名的伟大人物。”[⑤] 1月14日，阿富汗总统特别顾问穆罕默德·纳伊姆、政府第一副总理穆罕默德·哈桑·沙尔克和第二副总理赛义德·阿卜杜拉就周恩来总理逝世到中国驻阿富汗大使馆吊唁。到中国大使馆吊唁的还有阿富汗总参谋长阿卜杜勒·卡里姆·穆斯塔格尼和其他高级将领及各界友好人士。[⑥]

1976年7月6日，时任全国人大常委会委员长朱德逝世。1976年7月11日，阿富汗第一副总理穆罕默德·哈桑·沙尔克、第二副总理赛

---

① 参见新华社：“阿富汗国家元首达乌德的唁电”，《人民日报》1975年4月7日，第5版。

② 参见新华社：“阿富汗官员到我使馆吊唁”，《人民日报》1975年4月9日，第5版。

③ 参见新华社：“阿富汗领导人到我使馆吊唁”，《人民日报》1975年12月25日，第5版。

④ 参见新华社：“阿富汗副总理、日本众参两院副议长、莫桑比克解放阵线副主席和苏丹社会主义联盟中央分别发来唁电”，《人民日报》1976年1月4日，第6版。

⑤ 穆罕默德·达乌德：“阿富汗总统达乌德的唁电”，《人民日报》1976年1月12日，第4版。

⑥ 参见新华社：“阿富汗、日本、巴基斯坦、菲律宾、斯里兰卡、叙利亚领导人和友好人士到我使馆吊唁”，《人民日报》1976年1月16日，第5版。

义德·阿卜杜拉到中国驻阿富汗大使馆哀悼朱德委员长逝世。到中国大使馆吊唁的还有阿富汗部长、高级军政官员。[①]

1976年9月9日，中国最高领导人毛泽东主席逝世。1976年9月10日，阿富汗国家元首兼总理穆罕默德·达乌德就致电中国国务院总理华国锋，对毛泽东主席的逝世“谨表示我本人以及阿富汗政府和人民的深切和衷心的悲痛”。称毛泽东主席“不仅是一位最伟大的亚洲政治家和一位最杰出的国际人物，而且他的名字将载入贵国的史册”。[②] 9月11日，阿富汗共和国领导人穆罕默德·纳伊姆、第一副总理穆罕默德·哈桑·沙尔克、武装部队总参谋长吴拉姆·海德尔·拉苏利等到中国驻阿富汗大使馆，哀悼毛泽东主席逝世。穆罕默德·纳伊姆还在吊唁簿上题词。到中国大使馆吊唁的还有政府部长、高级军政官员、知名人士、阿中友协主席、学生以及许多国家驻阿富汗的外交使节。9月11日和12日，阿富汗下半旗为毛泽东主席逝世志哀。[③]

第二节　阿富汗人民民主党的政变与中阿关系的紧张（1978—1979）

一、阿富汗人民民主党的政变

达乌德上台之前，尽管阿富汗国王查希尔一度打算在中立外交的基础上向西方靠拢，但苏联已经不仅是向阿富汗提供援助最多的国家，而且也是阿富汗最大的贸易伙伴。另外，“阿富汗的武装部队是由苏联人训练的，所配备的也大都是苏制武器”。[④] 在苏联的幕后指挥及阿富

① 参见新华社：“阿富汗领导人到我使馆吊唁”，《人民日报》1976年7月23日，第5版。

② 穆罕默德·达乌德：“阿富汗国家元首兼总理达乌德的唁电”，《人民日报》1976年9月13日，第8版。

③ 参见新华社：“阿富汗领导人到我使馆吊唁”，《人民日报》1976年9月17日，第9版。

④ “印度《联系》周刊关于阿富汗的一篇特稿：‘在敏感地区发生的重大变化’”，《参考消息》1973年8月6日，第3版。

汗国内亲苏势力的策动下，1973年，达乌德依靠一些在苏联受过训练的军官发动政变成功。政变后成立的中央委员会，主要成员由亲苏的自称以马克思列宁主义为指导思想的阿富汗人民民主党“旗帜派”成员组成。

达乌德上台之初，阿富汗与苏联的关系更是比较密切。1973年7月22日，苏联《真理报》公开发表评论称：“苏联人对阿富汗发生的政治变化不会漠不关心。它不仅是我们的南邻（同苏联有着2000公里的共同边界），而且是同我们友好的国家和同我们友好的人民。”[①] 1973年8月8日，苏联同阿富汗就签署了一项协定。根据这项协定，苏联将提供300万卢布的援助。[②] 1973年9月，阿富汗国家元首兼总理穆罕默德·达乌德的特使纳伊姆访苏。9月11日，苏共中央总书记勃列日涅夫在克里米亚接见了纳伊姆。[③] 1974年6月，阿富汗国家元首兼总理达乌德访问苏联。苏联同意为阿富汗提供七年计划巨额贷款，支持阿富汗“普什图尼斯坦问题”的立场。达乌德一反此前阿富汗国王的反对态度，宣布支持苏联的亚洲安全体系的主张。6月5日，阿富汗《共和国日报》发表一篇社论，公开称赞：“达乌德总统的苏联之行，将是两国一个世纪来一直保持着政治关系和友谊，以及两国在经济技术领域内进行着广泛和有效的合作的历史中，所采取的又一个积极的步骤。”[④] 同月，“苏联已答应在进行21项工程项目方面给予经济和技术合作，这些工程包括灌溉和发电工程，建立炼铜厂，扩大化肥的生产和扩大热电站，修建粮秣库，轧棉和纺织厂，以及建设机场和其他项目”，“苏联还表示愿意为加强阿富汗共和国的财政地位提供财政帮助。苏联还

① “苏《真理报》发表评论称：苏联人不会对阿富汗的政治变化漠不关心”，《参考消息》1973年7月24日，第3版。

② 参见“巴民族人民党头目比曾乔等被捕”，《参考消息》1973年8月21日，第3版。

③ 参见“勃列日涅夫接见阿富汗元首特使”，《参考消息》1973年9月14日，第3版。

④ “阿富汗《共和国日报》社论：‘总统兼总理访问苏联’”，《参考消息》1974年6月11日，第3版。

推迟阿富汗偿还苏联根据各种经济和技术援助协定提供给阿富汗的一亿卢布的贷款”。[①] 此外，“俄国把向阿富汗购买天然气的价钱几乎提高了一倍”。[②]

但达乌德毕竟是一个民族主义者，他绝不甘心充当苏联的傀儡。因此，为巩固统治，达乌德对阿富汗内部的两派即“支持旧王制的伊斯兰教阿訇、地主和一部分商人等保守派”，“曾在苏联受过教育的年轻军官等急进派”各个击破。[③] 1973年9月，达乌德政权宣称：“粉碎了一次反政变阴谋，逮捕了一些人，包括一名前首相和前空军司令。”“被捕的人包括前阿富汗空军司令、已退役的将军阿卜杜勒·拉扎克，前首相穆罕默德·迈万德瓦尔和前省长汗·穆罕默德。”达乌德决定：“不论是军人或文职人员，都由军事法庭审判。”[④] “结果是前首相穆罕默德·迈万德瓦尔自杀，包括空军司令在内的21名被告不是被枪决就是判了徒刑。”[⑤] 而据1974年7月17日英国《金融时报》报道：“几星期前，他抢先压制了来自穆斯林兄弟会和年轻军官内的极左翼的反对势力，逮捕了大约200人（据在喀布尔的人目前的估计）。四月间，他在空军高级军官中间进行过一次更为严重的清洗，目标是共产党内的持反对态度的激进派。”[⑥] 1974年8月，阿富汗又宣布“粉碎了推翻阿富汗政府的一个阴谋，军事法庭将其领导人判处死刑”，“参加这次阴谋的另外11人（大多数是陆军军官）被判处三年到无期的徒刑”。[⑦] 到

① “阿富汗计划部长说苏答应援助阿二十一个项目”，《参考消息》1974年6月14日，第3版。

② 参见“英报报道：‘俄国以加倍价钱购买阿富汗天然气’”，《参考消息》1974年7月14日，第3版。

③ “《朝日新闻》报道：‘摸索前进道路的阿富汗’”，《参考消息》1974年2月17日，第3版。

④ “阿富汗电台宣布：阿政府逮捕前首相和前空军司令等人”，《参考消息》1973年9月24日，第3版。

⑤ “慢速度的革命”，《参考消息》1974年7月31日，第3版。

⑥ 同上。

⑦ “外电报道：阿富汗又有人发动政变未遂”，《参考消息》1974年8月27日，第3版。

1975年11月，“在外界不知不觉的情况下”，“在那次政变中显赫一时的由苏联训练出来的年轻军官已失去了权力，在1973年被他们关起来的王族和文官政府的成员，上个月被释放出来了”。[①] 达乌德“已设法做到把一切权力都集中在自己手中，而使那个策划了这场政变的中央革命委员会成为有名无实的机构”。[②] 1976年12月，阿富汗政府又宣布粉碎了一次试图“推翻阿富汗总统达乌德”的阴谋，“阿富汗有50多人被捕”，其中“有一批数目不详的人是军人”。[③]

在对外关系上，达乌德对苏联的离心倾向不断加强。他一方面加强与美国等大国的关系，力图在美苏大国之间搞平衡，试图“从他开头采取的亲莫斯科路线摆回到他的国家传统的中立主义上去”。[④] 达乌德曾表示：“当他用苏联的火柴点燃美国香烟时，他感到最愉快。”[⑤] 1974年11月，基辛格访问阿富汗。“基辛格进行这次访问是为了加强美国对独立的阿富汗的支持。”[⑥] 1976年6月，纳伊姆以阿富汗总统特使的身份访问美国。1976年8月，基辛格再次访问阿富汗，同达乌德进行了会谈，“继续为抵销苏联在这个国家的强大影响而努力”。[⑦] 1977年，美国还正式邀请达乌德于1978年9月访美（后因1978年4月政变未成行）。[⑧]

另一方面，他大力发展与第三世界国家特别是穆斯林国家的关系。到1974年12月，“伊斯兰国家的团结已产生了初步的效果。伊朗已送了1000万美元（可能增加到2000万美元）作为经济计划的研究费，并

① “美报文章‘阿富汗同苏联勾搭的热情可能冷下来了’”，《参考消息》1975年12月8日，第3版。

② “英国《外事报道》文章：‘阿富汗踩钢丝’”，《参考消息》1974年12月4日，第3版。

③ “阿富汗政府逮捕一批反达乌德分子”，《参考消息》1976年12月20日，第3版。

④ “英国《外事报道》文章：‘阿富汗踩钢丝’”，《参考消息》1974年12月4日，第3版。

⑤ “伊朗《世界报》评阿富汗政变文章：‘突变’”，《参考消息》1973年7月21日，第3版。

⑥ “基辛格访问阿富汗并发表联合声明”，《参考消息》1974年11月4日，第1版。

⑦ “基辛格先后到阿富汗、巴基斯坦访问”，《参考消息》1976年8月10日，第1版。

⑧ 参见王凤：《阿富汗志》，社会科学文献出版社2007年版，第341页。

且愿意以非常优厚的条件为实行这些计划提供10亿到20亿美元的贷款。科威特提供了68万美元的技术援助赠款，并且已经答应提供3亿到4亿美元的贷款。沙特阿拉伯表示愿意提供1000万到5500万美元的贷款。伊拉克提供了1200万美元的贷款”。① 1975年3月，达乌德访问印度。同月，他又访问了孟加拉国。1976年7月16日，达乌德为庆祝共和国日发表了广播讲话，重申："阿富汗政府的外交政策是中立、不结盟和对国际事务的自由判断。"他表示："阿富汗是不结盟国家的一员，并且属于长期遭受殖民主义和帝国主义损害和摧残、现在已经觉醒了的第三世界。"② 1977年，达乌德总统不仅在对外讲话中反复强调"阿富汗属于第三世界，是发展中的国家，同一切爱好和平的国家发展友好关系"。而且，阿富汗政府加强了同第三世界国家的友好往来和经济技术合作。据不完全统计，阿富汗同19个国家进行了副部长以上官员的互访，同20多个国家签订了36项经济技术、文化卫生和交通运输协定以及双边贸易协定。阿富汗特别重视发展同第三世界国家的友好往来，先后派出各种政府代表团访问了伊朗、印度、孟加拉、伊拉克、科威特、沙特阿拉伯、阿拉伯联合酋长国、阿尔及利亚、罗马尼亚等国；同时，又邀请了许多国家政府代表团访问阿富汗。③

此外，达乌德政权也重视发展与第二世界国家的关系。据1977年11月6日《喀布尔时报》报道，阿富汗积极扩大和欧洲共同市场的商业联系。报道说，阿富汗已和欧洲共同市场的意大利、英国、法国和荷兰的公司签订了协定，总额达到64万美元。根据协定，这些欧洲国家将购买阿富汗的地毯、皮革、葡萄干、阿月浑子（一种干果）和手工

① "法新社评阿富汗和巴基斯坦的关系"，《参考消息》1975年1月3日，第3版。

② 新华社："阿富汗庆祝共和国日"，《人民日报》1976年7月25日，第5版。

③ 参见"开展友好往来 改善邻国关系 加强经济合作 阿富汗积极发展同第三世界国家关系"，《人民日报》1978年1月20日，第5版。

艺品等。法国、英国和荷兰公司还购买了阿富汗的棉花。[①]

达乌德的种种表现，引起了苏联的不安。1975年12月，苏联最高苏维埃主席团主席波德戈尔内访问阿富汗，以“设法加强苏联在阿富汗的传统影响”。在访阿期间，波德戈尔内和达乌德签署了关于延长1963年6月24日苏联和阿富汗之间中立和互不侵犯条约有效期的议定书，决定延长该条约有效期10年。[②] 此次访问发布的苏联阿富汗公报表示：“继续大力发展苏阿友好关系以及两国在政治、贸易与经济、文化和其他方面的有效合作。”[③] 但苏联并未消除疑虑。

而此后达乌德的做法超出了苏联的容忍限度。1977年1月，达乌德主持召开了支尔格大会。会上，他不仅当选为阿富汗共和国首届总统，而且通过了一部新的宪法。宪法规定，“民族革命党”为阿富汗唯一合法政党，实际上不仅将阿富汗人民民主党“旗帜派”清洗出了政权，而且取缔了阿富汗人民民主党。1977年4月，阿富汗总统达乌德再次访问苏联，与苏共中央总书记勃列日涅夫、最高苏维埃主席团主席波德戈尔内、部长会议主席柯西金和苏联外交部长葛罗米柯等进行了会谈。苏联的媒体宣称：“会谈期间就涉及苏阿关系现状的广泛问题交换了意见。一致指出，传统睦邻的两国关系正在顺利发展，具有良好的前景。双方表示愿意采取必要的措施，以便使两国平等互利的合作不断丰富和加强，以利于苏联和阿富汗两国人民。”[④] 但实际在会谈中，在勃列日涅夫要求达乌德将美国顾问统统赶出阿富汗之时，达乌德重申了阿富汗的不结盟立场，表达了不允许苏联发号施令的想法。

---

① 参见新华社：“第三世界同第二世界发展互利合作关系 阿富汗扩大同共同市场商业联系 莫桑比克接受北欧五国的农业援助 塞内加尔和毛里塔尼亚分别同荷兰西班牙进行经济技术等合作”，《人民日报》1977年11月10日，第6版。

② 参见“波德戈尔内到阿富汗访问”，《参考消息》1975年12月11日，第3版。

③ “波德戈尔内结束访问阿富汗并发表公报”，《参考消息》1975年12月12日，第3版。

④ “塔斯社报道：‘阿富汗总统到达莫斯科’”，《参考消息》1977年4月14日，第1版。

从而使双方不欢而散。[①] 这也更坚定了苏联“换马”倒达的决心。于是，苏联促使了阿富汗人民民主党内部的“人民派”和“旗帜派”的联合，并加紧了政变的准备。

达乌德对政变的阴谋有所察觉，但他的过于自信使他丧失了机会。阿富汗人民民主党“人民派”趁机加强在军队中的工作，在中下级军官中大力发展党员和培植党的支持者，实际掌控了大量部队的指挥权和支配权。当达乌德预感不妙之时，为时已晚。1978年4月27日，阿富汗人民民主党发动政变推翻了达乌德政府，达乌德全家遇害。4月30日，阿富汗民主共和国宣布成立，并成立最高权力机关革命委员会。阿富汗人民民主党主席、“人民派”领袖努尔·穆罕默德·塔拉基任革命委员会主席兼总理。阿富汗人民民主党“旗帜派”领袖巴布拉克·卡尔迈勒为革命委员会副主席兼副总理。阿富汗新政权一成立，当即得到苏联的承认。4月30日，苏联第一个承认了阿富汗新政权。随后，5月1日，和苏联关系密切的保加利亚、古巴、印度等国也承认阿富汗新政权。

政变当天，革命委员会就发布公告，宣布“它的对外政策是奉行不结盟、支持世界和区域和平以及在和平共处的基础上与所有国家保持友谊”。[②] 新政权还否认了苏联支持发动政变的说法。政变的主要领导者之一卡迪尔在政变后第一次接见记者时说，革命者的目标是建立“民主政体”和“实现人民的意愿”。“我们的运动是一场民主的和阿富汗式的运动，是自发地形成的。”阿富汗驻巴基斯坦的外交官还受权澄清“西方报纸和电台所谓喀布尔新政权的共产党根源和有苏联支持的消息”。表示：“剥夺前总统达乌德的权力是因为他未能履行他作出的实现民主的诺言，以及未能实现阿富汗人民的愿望。”“前总统成了既

① 参见彭树智：《阿富汗史》，陕西旅游出版社1993年版，第324页。

② “阿富汗政变当局宣布将执行的内外政策”，《参考消息》1978年4月29日，第1版。

得利益集团的工具。"[①] 5月4日，塔拉基更是发表谈话强烈否认新政权的亲苏倾向和"共产主义"性质。[②] 他表示："使用共产党政府这个词完全不当。政府也不是亲苏的。""阿富汗从来没有一个以共产党为名的政党。""国家将在不结盟的原则范围内奉行积极的中立政策。"[③] 5月6日，塔拉基在新政府组成后举行的第一次记者招待会上正式表示："阿富汗新政府将奉行独立和不结盟的外交政策。""表示希望同所有国家友好，希望同邻国建立良好的关系。"[④] 苏联也一度撇清与阿富汗新政权的关系。莫斯科电台声称，西方报界说俄国人直接卷入了4月27日推翻和杀害阿富汗总统达乌德的事件，这是"恶毒的谎言，其目的在于诽谤苏联的政策，而苏联的政策是建立在权利平等和不干涉别国内政这样一些不可动摇的原则之上的"。[⑤]

在此情况下，不仅不能确定塔拉基政权是否是"共产主义政府"，而且"态度暧昧有可能促使阿富汗新制度变得像古巴那样完全依赖莫斯科"[⑥]，因此到5月6日，以美国为首的西方国家和穆斯林国家如巴基斯坦、土耳其、意大利、英国、西德、伊朗等还是先后承认阿富汗新政权。

二、中阿关系的紧张与中国改善中阿关系努力的失败

在这次政变中，中国驻阿使馆遭受池鱼之灾。由于使馆与阿富汗总统府仅一墙之隔，总统府是政变战斗最激烈的地区，炮弹在使馆周围不断爆炸，子弹、弹片不断击中墙壁和窗户，中国使馆外墙被炸了

---

① "卡迪尔说阿富汗军队完全控制着局势"，《参考消息》1978年5月5日，第3版。

② 参见黄民兴：《阿富汗问题的历史嬗变》，中国社会科学出版社2013年版，第191页。

③ "外电报道阿富汗新总统塔拉基的谈话"，《参考消息》1978年5月7日，第3版。

④ 新华社："阿富汗总理谈新政府对外政策"，《人民日报》1978年5月9日，第6版。

⑤ "英《外事报道》文章：'克格勃策划了阿富汗政变吗？'"，《参考消息》1978年6月28日，第3版。

⑥ ［俄］A.利亚霍夫斯基著，刘宪平译：《阿富汗战争的悲剧》，社会科学文献出版社2004年版，第32页。

一个大洞，并将一名中国外交人员震伤。[①] 5月7日，“应阿富汗民主共和国政府的要求”，中国也承认了阿富汗新政府。5月8日，中国外交部副部长章文晋约见阿富汗民主共和国驻华大使阿齐姆，面交了承认照会。[②] 5月16日，塔拉基接见了中国驻阿大使黄明达。“他表示希望阿富汗和中国之间已经存在的友谊将进一步得到加强和发展。”[③] 之所以中国承认阿富汗新政府较迟，据外媒报道：“中国所以从容不迫地承认阿富汗新政府是为了等待它发表说明它打算采取的政策的声明。”“中国承认的出发点是希望同第三世界所有国家保持最好不过的关系，即使同那些中国认为偏向苏联的国家也是如此。阿富汗从政变以来的情况似乎就是这样。”“中国作出承认塔拉基政府的决定反映了它希望不要退出一个它已经发动了重大外交攻势的地区，目的是挫败它所认为的苏联包围它的计划。”[④] 而据美国国防情报局判断：“塔拉基的上台令北京不安，因为领导层不清楚这位新首相在多大程度上倾向苏联。”[⑤]

尽管阿富汗新政权一再宣称将奉行独立和不结盟的外交政策，多次表示“同中国有着友好的关系，并希望这种关系将来会得到发展”[⑥]，但它很快暴露了其亲苏反华的本质。在对外关系上，塔拉基政权采取了一系列亲苏的举措。5月9日，塔拉基在一次广播讲话中明确表示，“同其他所有国家的关系将取决于它们对他的人民民主党政府的态度”。他的政府希望“加强和扩大同北部的伟大邻国苏联的友好关系”。[⑦] 5月

---

① 参见马行汉主编：《外交官谈阿富汗》，世界知识出版社2002版，第34页。

② 参见新华社：“我国政府承认阿富汗民主共和国”，《人民日报》1978年5月9日，第4版。

③ 新华社：“塔拉基主席兼总理接见我驻阿富汗大使”，《人民日报》1978年5月18日，第5版。

④ “法新社评论我承认阿富汗新政府”，《参考消息》1978年5月10日，第3版。

⑤ 沈志华、杨奎松主编：《美国对华情报解密档案（1948—1976）》第6册，东方出版中心2009年版，第553页。

⑥ 沈志华主编：《苏联历史档案选编》第32卷，社会科学文献出版社2002年版，第44页。

⑦ “阿富汗新总统塔拉基说：阿新政府希望加强和扩大同苏联的关系”，《参考消息》1978年5月12日，第3版。

17日，阿富汗民主共和国副总理兼外长哈菲祖尔·阿明访问苏联。5月18日，苏共中央政治局委员、苏联外长葛罗米柯接见了阿明。阿明转交了阿富汗民主共和国革命委员会主席兼总理塔拉基致苏共中央总书记、苏联最高苏维埃主席团主席勃列日涅夫的一封信。而且，“阿明以阿富汗民主共和国领导人的名义，对苏联广泛和有效地帮助发展阿富汗的经济，帮助培训本国干部予以高度评价，并表示，确信阿富汗民主共和国和苏联之间的全面合作将得到加强和扩大”。[①] 在阿明访苏期间，阿富汗同苏联在喀布尔签订了五项关于苏联向阿富汗提供贷款和技术设备等的协定。[②]

此后，随着顾问、军事教官和武器装备源源不断的到达，苏联在阿富汗的实际势力与日俱长。据英国《卫报》6月29日报道，从五月以来的短短几个星期里，阿富汗已经同莫斯科签订了25个以上的经济和技术协定。[③] 同年6月，苏联还提供了价值2亿5千万美元的军事援助。[④] 到1978年9月，由于俄国军事顾问大批涌入，“苏联把它驻这里的俄国军事顾问的数量至少增加到了3倍”。[⑤] 1978年10月，英国《星期日电讯报》报道：“俄国派到阿富汗去的顾问已达近4000名之多。他们接管了关键的军事职责和政府各部门的高级职务。”“莫斯科又给塔拉基政府运去了包括300辆坦克在内的新的武器补给。”[⑥]

1978年12月4日，塔拉基访苏。这是塔拉基在阿富汗人民民主党

---

① “塔斯社报道苏联阿富汗联合公报”，《参考消息》1978年5月21日，第2版。

② 参见新华社：“阿富汗副总理兼外长阿明访问苏联”，《人民日报》1978年5月21日，第4版。

③ 参见“英报文章：‘阿富汗：苏联通往印度洋的大路’”，《参考消息》1978年7月2日，第1版。

④ 参见［美］沙伊斯塔·瓦哈卜、［美］巴里·扬格曼著，杨军译：《阿富汗史》，中国大百科全书出版社2010年版，第163页。

⑤ “美报文章：‘阿富汗新政权打击政治阴谋和武装抵抗’”，《参考消息》1978年9月28日，第3版。

⑥ “苏给阿富汗一批新坦克”，《参考消息》1978年10月10日，第1版。

政变后的第一次出国访问。12月5日，塔拉基和勃列日涅夫签订了为期20年的苏阿友好、睦邻与合作条约。这个条约被称为是“其目的一方面是为了抵制西方的影响而加强苏联的地位，另一方面又是针对着莫斯科的仇敌中国最近采取的外交行动的”。[①] 此外，还签署了一项建立一个负责处理苏联—阿富汗经济合作问题的常设委员会的协议。此后，阿富汗和苏联在一系列重大国际问题上都表示同莫斯科“站在同一条战线上”，如赞成苏联“亚洲安全体系”的主张，表示要同越南“采取共同立场”，等等。

尽管苏联给予阿富汗大量人力、物力及财力的援助，但阿富汗人民民主党施行超越阿富汗社会发展阶段的激进政策如土地改革等导致了反政府的武装叛乱愈演愈烈。而这又导致苏联进一步加强对阿富汗的援助，也越来越使阿富汗政府沦为苏联的傀儡。随着苏联对阿富汗援助和控制的加强，塔拉基政权开始跟随苏联反华，影射攻击中国，并要求中国新华社驻阿分社发稿前需送审稿件，并限制中国记者的活动。此外，阿富汗对中美建交颇为不满，模仿着苏联的腔调对中国进行攻击。阿富汗还允许访阿的古巴外长在宴会上对中国进行攻击，并全文广播其讲话。对此，中国驻阿富汗大使黄明达于1978年12月5日，奉命向阿外交部副部长杜斯特表示遗憾，指出阿方此举不利于中阿友好。[②]

从1979年初开始，塔拉基政府更加倒向苏联，进一步反华，甚至发展到指名攻击、造谣和诬蔑。1979年2月，阿富汗政府发表声明，谴责中国“侵略”越南。[③] 1979年3月17日，苏联政治局常委召开紧急会议。会上，政治局高级委员A. P. 基里连科在总结阿富汗局势的时候表

① “美报评苏联阿富汗条约”，《参考消息》1978年12月9日，第3版。

② 参见马行汉：《漫谈中国与阿富汗友好关系(上)》，山东省人民政府外事办公室网站，http://www.sdfao.gov.cn/art/2010/5/15/art_338_4311.html，2010年5月15日。

③ 参见彭树智：《阿富汗史》，陕西旅游出版社1993年版，第384页。

示，“不仅巴基斯坦军队，中国、美国和伊朗”都参与了对“一伙蓄意破坏分子和恐怖分子”的军事训练并向他们提供了武器。[①] 在3月19日的苏联政治局会上，葛罗米柯认为，阿富汗的局势，“中国、巴基斯坦和伊朗都在其中扮演了比过去更为积极的角色”。[②] 同月，苏联《真理报》和《消息报》接连发表文章，诬蔑伊朗、巴基斯坦、中国等国家“干涉阿富汗内政”。“这两家报纸19日造谣说，喀喇昆仑公路正被利用来运输来自中国的武器弹药和宣传品以便在阿富汗进行颠覆活动，并声称中国教官训练阿富汗游击队。”[③] 4月24日，苏联最高苏维埃主席团召开会议。这次会议讨论和批准了1978年12月5日在莫斯科签订的苏联、阿富汗“友好、睦邻与合作条约”。在这次会议上，苏联领导人一面宣称苏阿条约“不是针对任何其他国家的”，一方面又利用批准条约的机会反华。他们“诽谤”中国搞“霸权主义”，说这一条约是“北京在亚洲和全世界推行霸权主义的严重障碍”。[④] 苏联还认为，在1978年4月阿富汗人民民主党政变后，美国和中国勾结起来，共同装备雇佣兵匪徒，直接以武力威胁着阿富汗的安全，而且美国、中国、巴基斯坦和埃及等国在巴基斯坦的基地和据点中培训大量恐怖分子和军队，以“把阿富汗变成侵略与其有着2000公里边界的苏联的基地”。[⑤] 1979年5月，苏联塔斯社的报道“社会主义大家庭负责联合国教育、科学和文化组织事务的各国委员会”在蒙古召开协调局会议的消息中写道：“阿

① 参见［美］梅尔文·P. 莱弗勒著，孙闵欣、廖蔚莹、朱正、王敏、钟远译：《人心之争：美国、苏联与冷战》，华东师范大学出版社2012年版，第295—296页。

② ［美］梅尔文·P. 莱弗勒著，孙闵欣、廖蔚莹、朱正、王敏、钟远译：《人心之争：美国、苏联与冷战》，华东师范大学出版社2012年版，第299页。

③ 新华社：“阿富汗穆斯林武装同政府军的战斗继续扩大”，《人民日报》1979年3月24日，第5版。

④ 新华社：“苏联批准苏阿条约控制阿富汗 乘机鼓吹‘亚安体系’煽动反华”，《人民日报》1979年4月23日，第5版。

⑤ 沈志华主编：《俄罗斯解密档案选编：中苏关系（1945—1991）》第12卷，东方出版中心2015年版，第293页。

富汗代表第一次参加了这次会议”，正式把阿富汗算作以苏联为首的“社会主义大家庭”的一员。[①]

阿富汗领导人、政府和官方宣传机构紧随其后，多次无中生有地诬称中国干涉阿富汗内政。1979年3月，阿政府发表公报，攻击中国派遣教官训练阿游击队，并向他们提供武器和财政援助。[②]6月7日，阿富汗电视台在新闻节目中通过两个“被俘人员”之口，“竟无中生有地诬我训练阿反政府武装力量，并把他们派回阿进行破坏活动，杀人、放火”。为此，1979年6月21日，中国外交部副部长韩念龙约见阿富汗驻华使馆临时代办阿卜杜尔·拉梯夫·阿齐齐，就阿富汗不断对中国进行影射或指名攻击，代表中国政府向阿富汗政府提出口头抗议。[③]这是中阿关系史上，中国第一次向阿富汗政府提出抗议。6月27日，阿外交部副部长约见中国驻阿富汗大使馆临时代办，拒绝中国的口头抗议，表示关于阿富汗报道的新闻是根据苏联和西方的报道。中国驻阿富汗大使馆临时代办当即给予了驳斥。[④]此后，中阿关系明显冷淡起来。1979年7月24日，阿富汗外交部以“这三个国家支持威胁着阿富汗中央政府的部落骚乱”为由，向美国、中国和巴基斯坦等国驻阿使馆发出了照会，要求“大大”“削减它们驻喀布尔使馆的人员”。“自从去年四月政变以后委派到阿富汗的一切人员都要撤回去。”[⑤]

1979年9月阿明政变后，最初其对华政策也基本延续了塔拉基时期。在阿明发动政变之时，阿富汗政府对中国驻阿使馆戒备森严，在

① 参见雪元：“苏联干涉阿富汗自食其果”，《人民日报》1979年6月29日，第6版。

② 参见马行汉：《漫谈中国与阿富汗友好关系(上)》，山东省人民政府外事办公室网站，http://www.sdfao.gov.cn/art/2010/5/15/art_338_4311.html，2010年5月15日。

③ 参见新华社：“韩念龙副外长抗议阿富汗对我国的攻击”，《人民日报》1979年6月22日，第6版。

④ 参见马行汉：《漫谈中国与阿富汗友好关系（上）》，山东省人民政府外事办公室网站，http://www.sdfao.gov.cn/art/2010/5/15/art_338_4311.html，2010年5月15日。

⑤ “路透社报道：阿富汗当局要美中巴削减驻阿使馆人员”，《参考消息》1979年7月29，第3版。

使馆墙外修建瞭望哨所，监视使馆内的活动。[①] 此后，也对中国进行含沙射影地攻击。1979年9月23日，阿明在上台后的第一次记者招待会上，针对记者所询问的“关于大赦国际所说阿富汗政府自革命成功以来已监禁了1万2000人的事情”，表示，那个设在伦敦的团体“想象力丰富，而且受到北京电台、英国广播公司、美国之音、伊斯兰堡和德黑兰的宣传中心的抚育”。他还谴责了“革命的敌人”在帝国主义者的帮助下，拿着用美元、里亚尔和巴基斯坦卢比买来的中国武器和美国武器企图破坏革命。[②] 阿明与苏联关系恶化后，阿明一度中止了对中国的攻击。1979年9月30日，在中华人民共和国成立30周年之际，阿明给中国全国人大常委会委员长叶剑英和中共中央主席、中国国务院总理华国锋发来贺电，并“希望，我们两国间的传统友谊将继续发展和加强，以利于我们两国人民的利益”。[③]

面对阿富汗种种亲苏反华的言行，中国予以最大限度的克制。据俄罗斯解密档案称，“中国的宣传十分谨慎地评价了事件（即1978年4月政变——著者）和阿富汗民主共和国领导人的方针”。而“塔拉基和阿明政府也表明了对中华人民共和国的谨慎立场”，从而“使得中国人开始采取影响阿明的政策，并通过阿明，阻止阿富汗转向苏联”。为此，中国采取了两手策略：“一方面揭露在亚洲‘苏联扩张威胁论’，采取了直接煽动反政府力量进行游击斗争的政策，给予他们直接的物质和道义支持；另一方面，不公开与喀布尔对抗和决裂，他们没有正式宣告正在执行中的条约无效。此外，在1979年3月，签署了关于建设巴格兰第二期纺织厂的协议，并为此提供总额为1.09亿人民币的新贷款。1979年12月初，双方在喀布尔签署了关于中阿商品流转和供应的备忘录，与之相联系的是完成第二期帕尔旺省灌溉工程。”据此，苏联认为，“北京以

① 参见马行汉主编:《外交官谈阿富汗》，世界知识出版社2002版，第39页。

② 参见“阿明在政变后首次举行记者招待会”,《参考消息》，1979年9月25日，第1版。

③ “哈菲祖拉·阿明：阿富汗领导人阿明的贺电”,《人民日报》1979年10月3日，第5版。

特殊方式承认了阿明政府的政策，并明显暗示两国进一步接近的政策。”[①] 俄罗斯的这一档案虽有不少诬蔑中国的成分，但其中某些方面的确可以看出当时中国的政策，如中国政府的谨慎立场及为改善中阿关系的种种努力。在这种情况下，中国政府仍继续完成了各项援阿项目。苏联入侵阿富汗前夕，1979年11月24日，中国援建的帕尔旺水利灌溉支渠工程全部完成。中国水利专家组于12月回国。[②] 至此，中国援建阿富汗各项工程全部竣工，援阿工程技术人员全部回国。中阿两国贸易也继续进行。1979年，阿富汗同中国进出口贸易总额达到1257万美元。其中，中国对阿出口为567万美元，中国自阿进口590万美元。[③]

但1979年12月苏联入侵阿富汗，彻底使中阿关系走进了死胡同。1979年9月阿明发动政变后，一直对苏联抱有较强的戒心，因此有着摆脱苏联控制的倾向。据苏联克格勃主席克留奇科夫回忆：“阿明很清楚，苏联不把他当朋友，也不会有什么往来，因此，就毫不迟疑地拆掉了所有的‘桥’，开始迫害在阿富汗带有亲苏思想的人士，由他发动的镇压的狂潮席卷全国。”[④] 而且，1979年10月到11月间，苏联情报机构收集到的情报表明，阿明打算尝试改善阿富汗与美国的关系。[⑤] 因此，苏联对阿明的种种表现十分不满，认为“阿明是靠不住的，他随时都有可能倒向西方”，[⑥] 也担心苦心经营20多年的阿富汗转变成敌对

---

① 沈志华主编：《俄罗斯解密档案选编：中苏关系（1945—1991）》第12卷，东方出版中心2015年版，第303—304页。

② 参见长江水利委员会档案馆编：《长江水利委员会大事记》，长江水利委员会档案馆1992年版，第358页。

③ 参见陈一云编：《各国对外经济贸易概况》，华中师范大学出版社1990年版，第124页。

④ ［俄］弗·亚·克留奇科夫著，何希泉等译：《个人档案（1941—1994）：苏联克格勃主席弗·亚·克留奇科夫狱中自述》，东方出版社2000年版，第179页。

⑤ 参见［俄］A.利亚霍夫斯基著，刘宪平译：《阿富汗战争的悲剧》，社会科学文献出版社2004年版，第98页。

⑥ ［俄］A.利亚霍夫斯基著，刘宪平译：《阿富汗战争的悲剧》，社会科学文献出版社2004年版，第100页。

国家，从而严重威胁苏联南面的安全。[①] 因此，1979年12月27日，苏联正式出兵阿富汗。它声称："应阿富汗政府帮助其进行反对华盛顿和北京所煽动的武装干涉行动的邀请，我们根据1978年签署的苏阿友好、睦邻、合作条约第四条的规定[②] 采取了行动"[③]，以"帮助阿富汗进步力量与恐怖和专制作斗争，促使阿富汗国内局势正常化"。[④] 阿明本人被苏军击毙。12月28日，苏联扶植流亡苏联的阿富汗人民民主党原"旗帜派"首领卡尔迈勒组成新政府。这一事件的发生，不仅给阿富汗带来深重灾难，严重地威胁着亚洲与世界和平，而且使苏联自身深陷泥潭并最终走向崩溃，也极大地改变了中阿关系。中国对阿富汗傀儡政权不予承认，中阿外交关系不得不中断。对此，连苏联自己也不得不承认："1979年12月27日发生的事件，给两国关系带来了根本改变。中国官方没有断绝与阿富汗民主共和国的关系，但是实际上不承认卡尔迈勒政府。"[⑤]

小　结

在这一时期，苏联为维护自身的国家利益，不断加大对阿富汗的渗透与控制。而苏联连续二十余年持续不断地对阿援助、培养亲苏阶层，开始收获回报。一旦阿富汗的领导人不甘心受苏联的摆布，不仅

---

① 参见［苏］安·安·葛罗米柯等主编，韩正文等译：《苏联对外政策史·下卷：1945—1980》，中国人民大学出版社1989年版，第682页。

② 该条约第四条规定，苏阿两国"将进行磋商，并经双方同意采取相应措施以保障两国的安全、独立和领土完整"。参见［苏］安·安·葛罗米柯等主编，韩正文等译：《苏联对外政策史·下卷：1945—1980》，中国人民大学出版社1989年版，第680页。

③ 沈志华主编：《俄罗斯解密档案选编 中苏关系》第12卷，东方出版中心2015年版，第293页。

④ ［俄］弗·亚·克留奇科夫著，何希泉等译：《个人档案（1941—1994）：苏联克格勃主席弗·亚·克留奇科夫狱中自述》，东方出版社2000年版，第180页。

⑤ 沈志华主编：《俄罗斯解密档案选编 中苏关系》第12卷，东方出版中心2015年版，第304页。

统治地位，而且性命，均有可能不保。在苏联的操纵下，达乌德、塔拉基、阿明等领导人先后登上阿富汗最高统治者的宝座，又从高位摔落尘埃。因此，对阿富汗的领导者而言，为获致、确保自己的统治地位，不管是情愿，还是被迫，不管是主动，还是被动，苏联始终是不得不迎合或敷衍的对象。阿富汗的中立外交传统开始被打破。因此，在这一时期，阿富汗国内政局的变动及领导人的更迭背后都有苏联的影子。苏联因素成为任何阿富汗领导者制定、颁布、推行政策不得不考量的关键性因素，也成为考量中阿关系的决定性因素。这给其他国家以警醒：任何一个国家的内政外交都不能过于依靠其他国家，而必须以自力更生为主，否则非常有可能陷入万劫不复的境地。

面对苏联对阿富汗渗透、介入的不断加强与露骨，长期与苏联在阿富汗角逐、处于阿富汗中立外交天平的另一端的美国应对不力，在一定程度上纵容了苏联。特别是对1978年阿富汗人民民主党发动政变推翻达乌德。据1978年5月8日美国《华盛顿邮报》报道，在1978年4月阿富汗政变前，伊朗国王和巴基斯坦都曾向美国私下警告说，“阿富汗的中立派政权‘就像熟透了的红苹果一样’要被亲苏的共产党接管”。但美国总统卡特奉行“鸵鸟式的看不到恶事的姿态”，“类似警告对卡特政府完全没有起作用，未采取任何行动”。[①] 政变发生后，美国又持“谨慎”的态度，一些援助照常开展。美国总统卡特“显然想对自己的选择留有余地，避免两国关系的破裂。阿明一方也努力使两国的双边关系没有瑕疵，这或许是为了从苏联那里保持些许的独立性”。[②] 为此，阿明与美国驻阿大使阿道夫·达布斯进行了一次正式会面。1978年7月，美国负责政治事务的副国务卿纽瑟姆还访问了阿富汗。这是1978年政

① “美报报道：不理睬阿富汗有发生政变的危险”，《参考消息》1978年5月20日，第3版。

② ［美］沙伊斯塔·瓦哈卜、［美］巴里·扬格曼著，杨军译：《阿富汗史》，中国大百科全书出版社2010年版，第165页。

变以来美国高级官员第一次到阿富汗访问。[①]

美国对苏联的迁就，使它不得不喝下自身酿就的苦酒。1979年2月14日，美国驻阿大使阿道夫·达布斯在喀布尔遭绑架后遇害。得知大使被绑架的消息，美国国务卿万斯曾"直接参与"送信息给阿富汗政府，要求它"不要采取可能危害大使生命的行动"，而"要耐心"设法使达布斯获释。但美国"没有收到"阿富汗政府对美国提出的请求的答复。阿富汗政府强行攻打绑架者。美国驻阿大使阿道夫·达布斯在交火中遇害。这使美国极为恼火。国务院发言人霍丁·卡特表示，"我们对此深感痛心。我们以最强烈的措词向那个政府提出了抗议"。由于"导致这位大使死亡这一事件中苏联顾问起了作用"[②]，美国还以最强烈的措词向苏联驻美大使多勃雷宁表示对苏联顾问在这一事件中所起的作用感到震惊。在莫斯科，美国驻苏大使图恩也为达布斯被害会见了苏联外长葛罗米柯。当天，美国总统卡特发表声明说："我对今天早晨阿道夫·达布斯大使在喀布尔被谋杀表示震惊和悲痛。"[③]这一事件的发生，"最终导致了美国与阿富汗政府关系的进一步疏远，也切断了阿明曾经寻求美国方面支持的渠道"。[④]阿美关系由此急剧恶化，美国的对阿政策开始了较大调整。

从此之后，美国对苏联对阿富汗的介入高度警惕。不仅多次发表声明予以警告、抗议、揭露，而且从1979年夏天开始美国中央情报局开始资助阿富汗的反政府武装，此外还撤走外交人员。据美国学者披露，1979年夏季，"美国向叛乱者运送了第一批武装，少量的旧英国造

---

① 参见"美国负责政治事务的副国务卿纽瑟姆将访问印度巴基斯坦阿富汗沙特等国"，《参考消息》1978年7月7日，第1版。

② "法新社自莫斯科报道说：美驻阿富汗大使被杀害可能使苏美关系严重紧张"，《参考消息》1979年2月19日，第2版。

③ 新华社："美国强烈抗议美驻阿富汗大使被谋杀 以最强烈措词对苏联顾问在这一事件中所起作用表示震惊"，《人民日报》1979年2月16日，第6版。

④ ［美］沙伊斯塔·瓦哈卜、［美］巴里·扬格曼著，杨军译：《阿富汗史》，中国大百科全书出版社2010年版，第165页。

来福枪。与此同时，美国中央情报局开始与乱党发展关系。”[①]7月23日，美国国务院发言人霍丁·卡特还宣布，美国将从阿富汗撤出部分外交人员和外交人员家属。在此后几周中，将有约100名美国人乘飞机离开阿富汗，其中包括48名使馆人员。[②]

但此时，苏联在阿富汗一家独大的局面不可撼动。在苏联的阴影下，不管是美阿关系，还是中阿关系，都走向了深渊。尽管这一时期，根据毛泽东主席的“一条线”与“一大片”构想以及“三个世界”理论，中国政府试图结成最广泛的国际反霸统一战线，反对苏联的扩展，对阿富汗也采取过种种改善关系的措施，但在苏联的强力影响下，中阿关系不仅一波三折，而且苏联出兵阿富汗这一事件，最终对中阿关系造成致命的影响。

① ［美］沙伊斯塔·瓦哈卜、［美］巴里·扬格曼著，杨军译:《阿富汗史》，中国大百科全书出版社2010年版，第165页。

② 参见雪元:“阿富汗政局不稳”,《人民日报》1979年8月8日，第5版；新华社:“美国将从阿富汗撤出部分外交人员”,《人民日报》1979年7月25日，第5版。

第五章

中阿两国关系发展演变的影响因素

从1949—1979年，相对于中国与周边其他国家的关系来说，中阿关系虽没有“如胶似漆”之“蜜月”或全面对抗之僵局那样充满戏剧性的色彩，但也有着自身的一定特殊性，它既有两国之间悬而未决的历史遗留问题如侨民问题、边界问题的友好解决，也有着各种因素影响下中阿关系的一波三折。在特定的时代背景和地缘环境下，中阿关系不可避免地受到各种综合性因素的影响。从宏观方面来说，不外乎内因和外因。内因即是中阿两国的自身因素，外因包括美国、苏联等大国因素及印度、巴基斯坦等邻国的影响。

第一节　自身因素

外交是内政的延伸和展现。英国学者克里斯托弗·希尔曾说:“对外政策永远不能脱离其国内背景的发源地。没有国内社会和国家，也就没有对外政策。”[①] 中阿关系的发展演变就与中阿两国自身因素有着重要关联。

一、阿富汗方面

正如前文第一章所述，相当长的时期内，阿富汗所奉行的中立外交政策奠定了阿富汗对华政策的基调。但其国内政局的变化及国内统

① ［英］克里斯托弗·希尔著，唐小松、陈寒溪译:《变化中的对外政策政治》，上海人民出版社2007年版，第39页。

治危机对中阿关系有着直接的重要影响。

第一，阿富汗的政局变化直接对中阿关系产生重大影响。在1949—1979年中阿关系演变的历程中，阿富汗领导人的更迭导致的政局变更对中阿关系产生了重大影响。新中国成立之时，阿富汗正处皇叔马茂德主政时期，阿富汗虽承认新中国较早（1950年1月），但其奉行的亲美外交使中阿建交一度止步不前。直到1953年达乌德取马茂德而代之，阿富汗转向苏联，和社会主义阵营拉近距离，中阿建交才取得实质性进展，两国于1955年正式建交。达乌德执政时期（1953—1963年），把中国视为社会主义阵营的一部分，与中国维持友好关系。这一时期，两国关系取得了一定发展。政治方面，1956年10月，阿富汗首都喀布尔市市长索海尔访问中国。1957年，两国高层首次进行互访。1959年，阿富汗副首相兼外交大臣纳伊姆访华。1960年，中国国务院副总理陈毅访问阿富汗，两国签订了《中阿友好互不侵犯条约》。随着政治交往的频繁，这一时期两国的经济文化交流也越来越多。中国派遣各种经济文化代表团访问阿富汗达到11次，阿富汗各种代表团访问中国8次。[①] 但达乌德从传统的中立外交政策出发，为平衡与西方阵营的关系，也与中国刻意保持了一定距离。1963年，达乌德下台，阿富汗国王查希尔亲政，开始纠正过分依赖苏联的状况，他在与苏联仍保持密切关系的基础上，加强了同美国、西德等西方资本主义国家及相邻的其他国家的关系。查希尔还从阿富汗的国家利益和中苏分歧的现实出发，进一步推动中阿关系发展，以牵制苏联。两国不仅顺利解决了边界问题，而且在1964年10月，查希尔携其王后访华。1965年3月，中国国务院副总理陈毅再次访问阿富汗，并签订《中阿边界议定书》《中阿经济技术合作协定》及《中阿文化合作协定》等。从而使中阿关系达到前所未有的高度。1973年，阿富汗前首相达乌德发动军

① 参见《亚洲国家（地区）与中国的关系》（上册）（东亚 南亚 西亚及附录），新华通讯社国际部1965年编印，第121—123页。

事政变，建立阿富汗共和国。由于阿富汗新政权一度奉行的亲苏政策，中阿关系一度有所疏远。虽然后来两国关系有所恢复，但再也没能达到1965年前后的巅峰状态。1978年，阿富汗人民民主党发动政变推翻了达乌德政府，由于新政权亲苏反华的本质，使中阿关系日趋紧张。而1979年的阿明政变及随后的苏军入侵阿富汗，并扶持建立卡尔迈勒傀儡政权。对此，中国虽没有断绝与阿富汗的关系，但实际上不承认卡尔迈勒政权。

第二，国内困难的现实也促使了中阿关系的演变。20世纪60年代初期，"阿内部困难不少，政局较前动荡"。[①] 首当其冲的是经济困难。"阿经济困难的根本原因是封建落后的生产关系束缚了生产力的发展。"阿富汗本就是一个经济文化落后的内陆国，虽努力推行五年计划以改变贫穷落后的状况，但1961年到期的"第一个五年计划成绩不大，但内外债台高筑"，"财政开支成倍地增涨，赤字逐年上升"。[②] 1962年3月开始的第二个五年计划"大而无当"，费用高达上个计划的1.7倍。而资金大部分依赖外援，但迟迟只有部分有着落。[③] 1961年9月，阿富汗和巴基斯坦断交后，阿巴边境封锁又加重了阿富汗经济的困难。"由于阿巴断交，阿对外贸易受到影响，这不仅造成国家收入减少，物价波动和一部分建设工程的停顿，而且使东南边境数万靠外资谋生的部落人民对政府不满。"[④] 而且，"阿巴紧张形势大大增加了国防费用和对普

---

① "关于改善中国和阿富汗关系的设想和意见"（1962年1月6日至1962年2月14日），中国外交部档案馆馆藏档案，档案号：105-01102-02。

② "驻阿富汗使馆1961年阿富汗形势和使馆工作总结及1962年工作规划及外交部批复"（1961年12月31日至1962年3月27日），中国外交部档案馆馆藏档案，档案号：105-01103-01。

③ 参见"1962年阿富汗形势和外交动态"(1962年4月1日至1962年11月14日)，中国外交部档案馆馆藏档案，档案号：105-01504-01。

④ "1962年阿富汗形势和外交动态"(1962年4月1日至1962年11月14日)，中国外交部档案馆馆藏档案，档案号：105-01504-01。

什图尼斯坦地区财力物力的支援”。[①] 其次，社会各阶层的不满日益增加。“政治上王室三巨头（国王、达乌德和纳伊姆）独断专行，对人民采取高压和严格控制的政策。所有这些，激起人民的极大不满和某些消极抵抗，特别是资产阶级、知识分子和小工商业者表现得更多一些。资产阶级和小工商业者政治上没有地位，经济上倍受控制，无利可图。知识分子不满现状，要求民主，精神上苦闷，广泛寻找出路。”[②] 由此导致阿富汗统治者内部矛盾也不断激化。1963年3月，国王查希尔迫使执政十年的首相达乌德下台。以优素福为首相的新内阁上台后，“虽然增加了一些形式上的民主，经济上刺激了部分农牧业的生产和出口，但问题仍得不到解决，而且还会引起新的矛盾和困难”。[③]

由于阿富汗内部的各种困难和矛盾影响到王室统治。“王室想依靠外援解决内部困难，在国内建设上有所作为，以继续维持和巩固其统治。”[④] 在美国持续敌视中国，中苏关系日趋破裂的情况下，阿富汗从其中立政策和国际局势出发，一方面，“阿统治集团是把与中国维持友好作为其既定政策方针的，借此对抗美苏压力，增加其向苏美讨价还价的资本”。[⑤] 另一方面，1963年以后，“我国取得了经济的全面好转，大力支持亚非拉各国的革命运动，国际威望日益提高，尤其周总理访问亚非十四国的巨大成就和中法建交的影响，对阿政府和人民都产生了强烈的印象”。[⑥] 阿富汗从自身利益考虑，与中国进一步发展睦邻友

① “驻阿富汗使馆1961年阿富汗形势和使馆工作总结及1962年工作规划及外交部批复”（1961年12月31日至1962年3月27日），中国外交部档案馆馆藏档案，档案号：105-01103-01。

② “1963年阿富汗使馆工作规划和形势总结及外交部批复”（1963年3月31日至1963年7月17日），中国外交部档案馆馆藏档案，档案号：105-01175-02。

③ “1963年阿富汗形势概述”（1963年11月3日），中国外交部档案馆馆藏档案，档案号：105-01179-01。

④ “1963年阿富汗使馆工作规划和形势总结及外交部批复”（1963年3月31日至1963年7月17日），中国外交部档案馆馆藏档案，档案号：105-01175-02。

⑤ 同上。

⑥ “阿富汗国王查希尔及部分访华随行人员介绍”（1964年10月1日至1964年10月30日），中国外交部档案馆馆藏档案，档案号：204-01327-04。

好关系，有利于获致中国的支持以帮助其摆脱内外交困的局面。历史事实也证明了这一点，1964年9月29日，阿富汗首相优素福正式向中国驻阿富汗大使郝汀提出要求中国援助，郝汀明确表示中国会在阿方需要和中国力所能及的范围内提供经济技术援助。[①] 1965年3月，中阿还签订了《中阿边界议定书》《中阿经济技术合作协定》及《中阿文化合作协定》等相关协议文件，从而使两国关系在政治、经济、文化等方面都达到前所未有的程度。1973年，达乌德政变后试图改善疏远的中阿关系，其原因之一就是想要获取中国的经济援助。

此外，阿富汗的"第三国主义"政策对中阿关系的影响也不容忽视。所谓"第三国主义"，就是阿富汗试图在两大敌对势力对峙的情况下，发展与近代以来对本国没有殖民主义或侵略的历史的第三种势力的关系。"第三国主义"在阿富汗的大国外交中一直处于不可或缺的重要地位，和中立外交共同构成了阿富汗外交政策的两大支柱。中苏关系破裂后，阿富汗有意识地发展与中国的关系，以牵制美国与苏联，就是从这一政策出发的。在阿富汗看来，中国历史上一贯和阿富汗友好，对阿富汗的独立和安全不会构成威胁，而且具备一定的实力，可以为阿富汗提供一定的援助。因此，会对美国和苏联起着平衡或牵制作用。[②]

二、中国方面

一般而言，影响一个国家的外交政策的国内因素不外乎国家的政治因素、经济因素和社会文化因素，等等。对中国而言，中国的阿富汗政策和中阿关系的变迁亦是如此。

第一，政治因素。"不论是在国内还是在国外，没有任何一个领导

① 参见"阿富汗国王访华：中国国家领导人同阿富汗国王会谈方案"（1964年10月4日至1964年10月20日），中国外交部档案馆馆藏档案，档案号：204-01526-04。

② 参见王凤:《列国志 阿富汗》，社会科学文献出版社2007年版，第330页。

人敢于在思考外交政策选择时低估或者轻视国内政治。”[①] 众所周知，一国对外政策的制定是国家领导人根据国家利益在理性选择的基础上制定的。但是，国家领导人制定外交政策又是处在一个复杂的国内政治环境之中，从而使得国内政治与对外政策处在一个相互影响的过程之中。[②] 中国的阿富汗政策之制定、调整就与中国领导人对国际形势的判断、对国家利益的认知及其外交指导思想的变化密不可分。正如前文所述，1957年，周恩来总理访问阿富汗就是针对“匈牙利事件”后邻国对中国的疑虑，为安定四邻而进行的。20世纪60年代初，中国对阿侨问题的处理乃至迁就与中国领导人对周边环境尤其是中印关系的判断有关。特别值得一提的是，中阿边界问题的解决及此后两国关系的新发展，也有着中国对世界力量格局重新认识，与美国、苏联加强对“中间地带”、第三世界国家争夺的考虑。阿富汗显然属于第一“中间地带”国家，也必然属于争取的行列。由于在阿富汗，相比美国，苏联对中国防范更严。因此，中国对阿富汗的外交工作也不得不主要针对苏联。“以1963年救济古巴风灾为标志，中国开始在人道主义援助中与苏联竞争。”[③] 而苏联入侵阿富汗之后，鉴于苏联对中国国家安全的威胁，中国领导人将这一问题列为中苏关系正常化的“三大障碍”之一。而中国国内政治对外交政策的影响也是巨大的。如中国国内“文革”爆发后，“左”倾错误迅速席卷外交领域，导致中国对阿政策的“左”倾错误泛滥，乃至使中阿关系出现不应有的倒退。

第二，经济因素。任何一个国家的对外政策都有着维护国家的经济利益的需要。无论是睦邻外交政策本身，还是具体到中国对阿富汗的一系列重大举措，都有着为国内经济建设创设一个良好的国际环境

① 王鸣鸣:《外交政策分析：理论与方法》，中国社会科学出版社2008年版，第24页。

② 参见刘军:“国内政治、对外政策及其相互影响”,《国际论坛》2010年第2期。

③ 殷晴飞:“1949—1965 年中国对外人道主义援助分析”,《当代中国史研究》2011年第4期。

的目的。1960年陈毅访问阿富汗的原因之一就是如此。同样，中国和阿富汗顺利解决边界问题也有着相同考量。中阿边界谈判前的国内经济状况仍不容乐观。正是“这个国内背景促成外交政策上一种增大了的外部威胁感，这种外部威胁被看成是针对中国的经济困难而来的。”①

第三，社会文化因素。一个国家长期历史发展所沉淀下来的文化传统、道德价值观，都会潜移默化地影响到一个国家的对外政策。“自中国共产党执政以来（1949年至今），中国文化在决定国家政策、问题及发展等事项中均起着举足轻重的作用。”② “言行一致、信用为上、说话算数等传统文化观念构建了中国外交具体的行为方式。”③ 作为睦邻外交思想和实践的有机组成部分，中国和阿富汗关系的平稳发展就萃取了中华民族独特的文化传统、价值取向、思维习惯及其行为方式，也体现了中华民族、中华人民共和国是一个热爱和平的民族和国家。

总之，中阿两国自身的因素是推动中阿关系发展的根本原因。这些内部因素和外部因素叠加在一起，共同推动了中阿关系的发展演变。

第二节　大国因素

在冷战格局下，中国与周边国家关系的好坏，与美苏等大国有着很大的关联。中阿关系同样受到美苏大国的影响。

一、美苏阿富汗政策的历史演变

历史上，阿富汗曾多次为企图南下印度洋的沙俄所觊觎。彼得大

① ［美］R.麦克法夸尔、费正清编，王建朗等译：《剑桥中华人民共和国史——革命的中国的兴起》（1949—1965），中国社会科学出版社1990年版，第550页。

② ［美］劳伦斯·迈耶等著，罗飞等译：《比较政治学——变化世界中的国家和理论》，华夏出版社2001年版，第322页。

③ 白云真：“当代中国外交的历史经验：国家与社会关系的解读”，《国际展望》2010年第1期。

帝曾说过，谁征服了阿富汗，谁就征服了亚洲。近代以后，英俄长期角逐于阿富汗，使阿富汗沦为了半殖民地。1919年阿富汗独立后，为打破帝国主义的封锁和武装干涉，苏俄第一个宣布承认并与之建立了正式外交关系。不久，俄共中央政治局就通过决议，“为阿富汗提供黄金和军事装备援助”[①]。1921年，两国在莫斯科正式签署友好条约。在此基础上，1931年，苏联和阿富汗签订了中立和互不侵犯条约。1936年，两国同意将该条约延长10年。但阿富汗始终对苏联保持高度的警觉，直到第二次世界大战结束，苏联没有达到有效渗透的目的，苏阿关系一直处于不温不火的状态。也就是在此历史背景下，出于对北方邻国的传统的猜疑情绪，阿富汗积极发展与本国没有殖民主义历史的国家的关系，以抵消苏联的影响。阿富汗和美国的早期接触就是源于这一点。阿富汗刚刚独立，阿富汗国王阿曼努拉就迅速派使者去美国，以探讨建立两国友好关系。1921年7月，阿富汗又曾派遣一个商业代表团访问美国，希冀美国的商人能到阿富汗投资。但美国国务院考虑到阿富汗是英国的势力范围而拒绝了这个要求。[②] 此后到第二次世界大战结束，“美国的阿富汗政策出现盲点。阿富汗被视为一个遥远的、不相关的、经济上不重要的国家。因此，美国政府和民众都不愿与阿富汗发生官方联系，没有认识到阿富汗与美国命运的相关性。”[③] 在此期间，1933年，由于阿富汗国王查希尔亲自写信给美国总统罗斯福表达了和美国建立政治和经济关系的强烈愿望，1934年，美国才正式承认阿富汗，第二年两国正式建交。1937年两国签订了第一个经济合作条

---

① 沈志华主编:《苏联历史档案选编》(第一卷)，社会科学文献出版社2002年版，第409页。

② 参见：Mussarat Jabeen, Muhammad Saleem Mazhar, Naheed S. Goraya. *US Afghan Relations: A Historical Perspective of Events of 9/11*, A Research Journal of South Asian Studies Vol. 25, No.1, Jan.-Jun. 2010, p.144.

③ Abdul-Qayum Mohmand, *American Foreign Policy Toward Afghanistan: 1919-2001*, ProQuest Information and Learning Company, 2007, pp.42-43.

约。但迟至1942年美国大使馆才在喀布尔开馆。

第二次世界大战后，美国迅速填补了英国撤离南亚的真空。而冷战提升了阿富汗在美国眼中的重要性，美国开始认识到阿富汗“在美国的中东政策中具有战略重要性”，并提供经济援助给阿富汗。但与苏联交界的阿富汗贫穷、落后，综合国力太弱，其战略重要性没有引起美国足够重视。① 因此，美国虽“担心野心勃勃和极力扩展的苏联在阿富汗取得绝对性的影响”，“但美国不支持武装阿富汗”。尽管阿富汗首相马茂德奉行中立基础上的亲美外交，希望美国扮演战前英国在区域局势中的角色，但在阿富汗频繁“请求美国使阿富汗的军队实现现代化”的时候，“没有人理会这些请求”。乃至1949年，失望的阿富汗官员说：“如果美国不给阿富汗更多的援助阿富汗可能被迫转向苏联”。②

1949年阿巴争端发生后，尽管美国驻阿富汗大使馆曾建议美国政府为阿富汗提供一定军事援助以抵制苏联的影响，但1951年阿富汗首相马茂德访问美国再次提出军事援助的要求，又遭到拒绝。这主要是因为，美国担心阿富汗可能使用自己援助的武器针对更看重的巴基斯坦。而且，美国认为，提供任何武器给阿富汗不仅都难以抵御已成为超级大国的苏联的侵略，反而会刺激苏联。③

1953年杜勒斯担任美国国务卿后，“美国想阻止共产主义在世界特别是南亚的扩展，大力发展那些与苏联和中国地理上邻近的国家的外

---

① 参见：Mussarat Jabeen, Muhammad Saleem Mazhar, Naheed S. Goraya. *US Afghan Relations: A Historical Perspective of Events of 9/11*，A Research Journal of South Asian Studies Vol. 25, No.1, Jan.-Jun. 2010, p.146.

② Mussarat Jabeen, Muhammad Saleem Mazhar, Naheed S. Goraya. *US Afghan Relations: A Historical Perspective of Events of 9/11*，A Research Journal of South Asian Studies Vol. 25, No.1, Jan.-Jun. 2010, p.147.

③ 参见：Shaista Wahab and Barry Youngerman, *A Brief History of Afghanistan*, University of Nebraska at Omaha, Arthur Paul Afghanistan Collection, 2007, p.116.

交关系。”于是竭力“策动美国的积极支持者组织防御联盟”。[①] 在这一新政策下，1954年5月，巴美签订共同防御援助协定及双边防御协定。美国开始提供大量的经济和军事援助给巴基斯坦，这使阿富汗极度不快。阿富汗首相达乌德表示：“这一步骤（指美巴军事协定）破坏了亚洲这一部分地区的现状，并且鼓励了巴政府对毫无防御能力的普什图尼斯坦人民为所欲为。此外，这个协定使巴基斯坦对阿富汗的威胁大大地增加。”[②] 阿富汗驻美国大使也当面向杜勒斯和负责南亚事务的助理国务卿亨利·白瑞德表示担忧：美国的武器，将使巴基斯坦加剧在巴阿争端中的不妥协和导致区域军事不平衡。他主张美国也应该提供武器给阿富汗。但美国不以为意，拒绝对阿富汗进行军事援助。

而此时，阿巴因普什图尼斯坦问题矛盾激化而断交。美国判断，假若阿巴间的分歧能够消除，阿富汗就能放弃中立政策，参加巴格达条约组织。因而美国声称愿意调解阿巴纠纷。[③] 为此，1955年11月，美国驻阿大使会见阿国王，表示美国要调解阿巴纠纷。同月，美国总统艾森豪威尔又给阿富汗国王来信，“表示极大愿望来‘调解’阿巴纠纷，企图把阿富汗拉进巴格达军事条约组织。”[④] 面对这种情况，阿富汗一度有所动摇。阿富汗外交大臣纳伊姆对美国表示有兴趣加入“北层联盟组织”、东南亚条约组织和巴格达条约组织。但由于不符合阿富汗的中立外交传统，最终遭到阿富汗的拒绝。同时，由于事关苏联和巴基斯坦，美国国务院对阿富汗的这一反应表现消极。在巴基斯坦已是盟

---

① Mussarat Jabeen, Muhammad Saleem Mazhar, Naheed S. Goraya, *US Afghan Relations: A Historical Perspective of Events of 9/11*，A Research Journal of South Asian Studies Vol. 25, No. 1, Jan.-Jun. 2010, p.148.

② “阿富汗王国外交政策和对外关系基本情况”（1957年1月10日），中国外交部档案馆馆藏档案，档案号：203-00197-06。

③ 参见：United States Department of State，*Foreign Relations of the United States 1955-1957*，Vol8, United States Government Printing Office, 1987, p.6.

④ “我驻阿富汗使馆回报关于阿富汗——巴基斯坦边界纠纷及美国在阿富汗的活动”（1956年1月1日至1956年1月31日），中国外交部档案馆馆藏档案，档案号：105-00776-01。

国的情况下，“华盛顿怀疑将喀布尔拉进任何联盟或向它提供美国武器是否是明智的。”① 而美国进一步加强了与阿富汗有矛盾的伊朗和巴基斯坦的军事援助。甚至，美国把它们网罗进了巴格达条约组织和后来的中央条约组织。这也许不是美国主观上故意的，② 但客观上，无论是从其内部，还是从国际上看，这对阿富汗政府都是不利的。从国内看，阿富汗各阶层失去了政府能够吸引美国援助的耐心；从国际上看，阿富汗不得不面对着日益更为强大的两个敌对的强邻——巴基斯坦和伊朗。这使阿富汗政府得出这样的结论：美国不是这一地区所有国家的朋友。更为重要的是，美国公开支持巴基斯坦在普什图尼斯坦问题上的立场，尤其是在美国操控下的东南亚条约组织宣布支持杜兰线作为阿巴边界线，使阿富汗失去了与美国发展坚实关系的信任。③ 因此，阿富汗转而向苏联寻求支持。如果说过去阿富汗所执行的是较为接近美国的中立政策，那么从此则是更加靠拢苏联了。“阿富汗本不想走这一步，如果美国意识到阿富汗需要重建军事，渴望实现经济和国家的现代化，及它的地缘位置，而提供适当的军事和经济援助的话。”④ 但阿富汗在与苏联发展密切关系的同时，并不愿过于依赖苏联，而是从其中立政策出发，仍把美国作为平衡苏联影响的一个重要砝码。它虽对美国有不满，但它最关心的是它迫切需要的经济援助，希望继续得到美国的经济和军事援助。

① Mussarat Jabeen, Muhammad Saleem Mazhar, Naheed S. Goraya. *US Afghan Relations: A Historical Perspective of Events of 9/11*, A Research Journal of South Asian Studies Vol. 25, No.1, Jan.-Jun. 2010, p.149.

② 参见：Abdul-Qayum Mohmand, *American Foreign Policy Toward Afghanistan: 1919-2001*, ProQuest Information and Learning Company, 2007, p.71.

③ 参见：Abdul-Qayum Mohmand, *American Foreign Policy Toward Afghanistan: 1919-2001*, ProQuest Information and Learning Company, 2007, p.72；United States Department of State：*Foreign Relations of the United States 1955-1957*, Vol8, United States Government Printing Office 1987, p.221.

④ Abdul-Qayum Mohmand, American Foreign Policy Toward Afghanistan: 1919-2001, ProQuest Information and Learning Company, 2007, p.80.

苏联不失时机地抓住了这一贯彻其“南下战略”的有利时机，加大了对阿富汗的军事和经济援助，由此一改第二次世界大战后苏阿关系冷淡的局面，一举奠定此后几十年苏阿特殊关系的基础。1955年12月，苏联领导人赫鲁晓夫和布尔加宁联袂访问阿富汗，不仅宣布提供1亿美元的低息经济援助和军事援助，再次延长中立和互不侵犯条约，而且苏联宣布支持阿富汗在普什图尼斯坦问题上的立场。赫鲁晓夫在阿富汗表示：“仍然被剥夺了自由和民族主权的民族和国家应该具有联合国宪章所规定的权利，在不受外来的压力或胁迫的情况下决定他们的前途。”[①] 这无论是从国家安全、民族感情，还是从内政的需要方面，都给了阿富汗巨大的支持。特别是苏联在普什图尼斯坦问题上对阿的支持，阿方颇感满意，更有利于阿苏关系顺利地发展。此后，两国关系迅速推进。1956年10月，达乌德访苏。1957年7月，阿国王查希尔访苏。1958年10月，苏联最高苏维埃主席团主席伏罗希洛夫访阿。1960年3月，赫鲁晓夫再次访问阿富汗，在政治上、经济上特别是在阿巴关系上重申支持阿富汗。赫鲁晓夫明确表示：“苏阿是好邻居和真诚的朋友。”“我们时刻准备着与你们交流我们的经验，准备今后给你们不附有任何政治条件的经济——技术援助。”在普什图尼斯坦问题上，“我们的同情是在普什图人民的一边，在阿富汗的一边。”[②] 1960年4月，达乌德回访。1963年3月达乌德下台后，苏联一度担心阿新内阁会改变对苏政策。于是，同年10月，苏共中央第一书记勃列日涅夫访问阿富汗。双方就苏阿经济和技术合作问题交换了意见，并对苏阿友好关系的发展表示满意。苏联再次表示支持阿富汗在普什图尼斯坦问题上

① ［苏］赫鲁晓夫著，世界知识出版社编：《赫鲁晓夫言论集（1955年）》（第4集），世界知识出版社1965年版，第196页。

② ［苏］赫鲁晓夫著，世界知识出版社编：《赫鲁晓夫言论集（1960年1—3月）》（第14集），世界知识出版社1966年版，第221页、第231页、第253页。

的立场。[①] 1965年8月，阿国王查希尔再次访问苏联。据中国外交部1964年10月的总结材料《阿富汗概况》称："在对外关系上，近十年来与苏联关系比较密切，阿军队全靠苏联装备，经济建设费用中外援部分（13亿262万美元）的67%依靠苏联，计8亿8800万美元（其中部分为军援）。在46项经济建设工程中，由苏联助建的有16项，且多为重大工程。苏在阿对外贸易上，自1956年以来，一直居首位，1962年苏占阿对外贸易的一半，苏自阿进口的物资，占阿出口的80%。"[②] 而1965年7月15日，美国中央情报局收集的苏联在阿富汗的情报也认为："在阿富汗，苏联的大批军事和经济援助已经在很短的时间里打开并改变了这个偏远的国家。阿富汗军队几乎完全装备的是苏联武器，其对外贸易中近一半是与苏联的贸易。并且，虽然阿富汗是个独立的国家，宣称奉行中立的外交政策，但在很多国际问题上阿富汗实际上都站在苏联一边。"[③] 苏联与阿富汗的贸易额由1955年的2450万美元上升1964年的7200万美元。从1955年到1965年，苏联对阿富汗的经济援助达到6.11亿美元。此外，这十年中苏联共援助阿富汗T–34中型坦克220辆、SU–100自动突击炮18门、单兵装甲和两栖装备62套、野战、反坦克及防空炮600门、伊尔–28轻型喷气轰炸机30—40架、米格–15和米格–17战斗机125架、其他直升机、教练机、非喷气式战斗机共92架及

① 参见A.A.阿赫塔姆江等编，《苏联对外政策编年史》翻译组译：《苏联对外政策编年史》（1917—1978），商务印书馆1983年版，第171页；"阿富汗1963年形势及阿对我态度和做法"（1963年12月30日至1963年12月31日），中华人民共和国档案馆馆藏，档案号：105-01247-03。

② 《阿富汗概况》（1964年10月1日至1964年10月31日），中国外交部档案馆馆藏档案，档案号：204-01327-06。

③ 沈志华、杨奎松主编：《美国对华情报解密档案》（第六卷），东方出版中心2009年版，第464页。

地对空导弹装置和一些导弹，共价值2.02亿美元。[①] 虽然中美的数据有细微的不同，但都说明了当时苏联和阿富汗的关系的密切程度。

由于苏联在阿的影响愈来愈大，根据美国驻阿大使向国内的汇报[②]，“美国的政策制定者认为，经济援助，武器交易和苏联领导人访问阿富汗的证据足以证明，阿富汗已经成为苏联的卫星国。”[③] 虽然阿富汗领导人一再澄清情况，宣布继续保持中立政策，并宣布阿富汗永远不会接受“卫星国”地位，但这不能不引起美国的重视和担心。美国并不想就此彻底失去阿富汗，否则其在阿富汗的工作将前功尽弃。

“面对苏联的渗透，美国面临怎样维持和加强阿富汗与西方关系的问题。”[④] 美国不得不承认这“会影响我们和阿富汗的政治关系及我

① 参见沈志华、杨奎松主编:《美国对华情报解密档案》(第六卷)，东方出版中心2009年版，第453—456页。苏联自身的材料反映，苏阿贸易总额由1955年的3420万卢布提升到1965年的1.1亿卢布。参见对外贸易部国际贸易研究所编:《苏联对外贸易基本统计》(1954—1975)，人民出版社1977年版，第80页。美国学者詹姆斯·理查德·卡特认为，1955年到1965年苏联对阿富汗的经济信贷和赠款为5.64亿美元，苏阿贸易额由1955年的2450万美元上升为1965年的7619万美元。参见［美］詹姆斯·理查德·卡特著，陈绎译:《苏联对外援助净成本》，上海人民出版社1973年版，第100、110页。刘竞，朱莉认为，据统计，从1954年1月到1963年1月，苏联向阿富汗提供的经济援助约为5.15亿美元。参见刘竞、朱莉:《苏联中东关系史》，中国社会科学出版社1987年版，第177页。

② 1955年底，美国驻阿大使安格斯·沃德认为达乌德已经全面倒向苏联，阿富汗已成为苏联的卫星国(至少经济上是)，因而对他非常仇视，这引起了达乌德的警惕，导致阿富汗在一段时间里出现了强烈的反美情绪，也影响美国对阿富汗战略价值的估计和对达乌德的认识。由此，美国国务卿杜勒斯对达乌德深恶痛绝。他认为，美国政府应该让阿富汗国王罢免达乌德。后来安格斯·沃德改变了对达乌德的敌视态度，并试图说服美国国务院，但为时已晚。参见：Rosanne Klass, *Afghanistan, the Great Game Revisited*, Freedom House; Lanham, Distributed by National Book, p47；Mussarat Jabeen, Muhammad Saleem Mazhar, Naheed S. Goraya. *US Afghan Relations: A Historical Perspective of Events of 9/11*, A Research Journal of South Asian Studies Vol. 25, No.1, January-June 2010，p.150.

③ Mussarat Jabeen, Muhammad Saleem Mazhar, Naheed S. Goraya. *US Afghan Relations: A Historical Perspective of Events of 9/11*，A Research Journal of South Asian Studies Vol. 25, No.1, Jan.-Jun. 2010，p.150.

④ United States Department of State，*Foreign Relations of the United States 1955-1957*，Vol.8, United States Government Printing Office, 1987, p.9.

们对阿富汗的经济援助力度”。[①]美国国家安全委员会“建议美国努力解决巴阿争端和鼓励阿富汗最小限度地依靠社会主义阵营的军事援助而向美国和其他西方自由世界寻求军事装备和援助。”[②]为此，美国决定调整阿富汗政策，在默认苏联在阿富汗有特殊地位的情况下，采取措施改善美阿关系，以确保阿富汗的中立地位，防止阿富汗彻底倒向苏联。“当美国认识到苏联给阿富汗的军事经济援助规模和对这片区域影响的时候，美国决定在阿富汗有一个立足点。为在这里和苏联竞争，美国重新评价了对阿富汗的政策和帮助推动阿富汗的经济建设计划。”[③]此后直到20世纪70年代，美国对阿富汗基本延续了这一政策的基本原则。具体说：

第一，美国试图斡旋普什图尼斯坦问题，改善阿巴关系。美国深知要使阿富汗同西方关系有较大的改善，必须首先缓和阿巴关系。美国试图施加压力使巴基斯坦在货物过境等问题上进行一定让步以换取阿富汗在普什图尼斯坦问题上的谅解。美国之所以这么做，目的在于通过加强对阿渗透以进一步削弱苏联影响，为此，美国一直多方面撮合阿巴。在美国的调解下，阿巴关系一度有所缓和。1956年、1957年，巴总统、总理和阿国王、首相等先后互访。1957年、1958年，阿巴先后签订航空协定及贸易和过境协定。1958年2月，美国驻联合国代表洛奇又来阿“解释”美国政策、劝说阿巴和好。但1959年下半年，阿巴边境冲突再起，1961年9月，阿巴断交。期间，美国再一次软硬兼施对阿巴冲突进行调解。1959年12月艾森豪威尔访阿时，明确表达了要

① United States Department of State，*Foreign Relations of the United States 1955-1957*，Vol.8, United States Government Printing Office, 1987, p.17.

② Henry S.Bradsher, *Afghanistan and the Soviet Union*, Duke University Press, 1985, p.28.

③ Abdul-Qayum Mohmand, *American Foreign Policy Toward Afghanistan: 1919-2001*, ProQuest Information and Learning Company, 2007, p110-111. 美国学者Corinna Vigier认为苏联通过军事援助、阿富汗军官在苏联的训练以及经济发展项目，在阿富汗的影响和控制不断增加，将美国的注意力重新吸引回阿富汗。参见：Corinna Vigier, *Conflict Assessment Afghanistan*. American Friends Service Committee, 2009, p.21.

阿改善同邻国关系的愿望。肯尼迪当选总统后，也曾致函阿国王，劝说阿巴和解，并派私人代表来阿巴斡旋。在美国及伊朗的斡旋下，普什图尼斯坦问题虽没有解决，但1963年5月，阿巴恢复邦交。①

第二，加大对阿富汗的经济援助。“为抵消苏联影响，提供经济技术援助，既为美国的友谊提供明显的实证，而且可以加强阿富汗与自由世界的关系和减少对苏联的依赖，防止阿富汗彻底倒向苏联。”② 1956年2月，美阿就签订了一项技术援助协定。同年6月，美阿还达成协议，美国通过国际合作署拟三年内援助阿1456万美元，其中500万为贷款、956万为经济援助，用以修建坎大哈国际机场。同年美国还贷给4万吨小麦“救济”阿的粮荒。③ 1957年1月，美国总统艾森豪威尔提出“艾森豪威尔主义”，拟由美国来填补英法殖民主义者在中近东地区遗留下来的所谓“真空”，对中东国家加强“经济合作”和军事援助，以防止“共产主义侵略”，计划两年内额外拨款4亿美元，向中东国家提供经济援助，并可随时使用美国武装部队。根据这一战略，1957年3月4日，美国援外负责人霍利斯特表示，将优先考虑给摩洛哥、突尼斯和阿富汗以援助的问题。④ 1957年3月31日，美国派总统特使理查兹访问阿富汗，向阿富汗政府解释“艾森豪威尔主义”的精神和目的，阿富汗对“共产主义威胁”及“填补真空”有异议和保留。而对“无条件的经济援助”则期望甚殷。“阿富汗没有表示赞成或不赞成艾森豪威尔主义”，但宣布在不放弃中立政策的前提下“同意按照艾

① 参见：United States Department of State, *Foreign Relations of the United States 1961-1963*, Vol.19, United States Government Printing Office, 1996, pp.605-606.

② United States Department of State, *Foreign Relations of the United States 1955-1957*, Vol.8, United States Government Printing Office, 1987, p.43.

③ 参见：United States Department of State, *Foreign Relations of the United States 1955-1957*, Vol.8, United States Government Printing Office, 1987, p.14.

④ 参见“美国将先考虑给摩洛哥、突尼斯和阿富汗的‘援助’”,《参考消息》1957年3月7日，第3版。

森豪威尔的中东主义接受美国的援助”。[①] 1958年6月，达乌德访美期间，美国宣布给予阿富汗2670万美元的无偿赠款。艾森豪威尔还向达乌德保证，“美国愿意继续帮助阿富汗发展它的经济资源”。在达乌德和艾森豪威尔的联合声明中还强调，美国将帮助发展阿富汗的民用航空事业，“赫尔曼德河谷地、海上运输业、教育制度等方面早已存在的合作，将继续进行。”[②] 1959年1月，美国又宣布将供应阿富汗小麦5万吨后，美国国际合作署同阿签订了三项为数170余万美元的技术援助协定。1960年11月和1961年6月，美国分两次援助阿富汗小麦10万吨。1962年6月，美国又宣布给阿3900余万美元的援助，这是历年来最高的一次。据统计，仅从1957年到1963年，美国共援助阿富汗1.20亿美元，其中1.07亿美元为赠予。[③]

第三，注重“文化援助”。美国从其势力进入阿富汗的第一天起，就进行文化渗透。20世纪50年代中期后，美国加大了文化渗透的步伐。1956年，美国国家安全委员会专门开会讨论阿富汗问题，会上，艾森豪威尔总统认为，面对苏联的渗透，“对正在失去民族身份的阿富汗来说，当前世界的民族主义是重要的。”所以，在单纯通过经济援助阿富汗无法和苏联抗衡的情况下，美国准备借助民族主义和穆斯林宗教拉拢阿富汗，以抵御共产主义的侵蚀，培养亲美势力。[④] 此后，美国加大了对阿富汗的“文化援助”，力图通过资金和技术支持对阿富汗的文

---

① “理查兹说阿富汗没有表明对艾森豪威尔主义的态度”，1957年4月7日《参考消息》第2版。

② “我驻阿富汗使馆报回关于阿富汗王国首相达乌德访问美国及阿富汗的中立政策和阿美关系”（1958年8月10日至1959年6月30日），中国外交部档案馆馆藏档案，档案号：105-00988-06。

③ 参见“驻阿富汗使馆调研文章：从中阿关系看美、苏、我争夺阿富汗的形势”（1965年1月3日），中国外交部档案馆馆藏档案，档案号：105-01345-02。

④ 参见：Mussarat Jabeen, Muhammad Saleem Mazhar, Naheed S. Goraya，*US Afghan Relations: A Historical Perspective of Events of 9/11*，A Research Journal of South Asian Studies Vol. 25, No. 1, Jan.-Jun. 2010, p.150.

化教育施加潜移默化的影响。1956年6月底7月初，美国同阿富汗签订了六项协议，其中包括：美国帮助空运阿富汗朝圣者去麦加参加朝圣；美国派“专家”当喀布尔大学校长的顾问，“改进”大学行政管理等。[①] 1958年6月，阿富汗和美国签订文化协定，协定规定双方在文化、科学、社会生活等方面要增进了解，互派记者、专家、教授、学生并“允许在彼此的领土上设立阅览室和其他机构或文化中心”等。根据该协定，美国先后帮助阿富汗创建了喀布尔农学院、教育学院和工程学院。美国还提供设备、“教员”、“专家”，派遣教育小组协助改革学制和训练师资等，每年邀请一些官员访美，在知识分子和学生中，物色“有发展前途者”保送去美国留学。除此之外，美国驻阿使馆新闻处经常举办演讲、展览，还每周放映四五次电影免费招待学生和公教人员。[②] 1960年3月，美国又援建喀布尔大学体育场和实验室。1962年开始，美国著名的“和平队”[③] 进入阿富汗。到1964年8月，共有四批100多名和平队队员抵达阿富汗。1963年，美国同阿签订了为期五年的所谓交换学生、科学家和专家的富布赖特计划协定。总之，美国通过“积极侵入阿教育事业，在阿教育事业中的美帝势力长期占据首位”，“积极侵入阿新闻事业，对阿新闻界人物进行拉拢和收买，培植亲美势力”，“积极利用联合国在各种机构对阿进行文化渗透”，“对阿进行文化

① 参见“阿富汗王国外交政策和对外关系基本情况”（1957年1月10日），中国外交部档案馆馆藏档案，档案号：203-00197-06。

② 参见“我驻阿富汗使馆报回关于阿富汗王国首相达乌德访问美国及阿富汗的中立政策和阿美关系”（1958年8月10日至1959年6月30日），中国外交部档案馆馆藏档案，档案号：105-00988-06。

③ “和平队”计划是1960年肯尼迪在总统竞选中提出的，1961年正式成立。这一计划是以志愿者的形式将受过专门训练的美国公民派往海外，向受援国提供教育和技术培训。阿富汗也在受援之列。肯尼迪建立和平队的初衷就是要利用美国在经济，技术和文化上的整体优势，同苏联争夺广大的中间地带，并通过和平队向新兴的发展中国家输出美国文化及价值观念，将第三世界国家的发展纳入美国为首的西方阵营所期待的轨道。1964年1月2日，美国总统约翰逊特意就和平队问题给阿富汗国王查希尔写信，约翰逊表示，希望和平队能在某些方面给阿富汗人民带去福祉。参见：United States Department of State, *Foreign Relations of the United States1964-1968*, Vol 25, United States Government Printing Office, 2000, p.1045.

渗透，多方活动，长期经营”，[①] 力图以此扩大政治影响。

在美国的努力下，美阿关系在一定范围内有所发展，美国的确保阿富汗中立地位的战略目的也基本达到。1958年6月，阿富汗首相达乌德应邀对美国进行正式访问，他表示希望维持两国之间的友好关系。此时，“美国对达乌德左倾倾向的怀疑似乎已经完全消失了。”[②] 艾森豪威尔公开表示美国尊重阿富汗的中立立场。1959年12月，艾森豪威尔总统访阿，与阿富汗国王进行了会谈。艾森豪威尔再次表示，美国尊重阿富汗的独立犹同尊重自己的独立一样。[③] 这是冷战时期美国总统唯一的一次访问阿富汗。1963年9月，阿富汗国王查希尔才亲政几个月，就对美国进行了国事访问。他同美国总统肯尼迪举行了会谈，会谈中，阿国王表示愿与美国建立“更密切的联系”。肯尼迪表示，美国关心和同情阿富汗在国王领导下为完成经济发展和社会进步所做的努力，保证继续同阿进行经济和技术合作，重视阿富汗的独立和国家完整。[④] 1965年，尽管美国认为苏联在阿富汗的影响日益扩大并取得相当的成功，但美国的阿富汗政策也是有效的，在美国的影响下，“重要的是，阿过去两年里采取的政治解放政策一直沿着西方模式进行的，而没有接受一党制的社会主义意识形态，尽管阿富汗政治权力仍大部分集中在国王手中。”[⑤] 总的来说，查希尔亲政时期（1963—1973）和之前相比，美阿关系获得进一步发展。1969年，美国国务卿威廉·罗杰

---

① “阿富汗文教简况及苏联和美国对阿文化的渗透”（1964年8月1日至1964年9月1日），中国外交部档案馆馆藏档案，档案号：105-01620-02。

② 彭树智：《阿富汗史》，陕西旅游出版社1993年版，第278页。

③ 参见“我驻阿富汗使馆电报关于美国总统艾森豪威尔访问阿富汗简况”（1959年12月10日），中国外交部档案馆馆藏档案，档案号：109-00925-04。

④ 参见：“阿富汗对外关系资料”（1963年10月24日），中国外交部档案馆馆藏档案，档案号：105-01179-02；United States Department of State, *Foreign Relations of the United States 1961-1963*, Vol. 19, United States Government Printing Office, 1996, pp.657-660；“肯尼迪和阿富汗国王发表联合公报 说美希望在经济和技术方面继续同阿‘合作’”，1963年9月9日《参考消息》第2版。

⑤ 沈志华、杨奎松主编：《美国对华情报解密档案》（第六卷），东方出版中心2009年版，第464页。

斯、副总统波罗·阿格纽先后访问了阿富汗。

在美阿关系发展的同时，苏联为维护自己苦心经营多年的成果，对阿富汗的影响也不断增强。苏联不仅于1965年帮助建立了阿富汗人民民主党，而且对阿富汗的援助也不断增加。1969年6月，苏联部长会议主席柯西金在访问阿富汗后，苏联和阿富汗决定成立苏联—阿富汗政府经济技术合作联合委员会。1971年9月，阿富汗国王查希尔访问了苏联。1972年3月，阿富汗首相查希尔访苏。到1979 年，苏联对阿军事援助已经超过 6 亿美元。[①] 在苏联的支持下，1973年“红色亲王”达乌德发动政变。政变后，苏联第一个承认了达乌德政权，并进一步加大对阿富汗的援助。到1978年，苏联对阿富汗的援助已达到12.65亿美元，并在阿富汗政府内派遣了2000多名苏联技术和经济顾问。[②] 阿富汗不仅成为苏联援助最多的受援国之一，而且苏联是阿富汗最大的贸易伙伴。此外，苏联还为阿富汗培训了大量军官。但达乌德并不甘心充当苏联的傀儡，他一方面在国内大力排挤阿富汗人民民主党的成员，另一方面试图通过发展与美国的关系以平衡阿苏关系。这种状况是苏联所不能容忍的。因此，1978年，苏联支持阿富汗人民民主党发动政变，推翻了达乌德政权。“政变后的阿富汗立刻再次倒向了莫斯科。”[③] 随后，苏联的各种援助更是源源不绝地运送到阿富汗。苏阿关系不仅可以称之为非常密切，甚至可以说苏联对阿富汗实现了期盼已久的全面渗透与控制。1978年12月，塔拉基在莫斯科与苏联签订了有效期长达20年的《友好睦邻合作条约》。“这个条约使阿富汗对苏联的依赖制

① 参见［美］罗伯特·唐纳森编，任泉、刘芝田译:《苏联在第三世界的得失》，世界知识出版社 1985年版，第211页。

② Rosanne Klass, *Afghanistan, the Great Game Revisited*, New York: Freedom House; Lanham, MD: Distributed by National Book Network, pp.76-77.

③ ［美］罗伯特·唐纳森编，任泉、刘芝田译:《苏联在第三世界的得失》，世界知识出版社 1985年版，第217页。

度化了。”[①] 但阿富汗人民民主党激进的国内政策遭到民众的普遍反抗，以及阿富汗人民民主党内部权力斗争激烈，使苏联产生了支持较为温和的塔拉基、抛弃比较激进的阿明的想法。而1979年阿明成功发动政变，对塔拉基取而代之。由于担心阿明倒向西方国家，苏联干脆撕下了遮羞布，悍然发动军队直接出兵阿富汗。

这一时期，虽然美阿关系由于达乌德政权的亲苏倾向而一度有所冷淡，但随着达乌德对外政策的转向，美阿关系再次恢复发展。1974年，美国国务卿基辛格访阿。而1976年，阿富汗总统达乌德的弟弟纳伊姆以总统特使的身份访美，甚至达乌德本人也准备于1978年访美。到1977年，美国对阿富汗的援助达到5亿美元。[②] 1978年，阿富汗人民民主党推翻达乌德政权后，美国对阿政策开始进行较大调整。特别是美国驻阿大使的遇害，不仅导致美阿关系的急剧恶化，而且美国着手秘密支持阿富汗的反政府武装。

总的来说，第二次世界大战结束直至在苏联入侵阿富汗之前的几十年间，由于在美国的全球战略和南亚政策中，阿富汗并不处于非常重要地位，在美国的潜意识中，阿富汗的“战略地位不重要和不能扮演阻止苏联扩张的重要角色”[③] 的认定始终占据重要地位。这决定了美国的阿富汗政策仅是为了削弱苏联在阿富汗的影响，使阿富汗保持独立的中立地位，而无意与苏联一较长短。因此，美国对阿富汗也并不是有求必应。1962年阿富汗副首相纳伊姆访美，要求美国援助其建设连接伊朗的公路，以避免贸易过于依赖苏联。肯尼迪总统不仅拒绝了

① ［美］罗伯特·唐纳森编，任泉、刘芝田译：《苏联在第三世界的得失》，世界知识出版社1985年版，第217页。

② 同上，第212页。

③ Abdul-Qayum Mohmand, *American Foreign Policy Toward Afghanistan: 1919-2001*, ProQuest Information and Learning Company, 2007, p81.冷战竞争虽提升了阿富汗在美国眼中的重要性，在一定时期内美国提供给阿富汗一些有限的经济援助。但直到1978年，美国对阿富汗的兴趣，无论是地理上还是战略上都是有限的。参见：Abdul-Qayum Mohmand, *American Foreign Policy toward Afghanistan: 1919-2001*, ProQuest Information and Learning Company, 2007, p.7.

他的请求，而且坚持要阿富汗先解决和巴基斯坦的争端。[①] 美阿之间还存在一些矛盾，如普什图尼斯坦问题始终是阿富汗与巴基斯坦和美国保持友好关系的绊脚石，等等。反之，苏联则不一样。由于阿富汗是西方资本主义国家企图从南面包围苏联的唯一缺口，苏联因切身利害而给予了颇多关注和努力。相比数量小且姗姗来迟的美国的援助，苏联几乎对阿富汗有求必应，屡次向阿富汗提供了大量的军事和经济援助。阿富汗不仅成为了苏联确保南部中亚地区安全的重要地带，而且成为苏联在第三世界重点援助的国家，是苏联与第三世界尤其是穆斯林国家关系的样板，这些为它日后控制乃至入侵阿富汗奠定了基础。

二、美国因素对中阿关系的影响

从地理上看，美国与中国相距甚远，但冷战时期，中国周边一直被美国视为利益攸关的地区。早在1947年3月，美国总统杜鲁门就宣称："不论什么地方，无论直接或间接威胁了和平，都与美国的安全有关。"[②] 更为重要的是，"华盛顿的牢不可破的成见便是中国对亚洲的威胁"[③]，因此，在相当长的时间内，特别是苏联入侵阿富汗之前，贫瘠的山国阿富汗由于其与中国相邻的地缘位置必然成为美国外交政策的不会忽视的关注点之一。中阿关系也必然受到美国的影响。

美国虽认为，在阿富汗，"中国的影响一直很小，而且在未来仍可能保持这种状况。"[④] 其主要矛头是苏联而不是中国，但美国政府认为："共产党中国认为美国是它的主要敌人，自然它希望削弱美国在亚洲的

① 参见：Henry S.Bradsher, *Afghanistan and the Soviet Union*, Duke University Press 1985, p.31.

② ［美］杜鲁门著，李石译：《杜鲁门回忆录》（第二卷），三联出版社1974年版，第121页。

③ ［英］D. C . 瓦特编，上海市政协编译工作委员会译：《国际事务概览》（1963），上海译文出版社1985年版，第213页。

④ 沈志华、杨奎松主编：《美国对华情报解密档案》（第六卷），东方出版中心2009年版，第465页。

影响。”[①] “中国企图取得亚洲国家的友谊和信任是共产党外交政策中很重要的部分。”[②] 而且，“如果美国修改其政策，令亚洲人觉得美国在反对共产党中国的持续性和坚定性上发生明显的软化，就会增加北京扩张影响力的机会。”“如果美国对亚洲国家的支持与援助大大减少，就可能会被理解成它降低了对有关国家命运的关心，而这也会增加这些国家的经济困难。这在不同程度上会增加共产党中国的机会。”[③] 因此，基于意识形态的敌对性，美国对中国的遏制是不遗余力的，对中阿关系也总是保持关注。美国中央情报局多次对中阿关系进行评估就是最好的证明。美国的新闻媒体如美联社、合众国际社对中阿关系也颇为关注，中阿之间的大事几乎无一例外的进行了相应报道。以1960年陈毅访问阿富汗为例。美联社于1960年8月27日、28日连续两天播发了陈毅访问阿富汗的行程及中国官方媒体对签订中阿互不侵犯条约的评价。8月28日，合众国际社同样播发了陈毅的行程。8月29日，合众国际社又发表题为《阿富汗政府发表中阿联合公报》的文章，对陈毅此行所达成的中阿联合公报的内容进行了详细报道。对陈毅的此次访阿，美国驻阿的外交机构也颇感紧张。美国驻阿大使白劳德多方探听陈毅的行程和活动，以便推测联合公报中是否会写上反对美帝之类的词句。[④]

中阿两国之间发生的诸多事件，其背后均可以看到美国或明或暗、或有意或无意、或主动或被动的影子。尽管在美国的对外战略中，阿富汗并不处于重要地位，但美国不愿意见到中国与阿富汗的关系发展。因为这无疑会削弱美国在阿富汗的影响，进而损害到美国的利益。这

① 何慧译:《美国对亚洲的外交政策——美国康伦公司研究报告》，世界知识出版社1960年版，第21页。

② 同上，第20页。

③ 沈志华、杨奎松主编:《美国对华情报解密档案》(第六卷)，东方出版中心2009年版，第337页。

④ 参见何晓鲁:《元帅外交家》，解放军文艺出版社1985年版，第78页。

从中阿建交的过程就可见一斑。1949年10月，新中国成立。对一个强大邻国诞生的现实，1950年1月，阿富汗主动表示了承认。虽没有直接档案证明，在得知阿富汗承认新中国后，美国如何采取种种举措“威逼利诱”阿富汗不能与中国建交。但当时中美敌对的现实、阿富汗外交政策的状况及迟至五年后阿富汗才同中国建交的结果；再加上，这五年中，除了1950年阿富汗在第五届联大对于恢复中国在联合国的合法权利问题上投赞成票，其他每年均是投弃权票的情况，不难让人联想到其背后的美国因素，至少说明了美国因素是阿富汗考量中阿建交的重要因素之一。毕竟，一个实力超群的大国、强国相对于脆弱、落后的自谓奉行中立的阿富汗的威慑是不言而喻的。阿富汗在发展中阿关系时，不得不考虑到美国的反应。

中阿边界问题的解决也可证明这一点。在阿富汗向中国提出进行边界谈判前，中印战争爆发期间，“美驻阿富汗使馆，多方向阿要挟，并挑拨中阿关系。质问阿为何不表态支持印度？中阿边界也未定，将来中国也会借口向阿入侵。”[①] 在中阿边界问题交涉期间，美国又以阿富汗最为期盼的经济援助向阿富汗施加压力。时值阿富汗实行第二个五年计划，但阿富汗极其缺乏资金，寄希望于美国能援助3.5亿美元。1963年年初，阿富汗国王两次接见美国驻阿大使，7月，阿议会代表团访美，9月，阿富汗国王亲自访美，均就经济援助同美有所接触。美国虽一再许诺给阿援助，但不仅迟迟不予明确答复，而且实际落实的不多。对此，中国外交部认为，特别是“阿国王在美表示愿与肯尼迪建立‘更密切的联系’，说了不少讨好美帝的话，表示很感激美国的援助，说美国的接待使他感到‘无法形容的高兴’。但在阿国王访美后，美援仍未具体定案，肯尼迪只在联合公报中向阿保证美国继续同阿在经济技术方面进行合作。看来，阿国王访美后，并未得到多少实惠，

① “阿富汗对1962年中印边界冲突问题的反应”（1962年8月6日至1962年11月16日），中国外交部档案馆馆藏档案，档案号：105-01105-01。

估计美国主要是想以美援为饵吊住阿富汗对阿施加影响，进行渗透，使阿投靠美国。”[①] 应该说，中国外交部的这一判断是有一定道理的。

1963年3月，执政10年的阿富汗首相达乌德下台，阿富汗国王查希尔开始亲政。此后，阿富汗政府为摆脱过于依赖苏联的局面，在和美国往来日益密切的同时，也加强了与中国的友好关系。但美国对中国的敌视态度并未减少。美国政府认为，“北京对美国和新政府怀着极其愚蠢的仇视态度，并对美国领导人进行人身攻击。”[②] 因此，美国仍积极利用一切可能的时机削弱中国在阿富汗的影响。

但美国因素对中阿关系来说也并不都是消极的。在一些时候，阿富汗为刺激美国获取更多的援助，故意和中国接近，客观上使中阿关系不退反进。如中阿建交的最终实现，与美国忽视阿富汗、阿富汗被迫转向以苏联为首社会主义阵营寻求帮助密切相关。此时，中苏同盟的事实世人皆知，中阿建交无疑是阿富汗借以刺激美国加强对阿富汗重视的一种手段。1957年，中阿政府领导人互访的顺利实现，对阿富汗而言，其中的微妙之处也有着这方面的考虑。

而中国在考虑中阿关系的时候，也会将美国因素放在重要位置。如中阿民航问题迟迟未能解决，很重要的原因是阿富汗的航空公司是由美国占据了很大股份，以及阿富汗的民航飞行员主要是美国人。针对美国对中国的遏制，为打破美国的封锁和包围，中国对阿富汗工作的重要目标之一就是防范美国。中国外交部曾判断，“随着国际趋势有利于我的发展和社会主义国家在阿工作的加强”，“阿富汗可能更多地向社会主义阵营靠拢，社会主义国家对阿的影响将进一步增长，美国

---

① “1963年阿富汗形势概述”（1963年11月3日），中国外交部档案馆馆藏档案，档案号：105-01179-01。

② United States Department of State，*Foreign Relations of the United States*.1961-1963. United States Government PrintingOffice, 1996, Vol.22, p.1993.

的影响将相对地逐渐下降。”①

20世纪70年代中美关系缓和以后，美国因素对中阿关系的负面影响逐渐减少。甚至1978年5月，担任美国国家安全事务助理的布热津斯基访华时曾提议中美双方有必要在阿富汗等问题上进行更密切地合作。②

总的来说，在苏联入侵阿富汗之前，“阿不反华是既定方针，在同美靠拢同时，从维持中立政策的需要考虑，阿要保持同我友好，中阿关系可能有发展，但由于非阿当务之急，以及美苏的压力和影响，开展较多阿也有顾虑，因此关系不会有很大开展。”③ 但美国也不得不承认，“由于历史上没有发生过冲突，所以北京还是比较容易与阿富汗维持相对良好的关系的。”④

三、苏联因素对中阿关系的影响

苏联因素对中阿关系的影响可以分为二个时期。第一个时期是中苏友好时期，从1949年到1961年。第二个时期是中苏关系由分歧走向破裂的时期，从1962年开始到1979年苏联入侵阿富汗。之所以这样划分，主要是根据中国外交部的解密档案资料得出的结论。在阿富汗，1949—1961年，中苏基本上是携手一致的。从1962年开始，中苏之间明显存在竞争，中国驻阿使馆明确将苏联称为“苏修”。1962年3月27日，中国外交部还曾指示中国驻阿使馆：“在对外宣传方面，重点应是反帝。反帝也势必暗含地捎及修正主义问题。但不宜单独突出反修

① “阿富汗王国外交政策和对外关系基本情况”（1957年1月10日），中国外交部档案馆馆藏档案，档案号：203-00197-06。

② 参见［美］兹比格涅夫·布热津斯基著，邱应觉等译：《实力与原则 1977—1981年国家安全顾问回忆录》，世界知识出版社1985年版，第246页。

③ “驻阿富汗使馆1964年工作规划”（1964年1月2日），中国外交部档案馆馆藏档案，档案号：105-01247-02。

④ 沈志华、杨奎松主编：《美国对华情报解密档案》（第六卷），东方出版中心2009年版，第489页。

问题。关于反修宣传问题，请严格按照国内历次有关指示办理。”[①] 具体说：

第一时期，苏联因素对中阿关系的影响以促进为主，消极为辅。新中国成立之时，苏联已历经几十年风雨，具有强大的实力和国际影响力。为维护社会主义阵营的整体利益，苏联在诸多国际事务中，对中国持支持和帮助的态度。这无论从内政和外交上，对中国都产生了重大影响。新中国成立初期的周边外交也是如此。据美国中央情报局《关于中国在亚洲非共产党国家角色的分析》:“共产党中国对亚洲施加影响的能力同样受到它与苏联关系的影响。苏联在亚洲的经济援助计划以及外交努力，加上其最高领导人的出访，都支持了共产党的总体方针，并由此直接抬升了共产党中国的地位。”“通过其与苏联的关系以及其在社会主义阵营内部受到认可的地位，共产党中国在亚洲人眼中的声望已经得到提升。”[②] 美国中央情报局的分析虽未必全部准确，但至少对阿富汗来说，的确如此。

尽管历史上中阿两国有着密切的往来，但据当时在中国驻阿大使馆工作的杨冠群回忆，中国大使馆刚刚建立时，“中国的影响便微不足道。由于历史的变迁，我们初到阿富汗时，阿富汗全境竟找不到一个华人的踪影。上街时，我们常常被当作日本人或菲律宾人。”[③] 在这种情况下，苏阿关系的发展为阿富汗与中国关系的发展奠定了基础，尤其是为中阿外交关系的建立及中国打开在阿富汗的外交局面提供了有利条件。在阿富汗承认新中国后，1950年5月，苏联驻阿大使馆就通知驻阿富汗的各国大使馆，应中华人民共和国的请求，苏联政府有责

① “驻阿富汗使馆1961年阿富汗形势和使馆工作总结及1962年工作规划及外交部批复”（1961年12月31日至1962年3月27日），中国外交部档案馆馆藏档案，档案号：105-01103-01。

② 沈志华、杨奎松主编:《美国对华情报解密档案》（第六卷），东方出版中心2009年版，第328—329页

③ 杨冠群:《潮头戏水三十年》，四川出版集团、四川人民出版社2006年版，第84—85页。

任保护其在阿富汗的利益。[①]这明确向阿富汗宣示了中苏之间的特殊关系。而后来中阿建交的最终实现，也有着阿富汗向苏联示好的功用。此后，1955年12月11日，赫鲁晓夫、布尔加宁访问阿富汗时达成的苏阿联合声明更明确表示："两国政府深信，远东一切未解决的问题必须为了合乎的利益加以解决，有关中国的问题必须在对中国人民族权力予以应有考虑的情况下加以解决，特别是必须让中华人民共和国在联合国中取得它的合法地位。"[②]苏联这些所作所为，正如中国外交部解密档案的相关资料所言：随着苏联在阿富汗影响的越来越大，"中阿两国在政治、经济、文化各方面的关系的发展前途是广阔的。"[③]"因为苏联的友好和平政策及真诚地援助在阿富汗已发生很大影响，使阿富汗日益靠拢苏联，并对我国和民主国家表示友好态度"，"这些都是我们在阿富汗进行工作的有利条件。""我们必须充分认识这种有利条件，积极开展中阿两国间的贸易来往和文化交流，进行友好访问和活动，并逐步开展文化宣传工作，促进阿富汗人民对新中国的了解。"[④]

在20世纪50年代中期，苏阿关系迅速发展之际，中国外交部清醒地认识到，尽管"就社会主义阵营在阿的工作而言"，"由于地理和经济力量的原因，苏联担负主要责任"[⑤]，但中国也要充分利用各种客观有利条件积极开展活动。毕竟，"中国和阿富汗同为亚洲国家，情感容易相沟通。历史上中国没有损害过阿富汗，彼此并无纠纷，却共同长期

① 参见：*Protection of Chinese Interests in Afghanistan by USSR*, FO371/83566, Complete Files for 1950.

② 人民出版社编：《布尔加宁、赫鲁晓夫访问印度、缅甸和阿富汗期间的讲话》，人民出版社1956年版，第241—242页。

③ "阿富汗王国外交政策和对外关系基本情况"（1957年1月10日），中国外交部档案馆馆藏档案，档案号：203-00197-06。

④ "阿富汗基本情况"（1956年2月25日），中国外交部档案馆馆藏档案，档案号：105-00054-03。

⑤ "阿富汗王国外交政策和对外关系基本情况"（1957年1月10日），中国外交部档案馆馆藏档案，档案号：203-00197-06。

遭受帝国主义的欺辱。新中国成立后，各项政策正确，建设速度很快，宗教信仰自由得到保障。新疆毗邻阿富汗，许多风俗习惯相同，新疆的建设和进步将对阿人民有甚大的影响。"[①] 正因为如此，不少阿富汗人认为"对中国比对苏联更易接近。"[②] 正是基于这一认识，中国在政治、经济、文化等方面积极开展了一些"既为阿方所需，又是我们不难办到的工作"，"在重大政治上彼此支持和照顾，在具体联系上维持既友好又不冷不热的局面。"[③] 通过这些措施，一定程度上促进了中阿关系的发展。

但此时在阿富汗的对外战略中，无论是从中国的实力，还是从与阿富汗国家利益的相关性来看，阿富汗更看重的是美国和苏联，更多的是把阿中关系从属于阿苏关系。因此，"阿政府对我国是友好的，基本上是了解的，也愿意发展一定的关系"，但中阿关系的发展是"有限的和缓慢的"。[④]

但苏联因素除了促进中阿关系，同时它也是一种双刃剑。由于阿富汗担心社会主义阵营在阿富汗的影响过大，防止出现尾大不掉之势。阿富汗在不敢得罪苏联的情况下，包括中国在内的其他社会主义国家往往会成为平衡两大阵营的牺牲品和"替罪羊"。如阿富汗迟迟不敢接受中国大规模的经济援助就是如此。

第二个时期，苏联因素对中阿关系的影响以消极为主，积极为辅。从1956年苏共二十大开始，意识形态和国家利益等因素使中苏的分歧越来越大，到1961年10月苏共二十二大，中苏关系走向全面恶化。从

① "阿富汗王国外交政策和对外关系基本情况"（1957年1月10日），中国外交部档案馆馆藏档案，档案号：203-00197-06。

② 同上。

③ "驻阿富汗使馆1961年阿富汗形势和使馆工作总结及1962年工作规划及外交部批复"（1961年12月31日至1962年3月27日），中国外交部档案馆馆藏档案，档案号：105-01103-01。

④ "1963年阿富汗使馆工作规划和形势总结及外交部批复"（1963年3月31日至1963年7月17日），中国外交部档案馆馆藏档案，档案号：105-01175-02。

中国外交部的解密档案看，就是从这次会议之后不久的1962年开始，苏联对自己苦心经营的阿富汗，虽认为“阿在军援、经援、贸易等方面必须依靠苏联，今后更会如此，苏联已基本上掌握了阿，可以利用这局面在政治、经济、思想文化方面一步步加强控制和影响。”但没有掉以轻心，而是对中国开始采取种种敌对性的举动，“政治上加紧灌输其修正主义观点和诬蔑中国，并更多地要阿支持其外交行动”。据中国驻阿使馆向中国外交部的汇报：1962年上半年，苏联“对阿抓的更紧，苏在阿的势力又有所扩展。”“苏联除继续大力同阿搞友好，多方扩大影响，散布修正主义外，还开始拉阿支持其推行修正主义的一些措施。”两国来往仍频繁，阿访苏代表团七个，苏来阿六个。① 同年下半年，“苏联人有的还在阿人面前对我进行诬蔑，并挑拨中阿友好关系。”“7月苏一秘对我说：阿富汗官员在中印关系问题上不支持中国，只是阿官员不便对我讲。”② “不仅对事情本身颠倒黑白，并影射我不想谈判解决问题，而且还企图挑拨中阿关系。”③ “苏一秘9月当面诬我说：我们在喀布尔大学讲马列主义，宣传中国是对的，苏联是错的。看来这是苏使馆虚构出来，在阿人中散布的谣言。阿朋友告我：有人向阿上层人物散布说中国要像过去的成吉思汗那样向中亚细亚扩张。估计可能是苏联人散布的。阿有朋友同我谈到中苏分歧问题时表示：中国革命胜利前中苏关系是好的，后来就有问题了；中国不在联合国，对国际问题可不负责任，别人则在联合国内，负有责任；等等。这显然

① “我驻缅甸等使馆报回有关苏联对缅甸、柬埔寨、尼泊尔、印度尼西亚、巴基斯坦、阿富汗等国的工作情况”（1962年1月19日至1962年3月29日），中国外交部档案馆馆藏档案，档案号：109-03215-04。

② 参见“1962年苏联在阿富汗的做法”（1963年1月19日），中国外交部档案馆馆藏档案，档案号：105-01564-11。

③ “阿富汗对1962年中印边界冲突问题的反应”（1962年8月6日至1962年11月16日），中国外交部档案馆馆藏档案，档案号：105-01105-01。

是苏联的诬蔑宣传。”[①] 此后，1963年，苏联更加变本加厉，苏联使馆人员对中国使馆人员敌意更浓。“苏馆人员在阿大肆宣传，对我进行诬蔑。在交际场合中，他们到处找阿富汗人谈，而且无耻地对我进行监视，有好几次他们遇见我馆人员同阿人在一起交谈后，就故意插进来，打断谈话。”“苏馆还在阿大量散发宣传品，如散发‘莫斯科新闻’（英文）关于苏共中央公开信和苏联政府8月3日声明等等的专刊（向我馆也发了）。据悉，它向阿人散发时，有时不惜向一个人发上同样的三份。”[②] 同年，中阿边界问题谈判之时，“苏修还大肆挑拨中阿关系”。[③] 在1965年3月中国同阿商谈和签订经济协定前后，苏联还多次“宣传对阿的所谓真诚援助，并放宽了一些经援条件，多给一些小恩小惠。如苏修延长了给阿贷款的偿还期限，加速了一些援建工程的速度，答应助阿制订第三个五年计划，并增加经援（正在谈判中），同意提高进口阿货价格，扩大军援，拖延已久的喀布尔至塔什干航线，也对阿开放了（利润平分）。”[④]

面对苏联的挑拨，中国外交部决定“正确地加强对阿富汗人士的正面宣传，以抵消一部分修正主义的影响。”[⑤] “我们根据不同对象和条件，或是主动进行宣传，或是有意识将问题引向中苏分歧上去，让对方提出问题后我解释、阐明我立场、观点。”[⑥] 中国还决定采取实际行

---

① “1962年苏联在阿富汗的做法”（1963年1月19日），中国外交部档案馆馆藏档案，档案号：105-01564-11。

② “苏联同阿富汗关系（1963）”（1963年1月19日至1963年8月30日），中国外交部档案馆馆藏档案，档案号：109-03352-08。

③ “阿富汗1963年形势及阿对我态度和做法”（1963年12月30日至1963年12月31日），中国外交部档案馆馆藏档案，档案号：105-01247-03。

④ “1965年阿富汗形势摘要和驻阿使馆1966年工作要点”（1965年2月9日至1965年12月25日），中国外交部档案馆馆藏档案，档案号：105-01345-03。

⑤ “1962年苏联在阿富汗的做法”（1963年1月19日），中国外交部档案馆馆藏档案，档案号：105-01564-11。

⑥ “苏联同阿富汗关系（1963）”（1963年1月19日至1963年8月30日），中国外交部档案馆馆藏档案，档案号：109-03352-08。

动以改善中阿关系。“中国人已经意识到了苏联在阿的强大势力，并正尽一切可能试图削弱苏的影响力。”[①]“与喀布尔进行短期合作，甚至是提供经济援助，都被北京认为是用来阻止美国和苏联增加他们在阿富汗势力的合理手段。”[②]但对苏联的不友好行为，中国清醒地认识到，苏联和阿富汗已经形成了特殊而密切的合作关系，要在短期内改变这一状况是不可能。“阿在相当时期内还是要以苏为主要依靠，在同我关系上，还是要多方考虑得失，看风使舵，同我发展关系将是有限度的，在某些问题上还可能有反复。因此我争取阿的工作仍将是长期的和曲折复杂的。”[③]中国对阿要积极争取，多做工作，耐心等待，“根据需要和可能，寻找和利用机会，适当采取主动，以逐步开展两国关系。”[④]

当时，阿富汗深知中苏分歧问题的重大影响，对这一问题的发展趋势一直比较关切。但无论是苏联还是中国，都是地理相邻的大国，实力远超阿富汗，与两国均保持友好更有利于确保其生存空间。而且中苏分歧在阿富汗看来总归还是共产党国家之间的思想、理论上的分歧，它同阿富汗的社会制度和意识形态相距很远。只要不影响到阿富汗的国家利益，阿富汗政府基本上不想介入。但在苏联的长期经营下，“阿在经济上还要靠苏联，军事上更是全靠苏联，因此在政治上也无法摆脱较密切的关系。”[⑤]“更重要的是中国没有公开支持阿富汗在普什图尼斯坦问题上的立场。而苏联坚定地支持喀布尔。像中国指责苏联没有支持中国在中印边界争端问题上的立场一样，在阿富汗眼中北京

① 沈志华、杨奎松主编:《美国对华情报解密档案》（第六卷），东方出版中心2009年版，第490页。

② 同上，第489页。

③ “驻阿富汗使馆调研文章：从中阿关系看美、苏、我争夺阿富汗的形势”（1965年1月3日），中国外交部档案馆馆藏档案，档案号：105-01345-02。

④ “阿富汗1963年形势及阿对我态度和做法”（1963年12月30日至1963年12月31日），中国外交部档案馆馆藏档案，档案号：105-01247-03。

⑤ “苏联同阿富汗关系（1963）”（1963年1月19日至1963年8月30日），中国外交部档案馆馆藏档案，档案号：109-03352-08。

没有支持阿富汗的立场是主要的错误。”[①] 鉴于普什图尼斯坦问题在阿富汗对外政策中的分量和国家利益中的重要性，阿富汗不得不也只能把希望寄托于苏联。在这样的情况下，中阿关系必然会受到干扰。据1966年美国中央情报局的关于中国对阿富汗政策的情报备忘录所称：“抑制了中国在阿影响的一个因素是苏联在阿的势力已经很强大了。喀布尔至今已经接受了价值6亿美元的苏联经济援助，这远远超过了北京可以提供的援助水平。”[②] 因此，阿富汗“有时为了需要，也公开采取个别不利于我国的作法，如国王访美和勃列日涅夫访阿前后，阿报刊登苏印等诬我消息多了一些。”[③] 正如中国驻阿富汗大使馆向中国外交部汇报的那样：“因阿对苏的依赖已深，阿会顾虑如何发展中阿关系不使苏联不满，从地理条件上说，如要我支持也有不少困难。同时阿也明白我不愿在阿巴关系问题上公开表示态度。”“在目前情况下，阿寻求我国重大的政治、经济支持的可能性较小。”[④]

但1963年3月，阿富汗国王查希尔亲政后，“阿王室并不愿依靠苏联太深，对苏联的一些强加于人的和控制阿富汗的做法有所不满。”[⑤] “阿不愿让苏修栓死，为了维护其中立政策，在向美帝乞讨、买好的同时，也需要我一定的支持。”[⑥] 而且，中国一贯对阿友好和尊重。因此，阿富汗有意识地用加强与中国的关系来牵制苏联和美国。“阿为了加强同美苏讨价还价的地位，捞取更多的实惠，注意发展同我国的

① Gerald Segal, *China and Afghanistan*，Asian Survey, Vol. 21, No. 11 (Nov., 1981), p.1161.

② 沈志华、杨奎松主编:《美国对华情报解密档案》(第六卷)，东方出版中心2009年版，第490页。

③ “阿富汗1963年形势及阿对我态度和做法”(1963年12月30日至1963年12月31日)，中国外交部档案馆馆藏档案，档案号：105-01247-03。

④ “驻阿富汗使馆1961年阿富汗形势和使馆工作总结及1962年工作规划及外交部批复”(1961年12月31日至1962年3月27日)，中国外交部档案馆馆藏档案，档案号：105-01103-01。

⑤ “苏联对阿富汗的一些做法”(1962年7月12日)，中国外交部档案馆馆藏档案，档案号：105-01506-04。

⑥ “阿富汗1963年形势及阿对我态度和做法”(1963年12月30日至1963年12月31日)，中国外交部档案馆馆藏档案，档案号：105-01247-03。

关系。”[①] 从而使两国关系有较大发展。阿富汗之所以如此，归根到底是“由于需要借助同我国关系的发展，提高其政治威信和国际威望，笼络人心，解决内部困难，并在同美苏的关系中，取得主动。”“但同我关系发展太猛，则怕开罪美苏，招来新的压力，同时对我政治影响仍有疑虑和戒备。因此两国关系的进展只能是逐步的，缓慢的。”[②]

从1973年达乌德再次上台到苏联从阿富汗撤军乃至到苏联解体，苏联对阿富汗的影响是压倒性的一家独大，苏联因素对中阿关系的影响基本上均是负面的。在苏联的支持下，1973年达乌德再次上台，其亲苏的立场决定了在剑拔弩张的中苏关系下，中阿关系必然出现倒退。达乌德政权调整对外政策后，中阿关系有所恢复。但好景不长，1978年苏联扶持的阿富汗人民民主党发动政变推翻达乌德后，开始全面倒向苏联，逐渐使中阿关系进一步恶化，并最终走向死胡同。1978年底签订的为期20年的苏阿友好、睦邻与合作条约，一个重要目的就是“针对着莫斯科的仇敌中国”“采取的外交行动的”。[③] 而1979年苏联入侵阿富汗后，在苏联的操纵下，阿富汗卡尔迈勒傀儡政权鹦鹉学舌地攻击中国，导致中阿官方关系实际上停止了。

综上所述，在中苏分裂前，中国作为社会主义阵营的一员，中阿关系从属于阿苏关系。苏联因素对中阿关系主要是积极的，而中苏关系破裂后，苏联因素转而成为阻碍中阿关系发展的力量。

第三节　邻国因素

在中阿关系的发展演变中，除了大国因素之外，邻国因素也是不

① “刘少奇出席访问阿富汗参考资料：阿富汗当前的内外动向”（1966年3月1日），中国外交部档案馆馆藏档案，档案号：203-00547-02。

② “驻阿富汗使馆调研文章：从中阿关系看美、苏、我争夺阿富汗的形势”（1965年1月3日），中国外交部档案馆馆藏档案，档案号：105-01345-02。

③ “美报评苏联阿富汗条约”，《参考消息》1978年12月9日，第3版。

可或缺的重要方面。当然，苏联虽是大国因素，但它也是邻国。由于前文已经阐述，此处不再论述。此处重点阐述的是对中阿关系有着重要影响的两个重要邻国——印度和巴基斯坦因素。在影响中阿关系的诸多因素中，巴基斯坦和印度的态度以及它们之间的竞争关系是最重要的因素之一。

一、巴基斯坦因素

1947年印巴分治以后不久，两国就因克什米尔争端走向对立面。而巴基斯坦和阿富汗也因普什图尼斯坦问题不时处于紧张状态。因此，巴基斯坦建国伊始，就清醒地认识到："我们独立以来的外交政策主要有两个决定因素：首先，维护我们的领土完整和政治独立，避免因为印度坚持不懈实施的离心力的牵引而受到削弱；其次，努力让阿富汗放弃其收复领土的要求，并承认现有巴阿边界的合法性。"[①] 为此，巴基斯坦在自身实力有限的情况下，在分治伊始就试图与区外大国结盟，以消减地区力量的严重失衡状态。经过努力，1954年，美巴成功结成军事同盟。"自巴基斯坦接受美国军援和参加军事集团后，印巴、巴阿关系更为紧张。尼赫鲁曾说，巴基斯坦接受美国军援，把冷战带到印度的大门。阿富汗也认为巴基斯坦追随美国侵略政策，'破坏了这个地区的均衡'而感到自己受到威胁。"[②] 但随着国际国内形势的变化，巴基斯坦为避免两面受敌，于20世纪60年代初，着手改善与阿富汗的关系。与此同时，巴基斯坦也力图改变20世纪50年代与中国关系冷淡的状态。在这种背景下，巴基斯坦对中阿关系必然有着重要影响。

---

① Sajjad Hyder, *Foreign Policy of Pakistan—Reflections of An Ambassador*. Progressive Publishers, 1987, p.148.

② "巴基斯坦的基本情况和动向"（1956年2月25日），中国外交部档案馆馆藏档案，档案号：102-00055-05。

第一，巴基斯坦的阿富汗政策及巴阿关系的历史演变。

在阿富汗的邻国中，巴基斯坦居于特殊而重要的地位。从巴基斯坦独立伊始，巴阿关系就错综复杂、纠缠不止，其中核心问题就是普什图尼斯坦问题。由于普什图尼斯坦问题事关阿富汗和巴基斯坦的核心利益，两国都不愿意让步。对阿富汗而言，无论从民族感情、国防，还是从经济以及政治等方面的实际利害考虑，阿富汗政府都不能退让。民族感情上，阿富汗和普什图尼斯坦同文同种，历史上这一地区一直属于阿富汗。也由于同文同种，这样一个地区当然会与阿富汗友好相处并成为后者的屏障，因而有利于阿富汗的国家安全。而且，巴基斯坦与阿富汗的重要隘口均在普什图尼斯坦地区内，对阿富汗国防上具有十分重要的战略意义。经济上，普什图尼斯坦的回归可以为阿富汗谋取梦寐以求的出海口，彻底改变对外贸易通道依赖巴基斯坦的状况。而且，由于巴基斯坦的经济状况比阿富汗强，若普什图尼斯坦长期不能收回，这对阿富汗境内的普什图人必然有所影响，甚至可能引起后者对阿富汗的离心倾向。更为重要的是政治上的原因，阿富汗政府利用这一问题，借此笼络一部分热衷于支持普什图尼斯坦运动的部落领袖们，缓和国内矛盾，统一对外，以巩固国内的统治。对巴基斯坦而言，也有着自己的考虑。普什图尼斯坦地区占整个巴基斯坦西北边省和俾路支斯坦的大部分，面积约占西巴近三分之二。而且该地区毗邻苏印的地理位置，军事价值不言而喻。若失去对这一地区的控制，势必会使原本实力弱于印度的巴基斯坦力量进一步削弱，这必然危及整个国家的统治，也是巴基斯坦所不愿见到的。因此，巴政府自然不可能同意该地区独立，甚至不愿给予一定的自治权。

从巴基斯坦独立开始到20世纪60年代前期，巴基斯坦和阿富汗的关系就因为这一问题先后发生过三次重大危机。尽管期间两国关系虽偶有缓和，但这一问题犹如一枚随时可以爆炸的炸弹，成为两国关系发展的最大障碍。

第一次危机发生在1949年到1952年。自1893年英国强迫阿富汗签订《杜兰协定》将普什图尼斯坦地区一分为二[①]之后，阿富汗一直谋求收回失地。1947年6月3日，趁印巴即将分治之际，阿富汗正式向英国提出照会，要求英国策动的普什图尼斯坦地区归属的公民投票有四种选择：并入印度、并入巴基斯坦、并入阿富汗或自行独立。但遭到英国的拒绝，英国只准普什图人选择并入印度或并入巴基斯坦。7月，在英国的操纵下，在军警监视和相当一部分人没有参加的情况下，投票结果是并入巴基斯坦。[②]对此，阿富汗深感失望，认为此次投票没有考虑到普什图人的权利，是非法的，于是一直支持该地区的“红衫党”的独立自治运动。同年9月，在联合国投票表决巴基斯坦加入联合国时，阿富汗以普什图尼斯坦问题未能解决为由投了唯一的反对票。

1949年，阿富汗向巴基斯坦提出杜兰线以西、印度河以东、奇特拉尔（CHITRAI）以北、阿拉伯海以南（卡拉奇除外）的广大地区成立普什图尼斯坦独立国家。巴基斯坦毫不犹豫地拒绝，巴表示它是英印当局一切权利和义务的合法继承者，该部落地区是它的不可分割的一部分，“杜兰线”不容改变，“公民投票”合法，阿方的要求是干涉巴的内政，“破坏巴领土完整”。因此，虽然双方多次会谈，但立场相差太远，未能达成妥协。1949年7月，阿富汗大国民议会宣布，废除1893年的杜兰协定及其他任何涉及普什图人地位的条约。9月，在巴境内的普什图人宣布建立独立国家——普什图尼斯坦。在此前后的1949年6月至1951年底，巴阿两国不断发生边境冲突事件。尤其是1950年

① “杜兰线”不仅把具有战略重要性的苏里曼山脉诸山口置于英国控制之下，而且把原属阿富汗管辖的一千多万普什图族人分割为二，将“线”以东的部分并入英属印度的西北边省。

② 1947年7月，英国人在西北边境省组织了公民投票，参加投票的人数占所有有投票资格的55.5%。其中，55%投票赞成加入巴基斯坦，0.5%投票赞成加入印度。参见：Louis Dupree, *Afghanistan*, Princeton University Press, 1978, p21.另外，有资料显示，当时投票赞成加入巴基斯坦的人为289244人，而投票赞成并入印度的为2874人。参见：Mohib Ullah Durani. Ashraf Khan, *Pakistan-Afghan Relations: Historic Mirror*, The Dialogue,Vol. IV, Number 1.

9月，两国爆发大规模军事冲突。同年，巴基斯坦宣布对阿富汗实行禁运。由此，巴阿关系急剧恶化，两国召回了各自大使。这种紧张局面一直持续到1952年末。在美国的调解下，[①]巴基斯坦为谋取美国的军事、经济援助，主动和阿富汗交换了大使，两国遂恢复正常关系。但普什图尼斯坦问题本身并未解决。

第二次危机从1954年11月到1955年9月。1954年11月21日，巴基斯坦政府宣布将西巴合并成一个省。此项措施刚一公布，立刻引起阿富汗的强烈反对。阿富汗首相公开指责巴基斯坦违反普什图尼斯坦人民的生存权利和正当要求。此后阿富汗便不断地进行反对巴基斯坦这一措施的宣传。巴基斯坦也毫不退让。1955年3月27日，巴基斯坦总督正式发布西巴合并的命令。对此，29日，阿富汗内阁举行紧急会议。同日，阿富汗首相就发表了措辞激烈的演说："我愿向全世界毫不含糊地明白表示：阿富汗根本不认为普什图尼斯坦是巴基斯坦的一部分。同时也要声明，此种不明智的步骤所产生的一切不愉快的后果，仅由巴基斯坦政府负责。"他号召阿富汗和普什图尼斯坦人民"准备和警惕，以对付任何时候发生的任何紧急状态"。[②]阿富汗政府并指示其驻巴公使衔代办向巴基斯坦政府提出强硬抗议。翌日，巴基斯坦驻喀布尔使馆便被阿富汗示威群众捣毁，国旗被扯下加以践踏。此后，巴基斯坦采取了报复行动，阿富汗驻白沙瓦领事馆同样遭受捣毁，国旗也受到侮辱。这就是所谓"国旗事件"。"国旗事件"发生后，阿巴关系非常紧张。巴基斯坦政府接连发出强硬照会，要求阿富汗履行"光荣的道歉"，并规定5月15日为最后期限。阿富汗则于5月5日颁布全国总动员令，表示反对巴基斯坦的威胁。而且，双方都召回使节，巴

① 1950年12月及1951年3月，美国负责中东事务助理国务卿麦克希两度同巴阿两国进行谈判。

② "关于巴基斯坦与阿富汗关系的调研资料"（1955年5月24日），中国外交部档案馆馆藏档案，档案号：105-01450-01。

基斯坦还要求关闭在白沙瓦、基达和查曼各地的阿富汗领事馆和商务处，并从5月10日起采取积极封锁手段，严禁阿富汗货物过境。在美国的支持下，经过土耳其、沙特阿拉伯、伊拉克、伊朗等中东各国的调停和奔走，“国旗事件”顺利解决。9月30日，巴基斯坦和阿富汗恢复外交关系。“国旗事件”解决后，从表面看来阿巴关系似乎终于缓和，但是双方对普什图尼斯坦这一根本问题的纠纷并未获致任何协议。这一问题始终是两国挥之不去的心结。

第三次危机从1959年下半年到1963年5月。从1959年下半年开始，巴阿关系再次因普什图尼斯坦问题又比较紧张。在美国的调解下，1959年年底到1960年年初，阿富汗与巴基斯坦的关系曾一度短暂的缓和。1960年1月，阿富汗外交大臣纳伊姆还访问了巴基斯坦。但这种缓和的情况为时短暂。在赫鲁晓夫访问阿富汗再次宣布支持阿富汗之后，巴阿关系很快又进入了新的紧张阶段。从9月起到次年7月，两国之间爆发了连续不断的规模、程度和数量远超以往的武装冲突。这直接导致了巴阿关系急剧恶化以致1961年9月外交关系的断绝。两国断交以后，美国、伊朗曾先后调解，但是由于双方在普什图尼斯坦问题及阿富汗在巴基斯坦设领事馆问题上分歧很大，阿巴关系一直处于僵持状态。绝交后，阿经济损失很大，经济困难日益严重，并因而导致民众的严重不满，王室内部也有分歧。因此，在强大的压力下，1963年3月，阿富汗内阁改组，在普什图尼斯坦问题上态度强硬的首相达乌德下台。这为阿巴修好提供了有利时机。新内阁上台后，在外交战略上较为灵活，在同美国改善关系的同时，着手恢复和改善同巴基斯坦的关系，增进同印度和伊朗的关系，在普什图问题上表示要用和平的方式解决，为阿巴复交等问题的解决制造了缓和气氛。

20世纪60年代初，巴基斯坦在外交上困境重重。困境的根源是美国南亚政策的转变。时任美国总统肯尼迪把印度看作是制衡中国、遏制共产主义的最好屏障。他认为，印度是亚洲的关键地区。[①] 与巴基斯坦相比，他更看重印度的战略地位。因此，美国一改20世纪50年代"重巴轻印"政策，而转变为"重印轻巴"。在此情况下，美国不可能帮助巴基斯坦实现其对外政策的主要目标——解决克什米尔问题。而且，随着美印关系不断改善，美国对印度的军事援助日益增加，这个"最敏感的问题上刺痛了巴基斯坦政府"。[②] 因为在巴基斯坦看来，"关于中国跨越喜马拉雅山全面入侵的恐惧，只不过是印度和美国虚构出来的"[③]，而以美国为首的西方资本主义国家给其宿敌印度的军事援助则会严重威胁到巴基斯坦的安全。[④] 由此，巴基斯坦对其西方盟国的幻想破灭和因此引起的不安全感和被出卖感导致巴基斯坦重新评估其外交政策，"使巴基斯坦谋求同中国和解的政策更加坚定"。[⑤] 同时，巴不愿树敌过多，改善同阿关系政治上对其有利，便于集中力量对付印度，经济上由于阿富汗过境贸易的开展也可获得一定好处，因此主动在经济上予阿富汗以便利，以换取后者在普什图尼斯坦问题上的最大限度的妥协。正是由于双方出于政治和经济上的需要，借美国的积极撮合和伊朗出面调解之际，于5月28日在德黑兰谈判达成协议，宣布复交，巴接受阿在巴重开领馆和商务处，并同意阿进行过境运输。阿方同意将普什图尼斯坦问题和复交问题分别处理，并同意明确规定其在巴的领馆和商务处"代表职责和作用仅限用执行官方任务。"[⑥] 双方再次将

---

① 参见：Dennis Merrill, *Bread and the Ballot: The United States and India's Economic Development 1947-1963.* The University of North Carolina Press, 1990, p.170.

② ［英］D. C. 瓦特编，上海市政协编译工作委员会译：《国际事务概览（1963）》，上海译文出版社1985年版，第125页。

③ 同上，第126页。

④ 参见：U.S. Department of State，*Foreign Relations of the United States 1961-1963*, vol. 19, U.S. Government Printing Office, 1996, p.630.

⑤ ［英］D. C. 瓦特编，上海市政协编译工作委员会译：《国际事务概览（1963）》，上海译文出版社1985年版，第127页。

⑥ "阿富汗对外关系资料"（1963年10月24日），中国外交部档案馆馆藏档案，档案号：105-01179-02。

普什图尼斯坦问题搁置。

此后相当长时间内，两国关系有所缓和。巴基斯坦意识到巴阿关系稳定的重要性。而阿富汗也逐渐认识到要巴基斯坦同意占西巴面积近三分之二的普什图尼斯坦地区成立独立国家或回归阿富汗是办不到的。随着时间的推移，巴基斯坦的普什图人在巴基斯坦的政治、经济地位日益提高，甚至1958年之后担任巴基斯坦总统长达10年之久的阿尤布·汗就是普什图人，普什图尼斯坦独立的意识也日益淡薄。再加上巴政府刚柔并施，取得相当的效果，比较成功地瓦解了该地区的独立运动，使普什图尼斯坦独立缺乏内在推动力。因此，阿政府所主张的成立普什图尼斯坦国家和阿富汗收回这一地区至少在可以预见的将来是没有可能的。而且，阿富汗若想发展经济，与巴基斯坦改善关系、借道巴基斯坦是最佳选择。鉴于此，阿富汗政府对普什图尼斯坦的政策逐渐转变为争取其成为巴境内的一个自治地区。甚至1963年9月，阿富汗国王查希尔表示："阿政府和我本人期望外交关系的恢复能创造一种气氛，在这气氛中巴基斯坦能理解阿对巴发展友谊与进行合作的真诚希望，从而找出和平解决普什图尼斯坦问题的途径。"[①] 乃至1965年、1971年两次印巴战争中，阿富汗对巴基斯坦没有趁火打劫，而是严守中立。直到1973年阿巴关系一直比较平稳。其间，1972年1月，巴基斯坦总统佐·阿·布托访问了阿富汗，并与阿富汗国王查希尔进行了会谈。

1973年达乌德通过政变上台之初，一方面要对其支持者兑现承诺。"普什图民族主义者期望民族主义的达乌德能够复兴普什图尼斯坦运动，或者能与巴基斯坦修改边界线。"[②] 另一方面，达乌德希冀以此转

① "阿富汗国王查希尔及部分访华随行人员介绍"（1964年10月1日至1964年10月30日），中国外交部档案馆馆藏档案，档案号：204-01327-04。

② ［英］沙伊斯塔·瓦哈卜、巴里·扬格曼著，杨军、马旭俊译：《阿富汗史》，中国大百科全书出版社2010年版，第144页。

移国内民众的视线，借此巩固自己的统治。因此，达乌德一度在“普什图尼斯坦问题”上对巴基斯坦实行强硬的态度，公开鼓励巴基斯坦的普什图族实行民族自决。巴阿关系也由此趋冷，边境冲突频发。1975年9月，阿富汗对“普什图尼斯坦问题”的政策开始调整。巴阿关系也由此改善。1976年6月和8月，达乌德与巴基斯坦总理布托互访。巴基斯坦总理布托第一次公开承认两国存在分歧，阿富汗同意根据和平共处五项原则精神来解决这一分歧。齐亚·哈克担任总统后，两国首脑再次互访。[①]

1978年阿富汗人民民主党政变后，塔拉基和阿明在记者招待会上多次公开表示：“我们同巴基斯坦也有着友好和睦邻关系。”[②]但塔拉基和阿明重提“普什图尼斯坦问题”，使阿巴关系再次渐趋紧张。不过，塔拉基和阿明在多次接见外国记者包括巴基斯坦记者和在其他公开场合的讲话时也表示了“通过友好谈判解决阿富汗与巴基斯坦关系中唯一的政治问题——普什图人和俾路支人民族问题的爱好和平的意愿”。[③]阿明发动政变上台后，与苏联关系恶化，一度试图改善与美国、中国和巴基斯坦的关系，但刚刚尝试，就被苏联入侵阿富汗所打断。

第二，巴基斯坦因素对中阿关系的影响。

巴基斯坦位于南亚次大陆的西北部，与中国新疆接壤，是最早与新中国建交的民族主义国家之一。但在1951年中巴正式建交后，在全球冷战的格局下，巴基斯坦一度奉行与美国结盟的外交政策。从1953年到1955年，巴基斯坦和美国先后签订了《美巴双边防务协定》、《共同防务援助协定》、《东南亚条约》和《巴格达条约组织》等四个条约，两国关系之密切可见一斑，甚至巴基斯坦被称为“美国在亚洲的最亲

① 参见彭树智：《阿富汗史》，陕西旅游出版社1993年版，第326页；[美]路易斯·杜普雷著，黄民兴译：《阿富汗现代史纲要》，西北大学中东所2002年版，第276页。

② 沈志华主编：《苏联历史档案选编》第32卷，社会科学文献出版社2002年版，第45页。

③ 同上，第45—48页。

密的盟友”。在这种情况下，巴基斯坦对涉及新中国国家主权和核心利益的“台湾问题”“新中国恢复在联合国的合法席位问题”“西藏问题”等问题上做出了种种不利于新中国的举动。因此，无论是从意识形态还是从国家利益上讲，中国对奉行中立及向以苏联为首的社会主义阵营靠拢的阿富汗有着更多的好感，在阿巴关系上，中国大多是支持阿富汗的，中国外交部的解密档案就认为，“阿巴间的斗争实际上是美国对阿苏关系发展所进行的侮辱中伤的反映。”[①] 如在阿巴之间的核心问题——普什图尼斯坦问题上，尽管由于考虑到问题的复杂性和中阿、中巴关系，中国从未公开明确表态。但周恩来和陈毅等中国领导人多次在其他场合向阿富汗“表示同情和支持，并希望此问题能取得和平解决”。[②]

在达乌德执政时期（1953—1963年），中阿关系的平稳发展引起了巴基斯坦的猜忌与不安，巴基斯坦始终以一种警惕的眼光看待中阿之间的往来，并且力图破坏中阿关系。巴基斯坦曾多次尝试分化、挑拨中阿关系。对阿富汗极为在意的普什图尼斯坦问题，1956年底周恩来总理访问巴基斯坦前，巴基斯坦媒体就报道周恩来总理准备在访问巴基斯坦期间将访问阿巴边境的争议地区，力图造成中国承认巴基斯坦立场的假象。此后，据1959年8月中国驻巴基斯坦大使馆编写的《阿尤布执政以来的巴、阿（富汗）关系》称：“自西藏叛乱发生后，在美国指使下，巴一面乘机对我国进行攻击，一面在拉拢印度的同时又拉阿富汗。阿尤布在多次的演说中都对阿进行政治上和宗教感情上的拉拢，还发动舆论配合。”“巴还以挑拨离间的伎俩企图分化阿与社会主义国家的关系。在我国的西藏叛乱发生后，巴更大肆制造‘共产主义

① “苏联和阿富汗官员谈两国关系”（1959年1月10日至1959年11月19日），中国外交部档案馆馆藏档案，档案号：109-01932-04。

② “巴基斯坦—阿富汗关系恶化及我方态度”（1961年5月8日至1961年6月6日），中国外交部档案馆馆藏档案，档案号：105-01052-08。

威胁与侵略’的谬论，扬言‘国际共产主义威胁着阿富汗领土的完整与民族的独立’，希望两国人民挽起手来以应付‘共产主义的威胁与侵略’。”[①] 同年9月8日，巴各大报纸均在头版显著位置刊载巴北部边境领空受到不明标志的外国喷气式飞机侵犯的消息。报道的字里行间暗示该飞机很可能是来自中国和阿富汗。“领空侵犯事件显然是指中国与阿富汗而言的。”巴基斯坦总统阿尤布在多次谈话中强调“领空侵犯事件来自北部与西部，即来自苏中，某些来自阿富汗方面”。1959年12月20日，巴基斯坦总统阿尤布进一步宣称：“俄国在阿增长着的活动不仅是对巴的威胁，而且是对整个半大陆与沿海的威胁。”“总有一天来自俄国的活动通过这个地区一直伸展到沿海方面，从中国来的活动通过缅甸伸展到马来亚。”[②]

巴基斯坦还直接采取外交行动抗议中方的一些行为。如1961年上半年中国的新华社报导了“巴基斯坦政府和军队对阿巴边境的普什图尼斯坦地区所进行的枪杀人民的活动”，巴基斯坦驻华大使馆于4月下旬和6月初，就上述报导两次致函新华社，表示不满。新华社没有“理睬巴方这种施加压力的态度”。[③] 6月3日，巴外交部秘书莫希德约见中国驻巴大使丁国钰，“希望今后中国报纸不登对巴不利的消息”。[④]

此外，巴基斯坦对中阿两国之间的大事件，大多淡化处理，如对1960年陈毅赴阿富汗签订中阿友好互不侵犯条约，“巴官方无公开言论，报纸亦无评论”，“报纸多以不显著地位刊登零星消息”。[⑤]

① “阿富汗王国情况简介及中国与阿富汗的关系情况”（1959年6月12日至1959年8月29日），中国外交部档案馆馆藏档案，档案号：204-00616-02。

② “1959年下半年以来的巴基斯坦与阿富汗关系的新发展”（1960年1月14日），中国外交部档案馆馆藏档案，档案号：105-01450-06。

③ “巴基斯坦—阿富汗关系恶化及我方态度”（1961年5月8日至1961年6月6日），中国外交部档案馆馆藏档案，档案号：105-01052-08。

④ 同上。

⑤ “我驻巴基斯坦使馆报告巴迄今未公开评论陈毅外长访问阿富汗”（1960年8月29日），中国外交部档案馆馆藏档案，档案号：105-00991-12。

但中国综观国际局势，从睦邻外交出发，也是出于“打开西部的大门”的需要，充分认识到巴基斯坦言行背后的苦衷，对巴基斯坦的言行始终抱着一种比较宽容和谅解的心态，没有深究巴基斯坦的责任，而是把账算在了美国的身上，认为是美国主使的结果。如1959年西藏叛乱后，巴基斯坦对“中国大肆进行诬蔑和诽谤”，中国外交部认为，“这是美蓄意在远东制造紧张局势，指使巴挑拨中印、苏阿关系而拉拢印度，搞印巴联防的新的阴谋的一部分”。① 随着20世纪60年代初期中巴关系的逐步改善，中国在涉及到巴基斯坦的事务中更加充分照顾到巴基斯坦的利益和反应。如中阿边界谈判新闻公报拟于1963年3月2日公布，当天正是中巴边界协定签署的日期，中国外交部特意指示副部长耿飚派人向巴基斯坦外交部做解释。② 而1965年第二次印巴战争爆发后，巴基斯坦担心阿富汗趁机对其不利，还曾向中国寻求帮助。巴基斯坦总统阿尤布和外交部长布托请中国驻巴大使丁国钰转告中国政府：“在这方面，中国如有什么情况，希向巴提供。阿尤布并请中国对阿富汗施加影响，叫阿小心不要进行威胁。”由于阿巴关系微妙，阿对巴态度有突然转变的可能性，中国外交部决定，“尽速了解情况，酌情对阿做些工作，这可以减小巴压力”。③

从中巴关系有改善动向的开始，阿富汗就颇为关心。1961年3月，巴基斯坦正式照会中国提出中巴边界谈判后，巴基斯坦政府大肆宣传，在各种场合积极营造两国关系改善的氛围。同月，中国驻阿富汗使馆向中国外交部汇报：“阿官员非常注意巴外交部谈中巴边界谈判事，曾问我是否在谈”，阿富汗“外交部联合国科长说巴同中国谈边界问题主

① “1959年下半年以来的巴基斯坦与阿富汗关系的新发展”（1960年1月14日），中国外交部档案馆馆藏档案，档案号：105-01450-06。

② 参见“为中国和阿富汗边界谈判公报的公布日期向巴基斯坦外交部做解释事”（1963年2月25日），中国外交部档案馆馆藏档案，档案号：105-01565-05。

③ “阿富汗和巴基斯坦边界争端及阿对印巴冲突的表态”（1965年4月22日至1965年9月20日），中国外交部档案馆馆藏档案，档案号：105-01350-01。

要是向印度作姿态。新闻署顾问说希望苏、中朋友记住巴是英美的儿子，决不会对邻国真正友好”，“阿不希望苏、中同巴接近和友好”。阿新闻署首席顾问和《友谊报》主编（新闻署对外关系处处长兼）还曾几次向中国驻阿富汗使馆反复表示，希望北京电台播发阿富汗关于普什图尼斯坦地区冲突的报道。之所以如此，“估计阿不愿我同巴谈此事，因阿不愿中巴关系改善，故阿现要求我在舆论上支持它，以示中巴谈判不影响我对阿的支持，亦可试探我目前对巴、阿的具体态度”。[①] 阿富汗还试图以此为契机，让中国迫使巴基斯坦在普什图尼斯坦问题上让步。1961年4月9日，阿富汗皇叔瓦里汗对中国驻阿大使郝汀表示：“现在是中国的好时机。中国可先谈和平意愿继而指责巴基斯坦政府对普什图人的镇压，巴鉴于中苏的态度将作考虑，会像苏伊士运河事件时中苏发表了强有力的声明，制止了帝国主义对埃及的侵略那样。瓦还一再问我国对目前阿巴争执的态度和如阿巴打起来我的态度。”郝汀“表示对阿支持”。[②] 阿富汗还力图采取措施消除、平衡中巴关系改善的冲击。正如前文中所述的中阿边界问题的解决和1963年阿富汗重提通航问题，就是因为这一点。此后，在中巴关系改善已成既成事实的前提下，阿富汗退而求其次，希望中国不要介入阿巴领土争端问题。1965年3月，阿富汗曾提出陈毅访问巴基斯坦时不要参观巴基斯坦西北部落地区，“希望中国不介入阿巴间普什图尼斯坦问题的纠纷，中国领导人访巴时不要去白沙瓦及附近部落地区参观，阿对去参观这一地区是不高兴的”。[③]

中国在发展中巴关系的同时，在可能情况下，也适当考虑到阿富汗的感情、利益和立场。这种状况一直延续到1979年苏联入侵阿富

---

① “驻阿富汗使馆关于苏联与阿富汗关系的报道”（1961年1月7日至1961年9月14日），中国外交部档案馆馆藏档案，档案号：109-03027-01。

② 同上。

③ “阿富汗提出陈毅副总理访问巴基斯坦时不要参观巴西北部落地区”（1965年3月23日至1965年4月1日），中国外交部档案馆馆藏档案，档案号：203-00436-01。

汗。为打消阿富汗对中巴关系改善的疑虑，1961年12月，中国外交部耿飚副部长接见阿富汗驻华大使萨马德，耿飚“简告巴向我建议谈判边界事，并说即使将来中巴谈判也决不会影响中阿友谊”。[①] 1962年1月，中国外交部估计“阿对中巴政治关系的改善会有些顾虑和不满，怕巴借此题目作不利于阿的宣传，对阿造成一种压力，也怕我因此对普什图尼斯坦问题的支持减少，但这不会改变阿对华的基本政策。阿可能适当主动对我采取措施来抵消巴的宣传影响，可能要求我支持普什图尼斯坦问题，甚至也提出谈判中阿边界问题或重提航空协定问题”，[②] 决定“国内也考虑今年与阿多搞些来往。总理已重申对阿国王的邀请。我可能派一小型艺术团参加阿独立节。阿方如能派出文化或其他代表团访华，我亦欢迎”。[③] “对阿方国家领导人的重要言语和一般情况的报道，可适当增加一些”，对阿节日，“注意组织少量专门稿件或图片”。[④] 1962年中巴边界谈判正式开始前，陈毅还特意向阿富汗驻华大使打招呼，说明中巴边界谈判“与阿巴边界无关，中阿友好关系不受影响，使阿方安心”。[⑤] 经过中方的解释，阿富汗表示中国希望有一个安宁的边界以及中国要孤立印度，要利用巴美、印巴的矛盾的立场是可以理解的。阿富汗副首相“纳伊姆表示了谅解态度，阿官方大多数人士都能理解我此举的用意，也相信中国对阿友好政策不会变更。虽然部分人士中感情上有点不快，但阿官员都怀疑巴对中巴谈判的诚

① “耿飚副外长接见阿富汗驻华大使萨马德谈话记录”（1961年12月28日），中国外交部档案馆馆藏档案，档案号：105-01049-01。

② “关于改善中国和阿富汗关系的设想和意见”（1962年1月6日至1962年2月14日），中国外交部档案馆馆藏档案，档案号：105-01102-02

③ 同上。

④ “外交部关于1962年对阿富汗工作的几点建议（附阿富汗1961年形势回顾和1962年展望）”（1962年1月4日至1962年1月6日），中国外交部档案馆馆藏档案，档案号：105-01102-01。

⑤ 同上。

意”。[①] 中巴边界谈判结束后，中国外交部还指示中国驻阿大使郝汀告知阿方中巴边界协定已商妥的事实。[②] 1963年中阿边界谈判前，中国外交部决定，在中巴关系有较大发展、阿巴关系也有一定的缓和的情况下，中国领导人在接见阿富汗谈判首席代表卡尤姆的时候，“可就中巴关系作些解释，以取得阿的谅解并为阿巴关系进一步缓和作适当的推动。如阿方提及阿巴分歧问题时，我可持促其和解的态度”。[③] 1964年11月4日，阿富汗国王访华期间，巴基斯坦驻华大使罗查约见中国外交部副部长姬鹏飞，面交巴基斯坦政府的电文一件，“希望中国方面向国王陛下转述：巴基斯坦政府希望同阿富汗改善关系，不要因为‘普什图尼斯坦’问题而影响两国关系的正常化”。中国外交部决定：“阿国王来访，也主动与我谈到此问题，对巴不满，毛主席和刘主席均已对其作了解释，说明阿巴都是与我友好的国家。希望他们通过和平谈判解决此一问题，并且阐明了我对巴近年来政策上变化的看法。鉴于巴过去曾主动为改善中土、中伊的关系作了不少推动工作，如我拒绝巴方要求，不将巴方意见转达阿方，可能引起巴方的不满，因此建议由韩念龙副部长向阿外交部秘书长埃特马迪当面委婉转达巴方面的意见，并同时重申我对此问题的立场，以免引起阿方的误解。”[④] 1965年3月，陈毅访问阿富汗，阿富汗再次表示：“阿对中巴关系的发展有些担心。”“我除重申对阿巴争端持不介入立场外，强调决不会因中巴友好，

① “1962年阿富汗形势和外交动态”（1962年4月1日至1962年11月14日），中国外交部档案馆馆藏档案，档案号：105-01504-01。

② 参见“请驻阿富汗大使郝汀将巴基斯坦外长布托访华事告阿方”（1963年2月20日），中国外交部档案馆馆藏档案，档案号：105-01565-04。

③ “阿富汗内务大臣卡尤姆访华：关于签订中国和阿富汗边界条约的时间、地点、人选的初步方案的请示报告”（1963年6月5日），中国外交部档案馆馆藏档案，档案号：204-00888-03。

④ “巴基斯坦驻华大使罗查要求周恩来总理向阿富汗国王阐述巴政府对普什图尼斯坦问题的立场及韩念龙副外长同阿外交部秘书长埃特马迪的谈话”（1964年11月7日至1964年11月12日），中国外交部档案馆馆藏档案，档案号：204-00991-05。

而作损害中阿关系的事。阿方反应很好。”①

中国在开展外交活动或其他各项外事交流活动时，基本上将巴基斯坦和阿富汗放在一起进行。比如1966年3月底到4月上旬，中华人民共和国主席刘少奇在访问了巴基斯坦之后，访问了阿富汗。1966年5月，中国政府文化友好代表团也先后访问巴基斯坦和阿富汗。1972年10月，中国足球代表团先后访问巴基斯坦和阿富汗。1973年3月，中国武汉杂技团在结束了对巴基斯坦的友好访问之后，也到阿富汗进行访问演出。巴基斯坦和阿富汗也在诸多国际事务上对中国表示友好，如在历次联合国大会上支持恢复中国的合法权利。

总的来说，随着国际局势的变化和中巴关系的演变，在20世纪60年代中期以前，中国成功地处理了巴基斯坦因素对中阿关系的不利影响。中国在中阿关系中一直以实际行动证明自己与周边国家睦邻友好是诚心诚意的。从20世纪60年代中期开始，中国政府在大力发展与巴基斯坦关系的同时，妥善处理了与阿富汗的关系，基本上做到了照顾双方的感情与利益。

二、印度因素

在巴基斯坦和阿富汗因普什图尼斯坦问题争持不下之际，印度和阿富汗出于“敌人的敌人就是朋友”考虑，在南亚携手一致共同对付巴基斯坦。因此，印度因素也是考量中阿关系的重要因素。

第一，印阿关系的历史演变。

从印度独立以后，阿富汗同印度的关系一直比较密切，没有基本的利害冲突，在政治上相互支持，在贸易上往来密切，两国关系比较平稳，但阿求印较多。具体说，阿印关系发展过程大体上可分四个阶段：

① “阿富汗和巴基斯坦边界争端及阿对印巴冲突的表态”（1965年4月22日至1965年9月20日），中国外交部档案馆馆藏档案，档案号：105-01350-01。

第一阶段，从印度独立到1959年3月西藏叛乱印度开始反华前——两国政治经济关系发展较正常。印度独立后，阿印两国间的政治关系，逐年有所发展。1950年，两国签订了友好条约。接着两国都成立了友好协会。每年8月阿独立节，印度都派艺术团来祝贺。1958年2月阿国王和1959年2月阿首相达乌德的相继访印，进一步拉近了两国的距离。特别是达乌德访问印度，使两国关系更有所接近。此次访问是在这种情况下进行的：一方面，1958年10月阿尤布发动军事政变出任巴基斯坦总统后，逮捕了普什图尼斯坦独立运动的领袖加法汗，巴阿关系重趋紧张；另一方面，在美国策动下，巴基斯坦、土耳其和伊朗三国正加紧谈判新的双边军事协定，直接威胁了阿富汗的安全。此次访问，达乌德同尼赫鲁进行了会谈，专门讨论了同巴基斯坦的关系问题。访问的公报表示：两国“在许多重要问题上有相同的观点，特别是在坚持拒绝参加军事条约方面”，[①] 并表示两国将共同遵循和平共处五项原则。

在经济贸易方面，两国往来日益密切。1950年8月两国签订了贸易协定，规定两国在贸易、经商等方面享有最惠国待遇。1952年，阿印再次签订贸易协定和航空协定，印度是第一个同阿签订航空协定的国家。1954—1955年阿巴关系再次恶化后，面对巴基斯坦封锁阿巴间贸易运输的状况，阿富汗一方面和苏联签订货物自由过境条约，另一方面也向印度寻求解除经济困难的办法。1955年八九月间曾有四十余架次的飞机从坎大哈载运水果至新德里和孟买等地，而阿富汗最需要的茶叶也是印度空运输进的。同年9月，印度政府在阿政府请求下破例地卖给四架达科他式飞机（按印度法律规定飞机不准卖予外国），使阿富汗成立了阿里亚纳航空公司，印度占49%的股份。同年，阿富汗还派遣88名空军人员在印受训和一个工业代表团访问印度。而在阿富汗

① “近年来阿富汗同印度关系的演变”（1962年10月26日），中国外交部档案馆馆藏档案，档案号：105-01506-02。

独立纪念节的时候，由印度交通部长率领的体育代表团也到喀布尔进行了各种比赛活动。据阿富汗经济部的统计，1954—1955年间阿对印度的出口占总出口量的首位，即约26.6%。在阿的进口量方面，印度占25.8%，位居第二位。1957年6月，印度与阿富汗又举行关于改善两国贸易关系的会谈，决定把两国于1952年所缔结的印度阿富汗友好商业条约，略加修正，继续维持有效。“两国政府并且同意为了双方的利益，在不同时期中，不断地重新考虑双方贸易中的问题。”[①] 此外，在1956年苏联给阿军援之前，阿主要通过印度采购英国的新武器和军用物资。

但在普什图尼斯坦问题上，印度的态度比较微妙。这主要由于阿富汗在普什图尼斯坦问题上，要求当地人民有自决权，而印度拒绝在克什米尔进行公民投票，若印度支持阿富汗的立场，则同印度在克什米尔问题上的立场相矛盾。此外，两国还为普什图尼斯坦问题发生过争执——1956年5月，尼赫鲁公开表示契特拉尔[②] 是克什米尔的一部分。阿富汗对此表示不满，因为阿富汗认为奇特拉尔是普什图尼斯坦的一部分。阿外交部发言人发表声明称：尼赫鲁的说法“令人惊异”。“阿富汗对于作为普什图尼斯坦一部分的奇脱拉尔的政策是清楚的。这一政策的基础显然是普什图尼斯坦人民的合法要求，阿富汗已经并将愿意支持这样要求。”[③] 因此，印度政府不好公开表示支持阿富汗的立场，但印度的舆论是支持的。印度也愿意阿富汗在宣传上攻击巴基斯坦当局，使巴基斯坦两面受敌。另外，印度允许在印的“普什图人协会”（普什图尼斯坦独立运动组织）进行活动。而阿富汗也以印度作为它在国外宣传普什图尼斯坦问题的主要场所。

---

① 印度驻美大使馆：“印度与阿富汗的贸易协定”，《世界经济文汇》，1958年第3期。

② 契特拉尔（CHITRAL），又译做奇特拉尔或奇脱拉尔，是巴基斯坦西北边境省的一个县，位于该省最北端。西邻阿富汗，东邻巴控克什米尔，南邻斯瓦特县和上第尔县，总面积14,850 km²，是西北边境省面积最大的县。

③ “阿富汗王国外交政策和对外关系基本情况”（1957年1月10日），中国外交部档案馆馆藏档案，档案号：203-00197-06。

第二个阶段，从1959年3月印度开始反华到1961年9月30日阿巴绝交。阿富汗对印度产生了疑虑，但两国关系尚无大的变动。1959年春西藏叛乱后，中印关系开始紧张，两国因边界争端开始发生冲突，边界局势日趋恶化。印度反华后，阿富汗主要担心两个互有联系的问题：一是美国极力拉拢印度和美巴策划印巴联防问题；二是印度反华和中印关系恶化问题。阿富汗认为，印度日益受美国利用，而为美国对亚洲的侵略意图服务，这对阿坚持中立政策是不利的，尤其是假如印巴联防成功，会使阿在这一地区日益孤立。

印度反华后的一系列外交行动，尤其是美印、苏印关系的密切和印巴的接近，使阿放心不下。因此，1960年阿富汗副首相兼外交大臣纳伊姆回答外国记者问题时表示阿富汗的中立政策比印度历史长不无原因。1961年，不结盟国家首脑会议上，阿不管印度态度如何，首先宣布承认阿尔及利亚临时政府。这同阿承认伊拉克时的情况也是一个鲜明的对比。尼赫鲁知道阿有疑虑，于1959年9月访阿时，重申了印度不结盟、不参加军事条约组织的政策，力图减少阿对印巴联防的顾虑。

阿印两国在贸易上也产生了一些矛盾。由于阿富汗在贸易上多处于出超状态，印度因经济困难，要求平衡与阿的进出口贸易额，因之对阿进口曾一度予以限制。对此，1960年冬，阿还对印提出过异议。后经多次商谈，印度不再坚持要求平衡，但加强了对阿贸易进出口的管理。

但“由于阿印关系较深，印巴联防并未实现，印仍标榜中立，阿对印在贸易上有需要”，因此，这一阶段“阿印关系还未受大的妨害”。[①]

第三阶段，1961年9月阿巴绝交之后到1973年达乌德政变，印度

① “近年来阿富汗同印度关系的演变”（1962年10月26日），中国外交部档案馆馆藏档案，档案号：105-01506-02。

从贸易上着手积极对阿施加政治影响，阿富汗受到一定影响，但在中印边界问题和其他事务上保持中立。印度之所以如此，主要是随着中印关系的日益恶化和印巴的一贯相互敌视，和阿富汗发展关系有利于摆脱周边环境的孤立，也有利于争取在中印边界问题上和阿富汗同样持中立立场的其他国家。就阿富汗而言，在阿巴绝交或敌对的形势下，同印度搞好关系，在贸易和政治上都有好处。阿也不愿同这一邻近的传统关系较深的大国关系交恶。

为巩固、发展和阿富汗的关系，印度有意识地加大了和阿富汗的贸易往来。虽然随着阿苏贸易的发展，印度在阿进出口已下降为第二位，但阿印贸易额的绝对值不断增加，且阿富汗鲜干水果的主要市场仍为印度。阿巴绝交后，阿对印的陆地运输断绝，阿同印度商定空运一部分水果去印。同时，阿的一部分进口物资通过印度再空运回阿。1962年9月，印度还特意派外贸部长来阿商谈年度贸易协定（以前都是阿富汗派商业部司长或处长去印度谈），表示要扩大两国贸易，答应简化阿富汗货物入境的手续。

印度还在普什图尼斯坦问题上向阿富汗示好。1961年9月17日，即阿巴绝交后的第10天，尼赫鲁在记者招待会上对“杜兰线”是巴阿边界表示怀疑。“他表示印巴分治时，印度承认由巴继承巴阿边界上的利益，但现在确实如何，应该如何，以及是否又出现了什么新的因素，这是一个复杂的问题。”①

在印度的推动下，两国政府的往来显著增加。1962年3月，印度邀请阿印友协代表团和艺术团同时访印。8月阿独立节时，印度北方邦教育部长率领艺术团访阿，阿给予较高的礼遇，国王等王室人员两次观看其表演。同年11月，印度政府又邀请阿富汗皇叔瓦里汗访问印度。次年3月，瓦里汗访问了印度。印度“对瓦这次访问很重视，招待很隆

① “1960年以来巴基斯坦与阿富汗的关系”（1962年3月1日至1962年3月31日），中国外交部档案馆馆藏档案，档案号：105-01511-03。

重，竭力对瓦施加影响”。[①] 稍后，阿富汗商业大臣谢尔查德和新闻署长苏海尔又先后访印。同年5月，印度总统访阿。在此次访问的阿印联合公报中，“阿也给印相当照顾，说阿印均是不结盟国家”。[②] 1964年8月，印度外交部长访问了阿富汗。1965年2月，阿富汗首相优素福回访印度。1966年7月，印度副总统侯赛因访问了阿富汗。1967年2月，阿富汗国王查希尔访问了印度。1969年6月，印度总理英迪拉·甘地访问了阿富汗。

但在中印边界问题上，阿富汗一贯持较中立的态度，阿报纸的评论和报道基本上也依此原则行事。但在不同的阶段和不同的问题上，亦有不同的倾向。在1962年10月中印边界战争爆发前，阿政府虽为了平衡与中国和印度的关系保持中立，但“在中印边界的问题上，阿感情上一直更加同情偏袒印度，甚至当周总理访印度期间[③]，阿个别报纸还出现对我不友好的观点”。此外，“尼赫鲁和北平关系的恶化大大促进了印度民间和官方对改善巴基斯坦关系的兴趣”，[④] “在中印边界问题上，阿担心印度可能因而改变其中立政策，同巴和好，以造成对阿的压力”。[⑤] 中印边界战争后，阿对印接受大量英美武器、放弃不结盟政策甚为不安和不满。达乌德曾主动询问中国方面有关印美缔结秘密军事协定问题并甚表惊讶。1962年12月，阿富汗在中印边界问题方兴未艾的情况下主动提出同中国谈判中阿边界问题，客观上对中国也

① “阿富汗皇叔访问印度情况、印度总统访阿以及阿印双边关系”（1963年4月24日至1963年5月21日），中国外交部档案馆馆藏档案，档案号：105-01564-03。

② “1963年阿富汗使馆工作规划和形势总结及外交部批复”（1963年3月31日至1963年7月17日），中国外交部档案馆馆藏档案，档案号：105-01175-02。

③ 1960年4月，周恩来总理访问了印度，与印度总理尼赫鲁进行了有关中印边界问题的会谈。

④ 沈志华、杨奎松主编：《美国对华情报解密档案（1948—1976）》（第八卷），东方出版中心2009年版，第113页。

⑤ “我驻阿富汗使馆报回关于阿富汗对周恩来总理访问印度、缅甸、尼泊尔的反映”（1960年5月3日），中国外交部档案馆馆藏档案，档案号：105-00716-01。

是一种支持。更为重要的是，虽然由于阿印的传统关系和阿巴关系紧张，阿印搞好关系可给巴以压力，故阿不愿因中印边界问题得罪印方，但在中国进行了广泛的宣传、解释后，阿富汗对中国的了解逐步加深，对中国的同情日益增多。总的来说，阿政府尽量避免对中印双方的主张发表自己意见，持态审慎，同时为了阿本身利益，希望对中印都保持友好，而且双方都在争取它，故阿保持中立。

在其他事务上，阿富汗也大多两不得罪。如在1971年第三次印巴战争期间，12月7日，举行联合国大会全体会议通过了一项要求印巴双方立即实行停火并各自从对方领土撤军的提案。中国和100多个国家投了赞成票，苏联、印度等投票反对。阿富汗是少数投了弃权票的国家之一。[①]

第四阶段，从1973年达乌德政变到1979年苏联入侵阿富汗，印阿关系日趋密切。基于中巴关系的改善、美国在第二次、第三次印巴战争中对巴基斯坦的支持，印度与苏联的关系非常亲密，甚至1971年印度与苏联签订了准军事同盟性质的《和平友好合作条约》。在此情况下，1973年达乌德政变后的第三天，即在苏联承认阿富汗新政权的当天，印度就承认了阿富汗新政权。而阿富汗在与苏联大力发展贸易的同时，一方面延续了阿印关系发展的历史惯性，另一方面为针对战略对手巴基斯坦，达乌德比较重视“与印度、伊朗、沙特阿拉伯和波斯湾国家之间经济联系的发展”。[②] 1973年10月，印度外交部长斯瓦兰·辛格访问了阿富汗。1974年2月，阿富汗总统特使纳伊姆访问了印度。此次访问，“印度和阿富汗一致同意使它们的经济关系多样化，并增加文化交流，以使两国间传统的亲密关系‘进一步加强’”。[③] 同年，

① 参见新华社：“联大全体会议以压倒多数通过决议要求印巴双方停火、撤军 许多国家代表发言对苏联支持印度侵巴表示不满”，《人民日报》1971年12月9日，第1版。

② ［美］路易斯·杜普雷著，黄民兴译：《阿富汗现代史纲要》，西北大学中东所2002年版，第274页。

③ “印外长同阿富汗总统特使纳伊姆会谈”，《参考消息》1974年3月4日，第3版。

达乌德“求助于印度和埃及，希望能够为其军事培训提供帮助”。阿富汗还聘请印度技术专家来阿富汗。[①] 1974年6月，印度同阿富汗“制订了一项深远的、包括项目很广的两国经济合作计划，该计划在财政上是没有限制的。”“印度在为现有的工程和计划增加和继续提供援助的同时，还要为新的合作领域提供进一步的援助。”[②] 1976年7月，印度总理英·甘地访问了阿富汗，并和阿富汗总统达乌德就双边和国际关系进行了会谈。1977年，阿富汗派遣政府代表团访问了印度。[③] 同年9月，印度外交部长瓦杰帕伊访问了阿富汗。1978年3月，阿富汗总统达乌德访问了印度。达乌德表示：希望他的访问“开创相互关系中新的一章，实现更为密切的合作”。[④]

1978年4月27日阿富汗人民民主党发动政变后，4月30日，苏联驻阿大使普扎诺夫就在苏联大使馆接见了印度驻阿大使辛格，就承认阿富汗新领导的问题交换了意见。辛格表示，“今天就建议他的政府立即承认阿富汗新政府。”辛格还向普扎诺夫“通报了有关会见西方国家大使的情况。”[⑤] 5月1日，尽管对政变感到意外，但印度继苏联、保加利亚之后承认了阿富汗民主共和国。阿富汗人民民主党领导人塔拉基、阿明多次在不同场合赞赏阿印友好关系。1978年5月6日，塔拉基在记者招待会上公开表示：“我们同印度有着非常良好的关系，并希望同印度和所有其他邻国都保持同样的关系，我们都是弟兄。”5月25日，塔拉基在接受印度周刊记者采访时进一步表示：“我们希望同印度全面发展经济、贸易、文化和技术领域的关系。”[⑥] 同年6月，塔拉基再次对记者表示：“我们同印度的关系一直是友好的，今后也会是这样的。我

① 参见王凤：《列国志 阿富汗志》，社会科学文献出版社2007年版，第392页。
② “印度和阿富汗制订了一项经济合作计划”，《参考消息》1974年7月1日，第3版。
③ 参见“阿富汗积极发展同第三世界国家关系”，《人民日报》1978年1月20日，第5版。
④ “阿富汗总统达乌德到印度访问”，《参考消息》1978年3月6日，第3版。
⑤ 沈志华主编：《苏联历史档案选编》第32卷，社会科学文献出版社2002年版，第5页。
⑥ 同上，第45页。

们确信，印度不仅自己永远不会对阿富汗采取不友好的步骤，而且还会建议别人不要这样做。”[①] 1978年7月，阿明在喀布尔大学发表讲话，也表示：“印度属于支持四月革命的国家之列，我们同其友谊正在发展。”[②] 1979年上半年，由于干旱歉收导致阿富汗的粮食不足，阿富汗得到了印度将提供5万吨小麦的保证。[③]

第二，印度因素对中阿关系的影响。

印巴分治后，印度政府奉行中立和不结盟政策，表示反对殖民主义，同中国共同倡议和平共处五项原则，发起万隆会议。印度的这一政策和阿富汗的传统的中立外交不谋而合，再加上印度是南亚首屈一指的国家，阿富汗和印度搞好关系毫无疑问可以更好地制衡巴基斯坦。因此，阿富汗政府在国际事务中，往往和印度保持一致。如1957年阿富汗在印度之后承认伊拉克塞姆新政府，有阿官员向中国大使馆透露过阿富汗就是这样考虑的。20世纪50年代，中阿外交关系的建立和发展，也和这一点有关。虽然中国外交部解密档案中没有直接发现这一时期的印度如何推动中阿关系的资料，但综观这一时期的阿印关系和中印关系，印度因素一直是影响中阿关系的一个不可忽视的因素。

1959年3月西藏叛乱后，中印关系开始逆转。印度因素对中阿关系的作用从这之前的积极推动转变成了消极阻碍。1962年初，阿印友协代表访印时，印度还故意安排看西藏“难民”演出的戏，和参观西藏“难民”的小学。[④] 中印战争期间，印度为营造国际舆论支持，“加紧在阿人面前诬蔑我国”，其新闻界进行种种误导性宣传。“印度报纸说‘印阿商会’捐款助印。”还有报道称“‘在印度的普什图省会议’支持

① 沈志华主编：《苏联历史档案选编》第32卷，社会科学文献出版社2002年版，第45页。

② 同上，第42页。

③ 参见“路透社报道：阿富汗严重缺粮和严重经济困难”，《参考消息》1979年5月30日，第3版。

④ 参见“近年来阿富汗同印度关系的演变”（1962年10月26日），中国外交部档案馆馆藏档案，档案号：105-01506-02。

印度。”印度使馆还在阿富汗散发各种反华小册子。

1962年11月中印战争结束后，不甘心失败的印度继续竭力分化、离间中国与阿富汗的关系。1963年5月，印度总统访问阿富汗时，竭力游说阿富汗，印总统表示，“如果中印问题不能和平解决，其原因不在印度不准备和平途径去解决问题。”① 1963年10月初即中阿边界条约签订前夕，印度科学研究和教育部长卡比尔“为了反华，为了挑拨中国和阿富汗的友好关系，并且在亚洲国家间制造不和”，在访问阿富汗回国后举行的记者招待会上公开说，在中阿边界谈判中，“中国代表团曾企图称克什米尔是巴基斯坦负责的一个地区，但是，阿富汗不同意这种说法。由于中国不同意提到印度，而阿富汗则拒绝承认巴基斯坦的要求”，中阿双方为此争论了两个月之久。②

印度还积极拉拢阿富汗，使两国关系不断改善。由此，正如前文所述，两国政府的往来比较密切。印度这么做的主要原因是由于“印度同许多邻国关系恶劣，在亚洲愈来愈臭，拉住阿可摆脱些孤立，对其伪装中立和在反华问题上争取同情者也有利。”③

在印度的努力下，据中国外交部档案称，“印度的反动政策，对阿的对外关系起了消极作用”。④ 1960年4月，为解决中印边界问题，周恩来总理访问印度。“在总理访印前夕，阿报道了印方消息较多，曾多次报道尼赫鲁的悲观论调”，“阿方深受印影响，虽然对我国的一片谈

① “阿富汗皇叔访问印度情况、印度总统访阿以及阿印双边关系”（1963年4月24日至1963年5月21日），中国外交部档案馆馆藏档案，档案号：105-01564-03；“拉达克里希南到阿富汗活动”，《参考消息》1963年5月14日，第1版。

② 参见新华社：“我外交部新闻司发言人发表谈话 中阿边界谈判根本没有涉及克什米尔问题”，《人民日报》1963年10月18日，第1版；“中国和阿富汗贸易关系及存在的问题、中阿边界简况、中阿关系大事记（1950—1964年）及普什图尼斯坦问题”（1964年10月28日），中国外交部档案馆馆藏档案，档案号：204-01327-05。

③ “近年来阿富汗同印度关系的演变”（1962年10月26日），中国外交部档案馆馆藏档案，档案号：105-01506-02。

④ 同上。

判诚意有所理解，但它对我的容让精神仍有某些保留。此外，在此期间，帝国主义及印度反动势力曾大肆挑衅，污蔑，力图毒化气氛，但阿报从未予以刊登。”[①] 更为重要的是，“印阿交往中，印度竭力向阿官方上层中伤我国。”“印度驻阿大使抓住一切机会同王室人员进行拉拢，诬蔑中国。这对阿王室是起了些颠倒黑白的坏作用的。”[②] 1962年12月9日，锡兰、缅甸、印尼、柬埔寨、阿联和加纳六个亚非国家的政府首脑或代表在锡兰首都科伦坡举行会议，商讨调解中印边界冲突。会议结束后发表公报，提出了六点建议。在中国政府原则上接受科伦坡会议的建议后，印度宣布它“全盘”接受经印度“澄清”的科伦坡建议。对这一问题，在印度的影响下，“阿舆论上对印有利些。”[③] “阿对六国建议的复杂性和印度的阴谋不清楚，故在开始阶段会产生一些错觉。纳伊姆和瓦里汗曾说：这样中印间又可会谈了。个别官员问道：中国为何不全部接受六国建议？阿报纸在一月下旬至二月上旬间发表了几篇有利于印度的评论，赞扬了印度全部接受建议，说中国是原则上接受。同时，某些阿人士总想要我多让些步，生怕印度向西方走得太远。”[④]

印度的消极影响“也表现在一些反帝反殖的问题上。”1962年9月，“亚洲运动会上对美蒋和印度的破坏，阿就不敢说话。对第二次亚非会议，阿虽支持，但不积极，估计也主要是考虑同印度的关系。”[⑤]

面对印度的负面影响，中国对阿富汗积极团结、争取。中印战争

① “我驻阿富汗使馆报回关于阿富汗对周恩来总理访问印度、缅甸、尼泊尔的反映”（1960年5月3日），中国外交部档案馆馆藏档案，档案号：105-00716-01。

② “近年来阿富汗同印度关系的演变”（1962年10月26日），中国外交部档案馆馆藏档案，档案号：105-01506-02。

③ “阿富汗舆论对中印边界冲突的反应”（1962年1月2日至1962年2月26日），中国外交部档案馆馆藏档案，档案号：105-01177-02。

④ “1963年阿富汗使馆工作规划和形势总结及外交部批复”（1963年3月31日至1963年7月17日），中国外交部档案馆馆藏档案，档案号：105-01175-02。

⑤ “近年来阿富汗同印度关系的演变”（1962年10月26日），中国外交部档案馆馆藏档案，档案号：105-01506-02。

期间，周恩来总理于1962年10月24日、28日和11月15日就中印边界问题连续送交三封信给阿富汗国王，向阿富汗阐明中印边界问题的真相和中方立场，试图揭开印度的“画皮”。据中国驻阿富汗使馆向中国外交部第一亚洲司的汇报：“周总理11月15日致亚非国家领导人的信，尤其是所附地图，在我对外宣传上起了重大作用。”“这在很大程度上抵消了印度先我散发的材料和地图所引起的混淆作用，并揭露了印度宣传的欺骗性和恶劣性。”“使阿领导人了解了中印边境冲突和形势的真相”，“使阿富汗主要官员和新闻界了解真相”，“不够友好的人，在我摆出事实后，也无话可说”。[①] 而中国驻阿大使馆根据国内“对阿的要求是争取它保持中立，而不提具体要求”的指示做了大量工作，“积极展开口头宣传，解释中印冲突的背景、真相，阐明我立场、主张，和阿领导人达乌德、纳伊姆等数度接触，就中印边界问题交换了意见。对阿政府人员进行了宣传，重点抓住了外交部、新闻界和经常往来的朋友。宣传中，我们严格遵照讲道理、摆事实的办法，以理服人，同时不向对方提具体要求。此外，还注意强调我一贯主张和谈的立场，根据事态的发展着重谈一个时期的突出问题，和对印方蓄意纠缠、歪曲的问题予以揭露、反驳。”[②]

中国的外交举措取得积极的效果。“随着我一系列的重大外交行动，特别是总理11月15日致函亚非国家领导人和11月21日声明发表后，阿对我解决边界问题的诚意、我和平外交政策和我对邻国的睦邻平等态度有了更深的了解和信任，阿进一步对我私下表示同情和一定的支持。”[③] 对印度挑拨中阿关系的行为，阿外交部还多次特意派人到中国驻阿使馆澄清事实。1963年10月15日，对印度教育部长挑拨中

① “阿富汗对1962年中印边界冲突问题的反应”（1962年8月6日至1962年11月16日），中国外交部档案馆馆藏档案，档案号：105-01105-01。

② “驻阿富汗大使馆对中印冲突所做工作总结”（1963年1月16日），中国外交部档案馆馆藏档案，档案号：105-01564-10。

③ 同上。

阿关系的谣言，阿外交部发言人主动予以公开驳斥：在中阿边界谈判中，“双方根本没有提到过克什米尔问题，中阿边界谈判没有任何分歧”。[①] 1965年2月阿富汗首相优素福访印之际，阿富汗还派人向中国驻阿使馆表示：“首相与印度会谈将不会触及中国朋友的利益，不谈中印边界问题，这一点可以保证。”[②]

总的来说，在中国的积极争取下，直到1978年阿富汗人民民主党政变之前，阿富汗在中印之间基本上保持中立，左右逢源。如1974年12月阿富汗政府特使纳伊姆在访问中国后，在回国途中就访问了印度。据印度报纸报道，他“拜会印度总理英迪拉·甘地夫人和外交部长恰范时对他最近同中国领导人的会谈作了估价。”“纳伊姆曾同包括周恩来总理及其新外长在内的中国领导人举行了长时间的会谈，可能把他得到的关于中国对印度和这个地区的其他情况的态度和印象告诉甘地夫人。”[③] 在此情况下，中阿关系虽有起伏，但受到印度的影响不大，基本上保持了平稳发展的状态。

1978年4月阿富汗人民民主党政变后，5月初，阿富汗总统塔拉基在发表的第一个重要政策声明中表示，在同“伟大邻邦”苏联保持良好关系的同时，希望同印度、伊朗、巴基斯坦和中国和平共处和合作。[④] 1979年12月苏联入侵阿富汗之后，12月30日，阿富汗新领导人卡尔迈勒也发表声明，主张同伊朗、巴基斯坦、印度和中国保持良好的关系，要求“扩大和加强”同印度的关系以及同中国的“公正的友

① “中国和阿富汗贸易关系及存在的问题、中阿边界简况、中阿关系大事记（1950—1964年）及普什图尼斯坦问题”（1964年10月28日），中国外交部档案馆馆藏档案，档案号：204-01327-05。

② “阿富汗首相访问印度”（1965年2月18日），中国外交部档案馆馆藏档案，档案号：105-01345-07。

③ “阿富汗总统特使纳伊姆在新德里作短暂停留 他同印总理英·甘地和外长恰范举行了会谈”，《参考消息》1974年12月21日，第3版。

④ 参见“法新社自喀布尔报道：阿富汗新政府的三十点政纲内容”，《参考消息》1978年5月13日，第3版。

谊”。[1] 尽管阿富汗不同领导人信誓旦旦，但在此前后相当长的时期内，苏印、苏阿关系亲密，中苏、中印关系处于极度恶化当中，这对全面倒向苏联、阿印关系密切的阿富汗而言，中阿关系不可能不受影响，乃至必然导致中方不承认1979年苏联入侵阿富汗之后扶植的阿富汗傀儡政权。

总的来说，从中华人民共和国成立到1959年3月西藏叛乱，印度因素对中阿关系的影响以正面为主。随着1959年3月西藏叛乱导致中印关系不断恶化之后，到1978年4月阿富汗人民民主党政变，尽管印度对中阿关系有着一定的负面影响，但在中国的积极争取下，以及阿富汗政府在对外战略中一直奉行中立政策，而且阿富汗深知中印边界问题棘手、复杂，从其国家利益着眼，在中印之间左右逢源是最佳选择。因此，印度因素对中阿关系的干扰不大。而从1978年4月阿富汗人民民主党政变到1979年苏联入侵阿富汗，印度因素对中阿关系的负面影响虽不是决定性的，但无疑是重要的。

小　结

综上所述，1949—1979年的中阿关系是在上述种种因素影响下缓缓前行的。它是各种“历史合力”共同作用的结果。这些因素之间不是孤立的，而是相互交错、互相关联的。不管其中某一因素多么重要和突出，但其他因素也是不可忽视的。而在不同阶段、不同事件，不同因素的作用是不同和变化的。

一般来说，中阿两国自身因素虽是影响两国关系的“内因”，是根本因素，但大国因素、邻国因素这些“外因”对中阿关系也有着莫大的影响。毕竟，针锋相对、无时无刻不存在的美苏争霸的冷战国际格

① “喀布尔电台报道：卡尔迈勒主持阿富汗革委会主席团会议”，《参考消息》1980年1月1日，第4版。

局为中阿关系的运行奠定了基本历史背景。更且美国、苏联是阿富汗基本的外交战略——中立外交的两大支柱。因此，美国、苏联对中阿关系的影响必然同样是“无处不在”的，有时甚至是决定性的，涵盖政治、经济等各个方面。而南亚的地缘政治格局和不时剑拔弩张的印巴关系也对中阿关系有着深刻的影响。由于印度、巴基斯坦等邻国与中国、阿富汗的国家利益息息相关，因此它们也必然与中阿关系时时交织在一起。

总的来说，这些因素对中阿关系而言，是一把双刃剑：它们时而消极，时而积极；在某些条件下它们是维系甚至巩固中阿双边关系的催化剂，但在另一种情况下又可能会是阻碍中阿关系迅速推进的现实和潜在的威胁。正是在这个意义上说，这一时期中阿关系的发展演变，不管是分离聚合，还是冷热亲疏，无一例外地折射着中国、阿富汗、美国、苏联、巴基斯坦、印度等国之间纵横交错的外交博弈与关系互动。最终，中阿两国彼此理解，相互尊重，克服重重障碍，促使了中阿关系的平稳发展，使两国关系逐渐成为睦邻外交的典范，缓和了周边局势，改善了周边环境。

结 束 语

1949—1979年间中阿关系发展演变的历史经验和现实启示

新中国建立初期，以美国为首的西方资本主义国家对"欧亚大陆中在地理上令人迷醉的圣地，已经由于这里正在成为世界共产主义的基座而得到证明，如今这个基座控制了从易北河到南中国海的广大地域"[①] 的现实痛心疾首，而不遗余力地对新中国实行遏制政策。在这样的情况下，奢望一个简单而稳定的地缘政治环境既是不现实的，也是不可能的。这也必然决定了中国要把大量的精力倾注到维系周边关系上来，努力营造一个良好的周边安全环境。

其实，早在新中国成立之前的1946年，毛泽东主席第一次提出"中间地带"思想之际，就有着争取中国周边的新兴民族主义国家、与周边国家睦邻相处的考虑。新中国成立伊始，毛泽东主席更明确宣布："凡愿遵守平等、互利及互相尊重领土主权等原则的任何外国政府，本政府均愿与之建立外交关系。"[②] 1954年10月尼赫鲁访华时，毛泽东主席进一步强调："我们现在需要几十年的和平，至少几十年的和平，以便开发国内的生产，改善人民的生活。我们不愿打仗。假如能创造这样一个环境，那就很好。凡是赞成这个目标的，我们都能同它合

① ［英］杰弗里·帕克著，李亦鸣、徐小杰等译:《二十世纪的西方地理政治思想》，解放军出版社1992年版，第141页。

② "中国政府和外国政府建立外交关系的原则"（1949年10月1日）,《毛泽东外交文选》，中央文献出版社、世界知识出版社1994年版，第116页。

作。”[①] 在1956年中共八大上，毛泽东主席再次强调，“我们必须争取同一切愿意和我们和平共处的国家，在互相尊重领土主权和平等互利的基础上，建立正常的外交关系”。[②] 因此，经过艰辛地探索，新中国确立了以和平共处五项原则为基础的睦邻外交政策，从而为处理中国与包括阿富汗在内的周边其他国家关系提供了基本思路和总体框架。此后，中国政府多次重申，“中国愿以严格遵守这些原则作为它同亚非其他国家建立正常关系的基础”。[③]

睦邻外交的战略和政策是中国政府综观国际国内局势作出的处理与周边国家关系的重要外交指导思想和原则，在新中国的整个对外格局中有着举足轻重的重要地位。在这一外交战略和政策的指导下，在20世纪50年代，中国与周边国家的关系有了较大的改善。无论是对待同属于社会主义阵营的邻国，还是对待奉行中立和不结盟的民族主义国家以及追随西方资本主义阵营的邻国，中国政府都具体问题具体分析，对不同国家采取不同政策并取得了积极效果。到20世纪50年代末60年代初，国内经济困难的状况和周边环境的恶化叠加在一起，对新中国外交提出了新的挑战。面对美国一贯敌视中国、中苏分裂和中印边界冲突等给中国政府带来的巨大压力，毛泽东主席提出了“两个中间地带”思想。以这一思想为指引，中国政府积极团结属于“第一个中间地带”的邻国，努力消除中苏分歧和中印边界冲突带来的周边一些国家对中国政府的种种疑虑，而且大力发展与属于“第二个中间地带”的日本的关系，此外，在与苏联斗争的同时，还尝试修复中苏关系，以打破美国、苏联、印度等对中国施加压力、企图孤立中国的被

① “同印度总理尼赫鲁的四次谈话”（1954年10月），《毛泽东文集》（第六卷），人民出版社1999年版，第365页。

② “中国共产党第八次全国代表大会开幕词”（1956年9月15日），《毛泽东文集》（第七卷），人民出版社1999年版，第116页

③ “在亚非会议政治委员会会议上的发言”（1955年4月23日），《周恩来选集》（下卷），人民出版社1984年版，第152页。

动局面。20世纪70年代，国际局势风云变幻。一些民族国家纷纷独立，在国际舞台上日益发挥着重要的作用。美苏力量对比开始发生变化，苏联趁美国深陷越南战争泥潭实力衰退之机，反守为攻。与此同时，苏联进一步加强对中国的军事压力和战争威胁，成为新中国最主要的威胁。而以美国为首的西方国家与中国的关系出现缓和与改善。面对国际格局的变化，毛泽东主席提出“三个世界划分”理论。这一理论是毛泽东主席深刻洞察和冷静思考国际格局和国际秩序的变动提出的富于远见卓识的战略思想，为当时中国的外交战略架构了逻辑框架，同样也为周边外交奠定了基调。建立包括诸多邻国在内的以第三世界为主体的广泛的统一战线，睦邻友好，是这一理论的题中应有之义。

正是由于这一时期新中国在外交实践中逐步形成了一套相对比较完整的睦邻政策，从而使周边安全环境得到一定程度的改善，也为后来中国与周边国家的睦邻友好关系打下了坚实的基础。更为重要的是，这一时期睦邻政策中的基本原则和理念如“和平共处五项原则”和“求同存异”的方针等，为此后中国的睦邻外交奠定了政策基石。尽管后来中国面对的国际形势和国内形势不断发展变化，睦邻政策和实践也不断充实发展，但无论是“立足亚太、稳定周边、放眼世界”的外交原则，还是“与邻为善，以邻为伴”外交方针及“睦邻、安邻、富邻”的周边外交政策，都是在这一基础上建构的。当前，中国要实现和平发展，仍需全力推进这一政策的实施，继续巩固睦邻友好，努力使自身发展更好惠及周边国家。

正是在睦邻外交这一外交战略和政策的指导下，中国与阿富汗的关系不断向前推进。无论是遭受20世纪50年代美国对中国的封锁，还是面对20世纪60年代的国际风云变幻，或是经受20世纪70年代国际局势的大变动，中国都坚定不移地坚持睦邻友好政策，使两国关系基本上保持着友好的局面。两国一贯恪守和平共处五项原则，在平等互利基础上，求同存异，互谅互信，共同推动两国关系的发展。即使在苏联入侵阿富汗之后，两国关系处于中断状态，中国也积极推动阿富汗问题的和平解决。正是经历了这一时期的严峻考验，饱经战争蹂躏的阿富汗看到了中国“一以贯之”的睦邻外交的决心和诚心，使阿富汗意识到中国是可以信赖的可靠的朋友，从而为新世纪中阿关系的新发展注入了不竭的动力和支撑点。因此，可以说，这一时期的中阿关系为当前中阿睦邻友好关系的持续推进奠定了良好的基础。对此，2006年6月，阿富汗总统卡尔扎伊访华，胡锦涛同其会谈后共同发布的《中华人民共和国与阿富汗伊斯兰共和国联合声明》就指出：“两国领导人对1955年建交以来双边关系的发展予以积极评价，对阿富汗临时政府成立后两国关系得到迅速恢复和发展表示满意。”[①] 2016年5月17日，习近平在人民大会堂会见来华进行正式访问的阿富汗首席执行官阿卜杜拉时再次强调：“中国和阿富汗是传统友好邻邦。建交60多年来，中阿奉行和平共处五项原则，相互尊重、相互理解、相互信任、相互支持，睦邻友好关系不断增强。”[②]

但这一时期的中阿关系是比较脆弱的，在高峰时就暗含着危机。中阿两国在一定时期内虽都想积极发展中阿关系，但“有心无力”。由于苏联的全面渗透造成阿富汗对苏联的依赖，在中苏关系破裂的情况下，中国和阿富汗的接触是苏联所不愿见到的。因此，在苏联的强力介入下，中阿关系被迫走进了死胡同。

当历经两次阿富汗战争后的今天，我们回首这一段中阿关系史上的岁月时，不惟可以发现它蕴含的历史经验是中国共产党和中国政府和平外交、睦邻外交的宝贵精神财富，亦可发现它具有的现实启示对当前中阿关系的发展及中国与周边其他国家的关系有重要的借鉴意义，

① “中华人民共和国与阿富汗伊斯兰共和国联合声明（2006年6月）”，中国驻阿富汗大使馆网站，http://af.china-embassy.org/chn/zagx/wxzl/t852277.htm，2006年6月20日。

② 新华社：“习近平会见阿富汗首席执行官阿卜杜拉”，新华网，http://news.xinhuanet.com/politics/2016-05/17/c_1118882953.htm，2016年5月17日。

更可发现它在新中国的独立自主和平外交特别是睦邻外交中的重要地位。

一、搞好睦邻外交，必须始终坚持和平共处五项原则，相互尊重，互谅互信

新中国成立后，基于近代以来“落后挨打”的历史和弱肉强食的苦痛，出于热爱和平的善良愿望，考虑到历史上的共同遭遇、现实中共同拥有改变落后面貌的强烈愿望，以及中国急需为国内经济建设创造良好的周边环境并打破美国反华包围圈的客观需要，中国政府于1954年与印度、缅甸共倡和平共处五项原则，为处理中国与周边民族主义国家关系提供了最大限度地保护本国利益和实现国与国之间友好相处的基本准则。但鲜为人知的是，阿富汗是继印度、缅甸、印尼之后最早提倡和平共处五项原则的国家之一。1955年亚非会议上阿富汗政府明确表示赞成和平共处。

中阿建交后，也一贯恪守这一原则，在平等互利基础上，求同存异，互谅互信，共同推动两国关系的发展。在两国关系的发展过程中，阿富汗是最早承认新中国的民族主义国家之一，一贯主张恢复新中国在联合国的合法地位，一直同情中国为维护国家主权和领土完整所进行的斗争。中国政府对阿富汗所奉行的和平中立的外交政策，也一直给予很高的评价和积极的支持。1959年9月，周恩来总理在为阿富汗副首相兼外交大臣纳伊姆访华举行的宴会上就曾说，“我们两国之所以能一贯保持这种和睦关系，不仅由于我们两国之间没有实际利害冲突，而且更重要的是因为我们两国始终坚持和平共处的五项原则和万隆精神。并能坚决地把这些原则和精神贯彻到对外关系的一切方面。”[①] 乃至时隔几十年后的2012年6月阿富汗总统卡尔扎伊访华期间，胡锦涛

① “周恩来总理在阿富汗王国副首相兼外交大臣纳伊姆举行的宴会上的讲话”（1959年9月8日），中国外交部档案馆馆藏档案，档案号：204-00317-08。

和卡尔扎伊在“全面回顾了中阿关系发展历程”的基础上，也“一致认为，自1955年1月20日建交以来，两国一直恪守和平共处五项原则，相互尊重、相互信任、相互支持，传统友谊不断加深。”[①] 因此，可以说，“9・11”事件之后的阿富汗之所以一直视中国为友好邻邦，与新中国前期中阿睦邻友好关系之奠基历史密不可分。

总之，这一时期中阿两国关系，再次证明了和平共处五项原则是经得起时间考验、具有强大生命力的国际关系准则。只要遵守和平共处五项原则，真正做到互相尊重，平等协商而不是把自己的意志强加于人，不同国家之间就没有什么问题不能通过和平协商而得到满意的解决。

二、搞好睦邻外交，必须始终同周边国家建构利益共同体，互惠互利

尽管影响这一时期中阿关系的因素有中阿自身因素、大国因素和邻国因素，但概括起来，不外乎意识形态、地缘政治与国家利益三个方面。但尽管意识形态、地缘政治在这一时期的中阿关系中占有重要地位，但归根结底影响中阿关系的最根本因素是国家利益。对此，列宁曾指出：“我国的对内和对外政策归根结底是由我国统治阶级的经济利益和经济地位决定的。这个原理是马克思主义者整个世界观的基础。”[②] 美国学者汉斯・摩根索也曾强调：“只要世界在政治上还是由国家所构成，那么国际政治中实际上最后的语言就只能是国家利益。”[③]

特别需要指出的是，新中国头三十年里，特别是1978年阿富汗人民民主党政变之前，无论是阿富汗的中立外交政策，还是在处理和中

① “中华人民共和国与阿富汗伊斯兰共和国关于建立战略合作伙伴关系的联合宣言”，中国驻阿富汗大使馆网站，http://af.china-embassy.org/chn/zagx/wxzl/t941955.htm，2012年6月8日。

② “在全俄中央执行委员会和莫斯科苏维埃联席会议上关于对外政策的报告”（1918年5月14日），《列宁全集》（第34卷），人民出版社1985年版，第306页。

③ Hans J. Morgenthau, *Political Dilemma*. The University of Chicago Press, 1958, p.68.

国关系时的慎重以及在重大国际问题上的左右摇摆，阿富汗都是基于地理位置的重要性以及经济和文化都非常落后的国情，从其国家利益出发的，都有着“利用矛盾，平衡关系，争取主动，从中取利”[①] 的考虑。正如中国驻阿使馆调研资料所称：“阿在同我关系上极为谨慎，抓的很紧，顾虑也不少，若非确认对己有利，是不会轻易采取重大行动的。”[②] 这一时期阿富汗对中国的态度变化正是基于此的选择，其“归根到底是为了争取外援，解决经济困难和提高政治威信。”[③] 虽然弱小贫穷的阿富汗“在依靠外援过活的情况下，阿在许多问题上不得不看别人的眼色行事”[④]，但其所作所为都是为了确保民族生存与独立及维护国家主权。而这一时期中国的对外政策虽然受意识形态的影响很大，但中国对阿富汗的认识基本上是比较客观的，对阿富汗的政策基本上是比较务实的。中国对阿富汗的种种举措都是在研判国际国内形势的情况下着眼于中国国家安全、维护国家利益而作出的决策。当然，新中国的睦邻外交，本身也就是根据自身利益构筑的周边外交政策。中国在强调以国家利益为对外政策出发点的同时，也非常尊重阿富汗的国家利益。中阿两国在相当长的时期内不仅在事关彼此核心利益的事务上相互支持，而且一度在诸多国际事务中携手合作、步调一致。正因为如此，这一时期的中阿关系大部分是比较友好的。由此，我们可以得出这样的启示：同周边国家建构利益共同体，互惠互利，是增进中国与邻国的感情、塑造有利的周边环境的重要举措。也只有这样，一个国家才能在错综复杂、风云变幻的国际国内局势中得以生存与发

① “1965年阿富汗形势摘要和驻阿使馆1966年工作要点”（1965年2月9日至1965年12月25日），中国外交部档案馆馆藏档案，档案号：105-01345-03。

② “驻阿富汗使馆调研文章：从中阿关系看美、苏、我争夺阿富汗的形势”（1965年1月3日），中国外交部档案馆馆藏档案，档案号：105-01345-02。

③ “阿富汗对越南问题的态度”（1965年2月11日至1965年12月22日），中国外交部档案馆馆藏档案，档案号：106-01252-05。

④ “阿富汗对越南问题的态度”（1965年2月11日至1965年12月22日），中国外交部档案馆馆藏档案，档案号：106-01252-05。

展。这也是国际政治理论和实践反复证明的一个客观真理。

三、搞好睦邻外交，必须奉行平等对待小国的基本准则

在国际事务中，大国容易自觉不自觉地对小国、弱国不尊重或忽视。如近代以来中国国力式微，曾饱受资本主义列强的压迫和欺凌。而小国也往往会对大国有疑惧心理，或认为自身人微言轻，在国际交往中作用甚小。这种情况在新中国成立后，周边邻国对中国的观感方面普遍存在。新中国成立后，面对一个新兴的大国，周边新兴的民族主义国家既缺乏充分的了解；又面临西方资本主义国家的诬蔑性的宣传和影响；更且历史上的恩怨也较多，"中国的邻国联想到'中国封建帝国向外扩张过'，可能产生恐惧"，[①] 中国与包括阿富汗在内的周边国家还存在着诸如边界、侨民等历史遗留问题；再加上中国周边诸多邻国与中国的社会制度、意识形态、宗教信仰等方面有着很多差异；这些都不可避免地使邻国对中国产生疑虑和畏惧。针对这种情况，如果不能妥善处理和周边邻国的关系，不仅必然会给国家安全造成危险，而且不利于中国的国家形象，给西方国家污蔑中国、制造"中国威胁论"提供口实。因此，能否消除周边国家的疑惧心理，表明中方的立场，在和平共处五项原则的基础上，通过和平谈判、友好协商的方式，更好地推动中国与周边国家历史遗留问题的解决，达到"安定四邻，争取国际形势的缓和，便于进行建设，而不是使我们同邻国的关系紧张起来"[②] 的目的，成为中国同周边国家建立睦邻友好关系的关键之所在。

为此，毛泽东主席多次表示，在国际交往中，大国都必须尊重小国的主权而不能牺牲小国利益，国家不论大小应该一律平等，都必须

---

① 中共中央文献研究室编：《周恩来年谱（1949—1976）》（上卷），中央文献出版社1997年版，第628页。

② 韩念龙主编：《当代中国外交》，中国社会科学出版社1988年版，第144页。

将和平共处五项原则作为处理国家关系的长期方针。“不论大国小国，互相之间都应该是平等的，民主的，友好的和互助互利的关系，而不是不平等的和互相损害的关系。”[①]

毛泽东主席的这一平等对待小国的思想，深受周边邻国的推崇。在毛泽东主席逝世后，尼泊尔的《廓尔喀新闻报》就曾发表社论予以高度评价：“毛泽东思想也启发和鼓舞了许多发展中国家走上经济自力更生的道路，给了一些小国以顶住大国压力的力量，使它们得以保全自己的主权和独立。”[②]

毛泽东主席的这一平等对待小国的思想，为新中国的阿富汗政策奠定了基本准则。由于近代以来阿富汗一直处于大国、强国的角逐之中，因此它的外交政策就不能不格外小心，以免得罪任何一方，对本身不利。阿报刊常说：“阿富汗要在大国之间求生存。”[③] 在此情况下，作为奉行中立外交的小国，阿富汗在国际事务中往往多一事不如少一事，“对国际事务不大积极，发表意见不多，发表时多半是继其他国家之后，且没有什么独特的见解或主张”。[④] 1963年11月，来华访问的阿富汗内务大臣卡尤姆曾对周恩来总理说过，面对国际争端，“对小国来说，没有别的办法，只有祈祷，希望大国能取得某种一致。”[⑤] 他的这一态度在阿富汗政府内非常有代表性。据中国外交部解密档案称，“阿政府希望富有更多责任的‘大国’在联合国内进行合作，解决他们各

① “和平共处五项原则是一个长期的方针”(1954年12月11日)，《毛泽东外交文选》，中央文献出版社、世界知识出版社1994版，第192页。

② “尼泊尔报纸说毛泽东思想给了小国顶住大国压力的力量”，《参考消息》1976年9月16日，第2版。

③ “阿富汗王国外交政策和对外关系基本情况”（1957年1月10日），中国外交部档案馆馆藏档案，档案号：203-00197-06。

④ “阿富汗王国外交政策和对外关系基本情况”（1957年1月10日），中国外交部档案馆馆藏档案，档案号：203-00197-06。

⑤ “阿富汗内务大臣卡尤姆访华：阿代表团访华简报”（1963年11月20日至1963年11月24日），中国外交部档案馆馆藏档案，档案号：204-00889-01。

自的分歧和紧张局面。”① 虽然对中国而言，阿富汗是一个小国、弱国，中国外交部也一度研判“阿富汗是个地理位置偏僻的小山国，经济和文化都非常落后，同国外的交往不多，对国际事务的作用也较小，国际风云对阿富汗的影响甚微，阿政府不愿意本国人民受外国思想的影响而威胁到封建统治。”② 但新中国一直平等对待，把阿富汗当作睦邻外交的重要对象。1964年11月1日，毛泽东主席会见来访的阿富汗国王查希尔时就指出：“在亚非国家中，阿富汗起了很大的作用，我指的是，在第二次亚非会议筹备会议上，这次会议我们都参加了，还有你们参加而我们没有参加的第二次不结盟国家首脑会议上，你们都起很好的作用，我们喜欢你这位国王，但我们不喜欢我们的那位蒋介石总统。”③

总的来说，在中阿之间诸多事务中，平等对待小国的基本准则一直得到很好的贯彻。从而使阿富汗对中国的睦邻政策有了一定的了解，对中国执行和平共处五项原则的诚意更加信赖，为中阿关系进一步友好发展奠定了良好的基础。乃至几十年后，早已退位的阿富汗国王查希尔仍感慨地说，“中国是大国，阿富汗是小国，但是中国从未欺负过阿富汗。”④

四、搞好睦邻外交，必须妥善解决历史遗留问题，消除国家关系发展中的障碍

由于种种原因，新中国成立时，中国与周边国家存在着如侨民问

---

① “阿富汗王国外交政策和对外关系基本情况”（1957年1月10日），中国外交部档案馆馆藏档案，档案号：203-00197-06。

② 同上。

③ “阿富汗国王查希尔访华：毛泽东主席会见查希尔国王谈话记录、纪要（附法文和波斯文译文）”（1964年11月1日），中国外交部档案馆馆藏档案，档案号：204-01527-01。

④ 余智骁、张海波：“阿富汗最后一位国王，在家安然辞世”，《新华每日电讯》2007年7月24日，第5版。

题、边界问题等种种比较敏感的历史遗留问题。而一些国家，企图利用这些问题，挑拨中国与周边国家的关系。再加上一些周边国家因社会制度、意识形态等方面的差异，对中国存有戒备和疑虑之心。因此，能否妥善地解决这些问题，就成为摆在中国政府面前的一个重要课题。对此，中国政府一贯奉行睦邻政策，主张通过和平的方式、外交谈判的方式妥善解决历史上遗留下来的问题。

中国与阿富汗之间存在着阿富汗侨民问题和边界问题。无论是侨民问题，还是边界问题，既是两国关系的纽带，也是两国关系的重要组成部分。但正如前文所述，这两个问题都与近代西方资本主义列强对中国的侵略有关，留给中国都有着不堪回首的屈辱。正因为如此，新中国成立后，在尊重历史和现实的基础上，既着眼于自身利益，又充分照顾阿富汗的利益，坚持原则的坚定性与策略的灵活性的统一，坚持“求同存异”，通过互信互谅互让、谈判对话和友好协商，妥善解决分歧和矛盾，最终和阿富汗圆满地解决了这些问题。这些问题的解决消除了两国关系中的障碍，有利于增进两国的相互了解，改善两国的外部环境，促进了两国关系的改善和发展。同样，为中国与其他国家类似问题的解决提供了榜样。在此前后，中国与尼泊尔、巴基斯坦、蒙古、阿富汗、朝鲜等国就顺利解决了边界问题。

中阿两国解决历史遗留问题的经验证明，无论问题如何复杂，只要真正以诚相见，友好协商，一切悬而未决的问题都能解决，就能够为两国的和睦相处提供牢固的基础。正如周恩来总理曾指出的：“在许多亚非国家之间，都有殖民主义统治遗留下来的边界问题。这类问题是比较复杂的，比较难于解决的。但是，根据我们的经验，只要有关双方能够相见以诚，按照五项原则和万隆决议的精神进行协商，这类问题也是可以求得友好的解决的。”①

① “关于访问亚洲和欧洲十一国的报告”（1957年3月5日），《周恩来外交文选》，中央文献出版社1990年版，第211页。

五、搞好睦邻外交，必须审时度势，科学分析、把握当事国的国际国内局势

无论是大的外交战略，还是具体的外交措施，它们的正确制定和实施，都离不开科学分析、把握国际形势和当事国国内形势的发展变化，都是建立在掌握国际形势和当事国国内形势的发展规律的基础上的。早在中阿建交之前，中国政府就从各种渠道收集有关阿富汗的资料，研究、分析阿富汗的国际国内形势。1953年6月，中央军委联络部就编印了内部参考资料《阿富汗概况》，对阿富汗的基本国情及国内外形势进行了概括总结。中阿建交后，从中国外交部的解密档案看，中国驻阿使馆既有定期，也有不定期的关于阿富汗国内状况和对外政策的分析与总结上报中国外交部。这些都为中国政府根据形势变化，选择最佳时机，采取灵活措施，适时推进中阿关系的发展提供了重要依据。

但对这一点，这一时期中阿关系中也有着深刻的教训。如1960年中国试探提出中阿边界谈判的搁浅，就与中国未能全面、准确地把握阿富汗的国际国内形势有关。众所周知，边界谈判事关两国领土主权，双方必然会慎之又慎。尽管其时中缅、中尼边界问题都取得实质性进展，但毕竟时间不长，阿富汗对中国还有一定疑虑，还没有完全体悟到中国的态度和苦心，对中国的边界政策并不是非常了解。更为重要的是，阿富汗面临的国内外局势比较复杂。此时，阿巴纠纷正方兴未艾，在印阿、苏阿关系友好的情况下中印争端、中苏分歧日益显现，美国一贯敌视中国，而美国是阿富汗中立外交的支柱之一，因此阿富汗要顾忌美、苏、印等国态度。再加上某些国家的挑拨离间。因此，毫不讳言，中国此时提出中阿边界谈判的时机并不成熟。这也告诉了我们，边界谈判要在适当的时机提出，要注意审时度势，综观两国所处的国际、国内局势，从而为后来的边界谈判提供了经验教训。

如1961年3月，巴基斯坦政府正式向中国政府提出中巴边界谈判问题。但中国政府经过深思熟虑，直到1962年2月才同意与巴基斯坦进行边界谈判。这其中就有时机的把握问题。此外，1965年中国大规模援助阿富汗，曾一次性援助1000万英镑。这一举措也不甚明智，也没有正确判断阿富汗的局势。不仅是因为，经济十分困难的中国的对外援助远远超出国力的承受力，更为关键的原因是，“苏联提供的大量援助，以及日渐增加的贸易纽带将继续使喀布尔和莫斯科之间保持密切的关系。在不远的将来，苏联大概不会因为过高估计自己的影响力而破坏这一有利局面。”[①] 因此，在苏联在阿富汗的影响已经根深蒂固的情况下，中国的援助虽有利于推动中阿关系，但与财大气粗的苏联相比，中国能提供给阿富汗的援助几乎微不足道，根本无法撼动苏联在阿富汗的影响。而且，阿富汗的内政外交早已在不知不觉中对苏联形成依赖，尽管它主观上还不承认这一点，还一再声称奉行中立外交。因此，中国的援助有些得不偿失，虽在一定时期推动了中阿关系的发展，但不可能从根本上改善中阿关系，还不如量力而行，在一定范围内做一些力所能及的事。这些都告诉了我们，审时度势，科学判断当事国的国际形势和国内形势，是做好周边外交的重要基础和前提。

总之，综览这一时期，中阿关系历经风雨，走过了30年的历程。期间，既有顺利推进的时期，也有曲折发展的阶段，甚至也有着停滞倒退的岁月。这一时期，既是中阿关系中不可或缺、不可忽视的阶段，也为当前的中阿关系奠定了基础。中国政府正是始终贯彻睦邻外交战略和政策，始终坚持和平共处五项原则，维护国家安全和国家利益，妥善解决历史遗留问题，审时度势，提高对当事国的国际国内形势及其发展趋势的判断能力，奉行平等对待小国的基本准则，促使了中阿两国关系的发展演变，并于2001年“9・11”事件之后走出阴霾。当前，

---

① 沈志华、杨奎松主编：《美国对华情报解密档案（1948—1976）》（第六卷），东方出版中心2009年版，第464—465页。

中国周边新问题、新矛盾层出不穷，中国政府仍需继续高举睦邻外交的旗帜，坚持与邻为善、以邻为伴、睦邻友好的方针，发展同周边国家和亚洲其他国家的友好合作关系，积极开展双边和区域合作，共同营造和平稳定、平等互信、合作共赢的地区环境。

参考文献

一、中文资料（含译著）

（一）基本文献

1. 中共中央马克思恩格斯列宁斯大林著作编译局编:《马克思恩格斯选集》（1—4卷），人民出版社1995年版。

2. 中共中央马克思恩格斯列宁斯大林著作编译局编:《马克思恩格斯文集》（1—10卷），人民出版社2009年版。

3. 吕一燃编:《马克思恩格斯论国家领土与边界》，黑龙江教育出版社1992年版。

4. 中共中央马克思恩格斯列宁斯大林著作编译局编:《列宁选集》（1—4卷），人民出版社1995年版。

5. 中共中央马克思恩格斯列宁斯大林著作编译局编:《列宁专题文集》（1—5卷），人民出版社2009年版。

6. 中共中央文献编辑委员会编:《毛泽东选集》（1—4卷），人民出版社1991年版。

7. 中共中央文献研究室编:《毛泽东文集》（1—8册），人民出版社1996年版。

8. 中共中央文献研究室编:《建国以来毛泽东文稿》（1—13册），中央文献出版社1996年版。

9. 中华人民共和国外交部、中共中央文献研究室编:《毛泽东外交文选》，中央文献出版社1994年版。

10. 中共中央文献编辑委员会编:《周恩来选集》(下),人民出版社1984年版。

11. 中华人民共和国外交部、中共中央文献研究室编:《周恩来外交文选》,中央文献出版社1990年版。

12. 中华人民共和国外交部编:《中华人民共和国对外关系文件集》(1—10册),世界知识出版社1957—1965年版。

13. 中央档案馆编:《中共中央文件选集》(第18册),中共中央党校出版社1992年版。

14. 中共中央文献研究室编:《建国以来重要文献选编》(1—20册),中央文献出版社1992—1997年版。

15. 中华人民共和国外交部条约法律司编:《中华人民共和国边界事务条约集(中阿·中巴卷)》,世界知识出版社2004年版。

16. 中华人民共和国外交部条约法律司编译:《领土边界事务国际条约和法律汇编》,世界知识出版社2005年版。

17. 人民出版社编:《布尔加宁、赫鲁晓夫访问印度、缅甸、阿富汗期间的讲话(1955年11—12月)》,人民出版社1956年版。

18. 人民出版社编:《布尔加宁、赫鲁晓夫关于访问印度、缅甸和阿富汗的报告(1955年11—12月)》,人民出版社1956年版。

19. 世界知识出版社编:《赫鲁晓夫言论》(4—13册),世界知识出版社1965年版。

20. 王彦威辑、王亮编:《清季外交史料》,北京书目文献出版社1987年版。

21. 新疆社会科学院历史研究所编:《新疆地方历史资料选辑》,人民出版社1987年版。

22. 中国第二历史档案馆编:《中华民国史档案资料汇编》(第五辑第二编),江苏古籍出版社1997年版。

23. 中共新疆维吾尔自治区委员会编:《王恩茂文集》(上卷),中央文献出版社1997年版。

24. 陶文钊主编:《美国对华政策文件集》，世界知识出版社2004年版。

25.［英］柯宗等著，吴泽霖译:《穿越帕米尔高原——帕米尔及其附近地区历史、地理、民族英文资料汇编》，民族出版社2004年版。

（二）档案及地方志

1. 中华人民共和国外交部档案馆馆藏档案（1949—1965年）。

2. 北京市档案馆馆藏关于援助阿富汗家禽厂档案。

3. 伊犁自治州档案馆馆藏关于阿富汗侨民的档案。

4. 沈志华主编:《苏联历史档案选编》，社会科学文献出版社2002年版。

5. 廉正保、王景堂、黄韬鹏编:《解密外交文献：中华人民共和国建交档案（1949—1955）》，中国画报出版社2006年版。

6. 沈志华、杨奎松主编:《美国对华情报解密档案（1948—1976）》（1—8卷），东方出版中心2009年版。

7. 沈志华主编:《俄罗斯解密档案选编 中苏关系》（1—12）卷，东方出版中心2015年版

8. 新疆维吾尔自治区地方志编纂委员会编:《新疆通志·外事志》，新疆人民出版社1995年版。

9.《莎车县地方志》编纂委员会编:《莎车县志》，新疆人民出版社1996年版。

10. 新疆维吾尔自治区地方志编纂委员会编:《新疆通志·军事志》，新疆人民出版社1997年版。

11.《英吉沙地方志》编纂委员会编:《英吉沙县志》，新疆人民出版社2003年版。

12. 塔什库尔干塔吉克自治县地方志编委会编:《塔什库尔干塔吉克自治县志》，新疆人民出版社2009年版。

13. 浙江省水产志编纂委员会编:《浙江省水产志》，中华书局1999年版。

（三）年谱、传记、大事记、回忆录

1. 中共中央文献研究室编:《周恩来年谱（1949—1976）》（上、中、下），中央文献出版社1997年版。

2. 中共中央文献研究室编:《邓小平年谱（1975—1997）》（下），中央文献出版社2004年版。

3. 刘树发主编:《陈毅年谱》(下)，人民出版社1995年版。

4. 逄先知、金冲及主编:《毛泽东传（1949—1976）》，中央文献出版社2003年版。

5. 金冲及主编:《周恩来传(1898—1976）》（第3—4册），中央文献出版社1998年版。

6. 王俊彦著:《大外交家周恩来》，经济日报出版社1998年版。

7.《章汉夫传》编写组编:《章汉夫传》，世界知识出版社2003年版。

8.《陈毅传》编写组编:《陈毅传》，当代中国出版社2006年版。

9. 孔祥琇著:《耿飚传》，解放军出版社2009年版。

10. 刘仲华、徐拓编:《中国西亚关系大事记（1949年10月至1982年12月）》，中国社科院西亚非洲研究所1983年编印。

11. 中华人民共和国外交部外交史研究室编:《周恩来外交活动大事记（1949—1975）》，世界知识出版社1993年版。

12. 宋恩繁、黎家松编:《中华人民共和国外交大事记》（第1、2卷），世界知识出版社1997、2001年版。

13. 中国警察学会出入境管理专业委员会编:《公安出入境管理大事记》，群众出版社2003年。

14. 中共和田县委党史办公室编:《中国共产党和田县历史大事记》，新疆人民出版社2011年版。

15. 师哲著:《在历史巨人身边》，中央文献出版社1991年版。

16. 陈江鹏著:《屈武——从爱国主义者到共产主义者》，团结出版社1992年版。

17. 外交部《当代中国使节外交生涯》编委会编:《当代中国使节外交生

涯》，世界知识出版社1995年版。

18. 符浩、李同成编:《外交风云：外交官海外秘闻》，中国华侨出版公司1995年版。

19. 耿飚著:《耿飚回忆录（1949—1992）》，江苏人民出版社1998年版。

20. 吴冷西著:《十年论战——中苏关系回忆录》(上、下册)，中央文献出版社1999年版。

21. 王毅编:《战火中的中国外交官》，世界知识出版社1999年版。

22. 康矛召著:《外交官回忆录》，中央文献出版社2000年版。

23. 马行汉编:《外交官谈阿富汗》，世界知识出版社2002年版。

24. 杨冠群著:《潮头戏水三十年》，四川人民出版社2006年版。

25. 周溢潢编:《惊心动魄的外交岁月——中国外交官手记》，湖南人民出版社2006年版。

26. 郑言编:《外交纪实》(1—4册)，世界知识出版社2007年版。

27. 黄华著:《亲历与回忆：黄华回忆录》，世界知识出版社2007年版。

28. 长江水利委员会档案馆编:《长江水利委员会大事记》，长江水利委员会档案馆1992年版。

29. 钱其琛著:《外交十记》，世界知识出版社2003年版。

30.［苏］茹科夫等著:《布尔加宁、赫鲁晓夫访问印度、缅甸、阿富汗通讯录(1955年11—12月)》，人民出版社1956年版。

31.［美］亨利·基辛格著，刘丽媛、马德麟等译:《动乱年代——基辛格回忆录》第2册，世界知识出版社1983年版。

32.［俄］弗·亚·克留奇科夫著，何希泉等译:《个人档案（1941—1994）：苏联克格勃主席弗·亚·克留奇科夫狱中自述》，东方出版社2000年版。

33.［苏］葛罗米柯著，伊吾译:《永志不忘——葛罗米柯回忆录(下卷)》，世界知识出版社1989年版。

34.［英］韩素音著:《周恩来与他的世纪（1898—1998）》，中央文献出版社1992年版。

35.［美］罗伯特·S.麦克纳马拉著，陈丕东、杜继东、王丹妮等译:《回顾——越战的悲剧与教训》，作家出版社1996年版。

36.［英］凯瑟琳·马噶特尼、戴安娜·西普顿著，王卫平、崔延虎译：《西域探险考察大系：外交官夫人的回忆》，新疆人民出版社1997年版。

37.［苏］谢·赫鲁晓夫著，郭家申译：《导弹与危机——儿子眼中的赫鲁晓夫》，中央编译出版社2000年。

38.［美］理查德·尼克松著，裘克安等译：《尼克松回忆录》，世界知识出版社2001年版。

39.［苏］尼基塔·谢·赫鲁晓夫著，述弢等译：《赫鲁晓夫回忆录（全译本）》，社会科学文献出版社2006年版。

（四）专著

1. 中央军委联络部编：《阿富汗概况》（内部参考资料），1953年6月编印。

2. 周一良著：《中国与亚洲各国和平友好的历史》，上海人民出版社1955年出版。

3. 王辑五著：《亚洲各国史纲要》，高等教育出版社1957年版。

4. 朱克著：《阿富汗》，新知识出版社1959年版。

5. 刘竞、张士智、朱莉著：《苏联中东关系史》，中国社会科学出版社1987年版。

6. 杨孝臣著：《中日关系史纲》，上海外语教育出版社1987年版。

7. 韩念龙主编：《当代中国外交》，中国社会科学出版社1988年版。

8. 李广义著：《中国周边关系与安全环境》，陕西人民教育出版社1989年版。

9. 刘竞著：《中东手册》，宁夏人民出版社1989年版。

10. 中华人民共和国外交部外交史编辑室编：《研究周恩来——外交思想与实践》，世界知识出版社1989年版。

11. 樊明方著：《个中原委——中国边疆诸问题》，陕西人民教育出版社1992年版。

12. 马晋强著：《阿富汗今昔》，云南大学出版社1993年版。

13. 张士智、赵慧杰著：《美国中东关系史》，中国社会科学出版社1993

年版。

14. 裴坚章主编:《中华人民共和国外交史（1949—1956）》，世界知识出版社1994年版。

15. 徐昕著:《中华人民共和国对外关系史》（1949.10—1989.10），北京大学出版社1994年版。

16. 谢文庆著:《世界各国知识丛书——中亚五国 阿富汗》，军事谊文出版社1995年版。

17. 谢益显著:《中国当代外交史（1949—1995）》，中国青年出版社1997年版。

18. 裴默农著:《周恩来外交学》，中央党校出版社1997年版。

19. 齐鹏飞著:《大国疆域——当代中国陆地边界问题述论》，中共党史出版社2013年版。

20. 郑羽著:《从对抗到对话——赫鲁晓夫执政时期的苏美关系》，中国社会科学出版社1998年版。

21. 高鸿志著:《英国与中国边疆危机（1637—1912）》，黑龙江教育出版社1998年版。

22. 李宝俊著:《当代中国外交概论》，中国人民大学出版社1999年版。

23. 彭树智、黄杨文著:《中东国家通史——阿富汗卷》，商务印书馆2000年版。

24. 马大正著:《中国边疆经略史》，中州古籍出版社2000年版。

25. 刘宏煊主编:《中国睦邻史——中国与周边国家关系》，世界知识出版社2001年版。

26. 章百家、牛军主编:《冷战与中国》，世界知识出版社2002年版。

27. 李丹慧编:《北京与莫斯科：从联盟走向对抗》，广西师范大学出版社2002年版。

28. 唐希中、刘少华、陈本红著:《中国与周边国家关系（1949—2002）》，中国社会科学出版社2003年版。

29. 陈一云编:《各国对外经济贸易概况》，华中师范大学出版社1990年版。

30. 牛大勇、沈志华主编:《冷战与中国的周边关系》，世界知识出版社2004年版。

31. 许建英著:《近代英国和中国新疆（1840—1911）》，黑龙江教育出版社2004年版。

32. 黄安余著:《新中国外交史》，人民出版社2005年版。

33. 杨勉著:《国际政治中的中国外交》，中国传媒大学出版社2005年版。

34. 张植荣著:《中国边疆与民族问题——当代中国的挑战及其历史由来》，北京大学出版社2005年版。

35. 沈志华、李丹慧著:《战后中苏关系若干问题研究：来自中俄双方的档案文献》，人民出版社2006年版。

36. 沈志华主编:《中苏关系史纲（1917—1991）》，新华出版社2007年版。

37. 赵伯乐著:《南亚概论》，云南大学出版社2007年版。

38. 吕一燃著:《近代边界史》，四川人民出版社2007年版。

39. 张敏著:《阿富汗文化和社会》，昆仑出版社2007年版。

40. 王凤著:《列国志 阿富汗志》，社会科学文献出版社2007年版。

41. 丁笃本著:《中亚通史》（现代卷），新疆人民出版社2007年版。

42. 林明华著:《天泉——周恩来与中国民航》，中国民航出版社2007年版。

43. 张蕴岭著:《中国与周边国家：构建新型伙伴关系》，社会科学文献出版社2008年版。

44. 王鸣鸣著:《外交政策分析：理论与方法》，中国社会科学出版社2008年版。

45. 刘恩恕、刘慧恕著:《中国近现代疆域问题研究》，世界知识出版社2009年版。

46. 齐鹏飞主编:《中国共产党与当代中国外交》，中共党史出版社2010年版。

47. 虞铁根著:《阿富汗通史》，北京时代弄潮文化发展公司2011年版。

48. 张大军著:《新疆风暴七十年》，台北兰溪出版社1980年版。

49. 何平著:《阿富汗史——文明的碰撞和融合》，台北三民书局2003

年版。

50. 刘云著:《阿富汗史——战争与贫困蹂躏的国家》，台北三民书局2004年版。

51. [苏] 鲍契卡列夫著，朱毓秀译:《阿富汗》，中国青年出版社1954年版。

52. [苏] 叶弗列莫夫等著，中国人民大学经济地理教研室译:《伊朗、阿富汗》，三联书店1957年版。

53. 何慧译:《美国对亚洲的外交政策——美国康伦公司研究报告》，世界知识出版社1960年版。

54. [美] 斯皮克曼著，刘愈之译:《和平地理学》，商务印书馆1965年版。

55. [澳] 内维尔·马克斯韦尔著，陆仁译:《印度对华战争》，三联书店1971年版。

56. [英] 珀西·塞克斯著，张家麟译:《阿富汗史》(第二卷）上册，商务印书馆1972年版。

57. [美] 沃尔特·拉克尔著，上海市"五·七"干校六连翻译组译:《争夺中东——1958—1968年苏联和中东的关系》，上海人民出版社1972年版。

58. [美] 詹姆斯·理查德·卡特著，陈绎译:《苏联对外援助净成本》，上海人民出版社1973年版。

59. [苏] 普罗霍罗夫著，北京印刷三厂工人理论组、近代史所《沙俄侵华史》编写组、黑龙江大学俄语系研究室译:《关于苏中边界问题》，商务印书馆1977年版。

60. [苏]鲍里索夫、科洛斯科夫著，肖东川、谭实译:《苏中关系(1945—1980)》，三联书店1982年版。

61. [苏] A. A. 阿赫塔姆江等著,《苏联对外政策编年史》翻译组译:《苏联对外政策编年史：1917—1978》，商务印书馆1983年版。

62. [美] 罗伯特·A. 斯卡拉皮诺著，辛耀文译:《亚洲及其前途》，新华出版社1983年版。

63. [英] D. C. 瓦特编著，上海市政协编译工作委员会译:《国际事务概览》(1962)，上海译文出版社1983年版。

64.［英］麦金德著，林尔蔚等译:《历史的地理枢纽》，商务印书馆1985年版。

65.［英］D. C . 瓦特编，上海市政协编译工作委员会译:《国际事务概览》（1963），上海译文出版社1985年版。

66.［美］美国陆军军事学院编，军事科学院外国军事研究部译:《军事战略》，军事科学出版社1986年版。

67.［美］保罗·肯尼迪著，王保存等译:《大国的兴衰》，求实出版社1988年版。

68.［英］杰弗里·巴勒克拉夫编著，福建师范大学外语系译:《国际事务概览》（1956—1958），上海译文出版社1990年版。

69.［美］R.麦克法夸尔、费正清编，王建朗等译:《剑桥中华人民共和国史(1949—1965)》，中国社会科学出版社1990年版。

70.［英］杰弗里·帕克著，李亦鸣、徐小杰等译:《二十世纪的西方地理政治思想》，解放军出版社1992年版。

71.［美］斯塔夫里阿诺斯著，吴象婴、梁赤民译:《全球通史1500年以后的世界》，上海社会科学出版社1992年版。

72.［美］亨利·基辛格著，顾淑馨、林添贵译:《大外交》，海南出版社1998年版。

73.［美］布热津斯基著，中国国际问题研究所译:《大棋局——美国的首要地位及其地缘战略》，上海人民出版社1998年版。

74.［美］罗伯特·A.帕斯特编，胡利平、杨韵琴译:《世纪之旅：七大国百年外交风云》，上海世纪出版集团2001年版。

75.［美］路易斯·杜普雷著，黄民兴译:《阿富汗现代史纲要》，西北大学中东所2002年版。

76.［美］詹姆斯·多尔蒂、小罗伯特·普法尔茨格拉夫著，邵伟广译:《争论中的国际关系理论》，世界知识出版社2003年版。

77.［美］汉斯·摩根索著，徐昕等译:《国家间政治：权力斗争与和平》，北京大学出版社2006年版。

78.［美］沙伊斯塔·瓦哈卜、巴里·扬格曼著，杨军、马旭俊译:《阿富汗史》，中国大百科全书出版社2010年版。

79.［俄］A. 利亚霍夫斯基著，刘宪平译:《阿富汗战争的悲剧》，社会科学文献出版社2004年版。

80.［美］威廉·R. 科勒著，王宝泉译:《20世纪的世界：1900年以来的国际关系与世界格局》，群言出版社2010年版。

81.［美］梅尔文·P. 莱弗勒著，孙闵欣、廖蔚莹、朱正、王敏、钟远译:《人心之争：美国、苏联与冷战》，华东师范大学出版社2012年版。

82.［美］塔米姆·安萨利著，钟鹰翔译:《无规则游戏:阿富汗屡被中断的历史》，浙江人民出版社2018年版。

（五）期刊论文

1. 黄华:“文革时期的荒诞外交”,《读书文摘》2015年第5期。

2. 陈慧生:“杨增新主新期间的对外贸易”,《新疆社会科学》1988年第2期

3. 齐陈骏、王冀青:“阿富汉商人巴德鲁丁·汗与新疆文物的外流”,《敦煌学辑刊》1989年第1期。

4. 邓力群:“新疆和平解放前后——中苏关系之一页”,《近代史研究》1989年第5期。

5. 阿拉腾奥其尔:“中阿边界”,《中国边疆史地研究》1990年第2期。

6. 朱培民:“新疆‘大跃进’研究”,《当代中国史研究》1995年第2期。

7. 沈志华:“中苏结盟与苏联对新疆政策的变化（1944—1950）”,《近代史研究》1999年第3期。

8. 郑振东:“民国年间英国在新疆非法发展侨民事考”,《中国边疆史地研究》2000年第3期。

9. 时殷弘:“东亚的‘安全两难’与出路”,《南京政治学院学报》2000年第6期。

10. 黄民兴:“达乌德第一次执政时期阿富汗与苏美的关系（1953—1963年）”,《西亚非洲》1985年第4期。

11. 李达南:“周恩来与中印关系”,《外交风云》2002年第2期。

12. 李丹慧："新疆苏联侨民问题的历史考察（1945—1965）"，《历史研究》2003年第3期。

13. 戴超武："中印边界冲突与苏联的反应和政策"，《历史研究》2003年第3期。

14. 李娟梅："民国时期中英关于新疆阿富汗人国籍问题之交涉"，《西域研究》2004年第2期。

15. 戴超武："建立'亚洲反对共产主义扩张的堡垒'——来自《战略情报局和国务院情报研究报告》中有关冷战初期美国对南亚地区的档案文献"，《冷战国际史研究》2006年第2期。

16. 梁治寇："建国初期外侨管理工作述评"，《当代中国史研究》2006年第4期。

17. 吴兆礼："美国南亚政策演变：1947—2006"，《南亚研究》2007年第1期。

18. 李琼："1919—1979年苏联和美国对阿富汗的政策"，《历史教学问题》2007年第2期。

19. 张树明："变革与奠基：20世纪50年代美国对阿富汗政策初探"，《青海师范大学学报(哲社版)》2010年第1期。

20. 白云真："当代中国外交的历史经验：国家与社会关系的解读"，《国际展望》2010年第1期。

21. 刘军："国内政治、对外政策及其相互影响"，《国际论坛》2010年第2期。

22. 戴超武："关于1962年中印边界冲突和中苏分裂研究的若干问题"，《当代世界与社会主义》2010年第4期。

23. 刘国俊："杨增新时期新疆与阿富汗之关系"，《新疆社会科学》2010年第5期。

24. 王伟："19世纪下半叶阿富汗东北部边界的形成和确立"，《西北工业大学学报》（社科版）2011年第1期。

25. 张树明："20世纪上半期美国与阿富汗关系的演变"，《西亚非洲》2011年第2期。

26. 周守高、齐鹏飞："关于1963 年中阿边界条约谈判进程中的'冷'与'热'现象之探析——以中国外交部新近解密档案为主"，《南亚研究》2011年第4期。

27. 殷晴飞："1949—1965年中国对外人道主义援助分析"，《当代中国史研究》2011年第4期。

28. 胡仕胜："巴基斯坦与阿富汗关系轨迹"，《国际资料信息》2002年第3期。

29.［印度］A·高希："印度与阿富汗关系中的中亚因素"，《俄罗斯研究》2012年第5期。

（六）学位论文

1. 张树明："均衡中的困境：美国对阿富汗政策研究（1947—1961）"，南开大学2013年博士学位论文。

2. 李琼："苏联、阿富汗、美国：1979—1989年三国四方在阿富汗地区的一场博弈"，华东师范大学2008年博士学位论文。

3. 李晓亮："阿富汗战争：苏联高层决策研究（1979—1989年）"，华东师范大学2011年博士学位论文。

4. 李娟梅："民国时期新疆的英国侨民问题"，2004年西北大学硕士学位论文。

5. 张丽："阿富汗和苏联的两国关系（1953—1979）"，2004年西北大学硕士学位论文。

（七）报刊资料

1.《人民日报》（1949—1979年）

2.《新华月报》（1949—1979年）

3.《参考消息》（1949—1979年）

（八）网络资源

1. 中华人民共和国中央人民政府网站：http://www.gov.cn/gzdt/2011-04/21/content_1849712.htm

2. 中华人民共和国外交部网站：http://www.fmprc.gov.cn/chn/gxh/tyb/

3. 中国驻阿富汗大使馆网站：http://af.china-embassy.org/chn/

4. 中国南亚网：http://www.casas-pkucis.org.cn/

5. 中国社会科学院亚洲太平洋研究所：http://iaps.cass.cn/news/111864.htm

6. 中国现代国际关系研究院南亚东南亚研究所：http://www.cicir.ac.cn/chinese/

7. 云南省社会科学院南亚研究所：http://www.sky.yn.gov.cn/

8. 四川大学南亚与中国西部合作发展研究中心：http://www.sawccad.org/

9. 四川大学南亚研究所：http://www.isas.net.cn/

10. 华东师范大学冷战国际史研究中心、冷战与当代世界研究所：http://www.coldwarchina.org/default.aspx

11. 台湾国立政治大学国际关系研究中心：http://iir.nccu.edu.tw/

二、英文资料

（一）档案（档案数据库）

1. 英国外交部档案馆馆藏档案FO371、FCO37、FO402系列

2. 英国国家档案馆馆藏档案 56条

3. “英国外交部：印度、巴基斯坦与阿富汗（1947—1980）”数据库

4. “解密后的数字化美国国家安全档案”数据库（DNSA）

5. “美国国会文件集”数据库（Archive of Americana）

6. “解密档案参考系统”数据库（DDRS）

7 .美国国家档案与文件署数据库（Access to Archival Databases，AAD）

8. United States Department of State, *Foreign Relations of the United States 1949*、*1951*、*1952-1954*、*1955-1957*、*1958-1960*、*1961-1963*, United States

Government Printing Office, 1977-1996.

9. Paul Preston and Michael Partridge, *British Documents on Foreign Affairs: Reports & Papers From the Foreign Office Confidential Print, 1949、1950,* University Publication of America, 2002.

10. Paul Preston and Michael Partridge, *British Documents on Foreign Affairs: Reports & Papers from the Foreign Office Confidential Print, 1951、1952、1953*, LexisNexis, a division of Reed Elsevier Inc, 2005-2007.

（三）研究专著和研究报告

1. Hans J. Morgenthau, *Political Dilemma*, The University of Chicago Press, 1958.

2. Halford John Mackinder, *Democratic Ideals and Reality*, WW Norton, 1962.

3. Clarmont Percival Skrine, Pamela Nightingale, *Macartney at Kashgar: New Light on British, Chinese and Russian Activities in Sinkiang, 1890-1918*，Methuen & Co. Ltd, 1973.

4. Louis Dupree, *Afghanistan*, Princeton University Press,1978.

5. R.M. Blum, *Drawing the Line: The Origin of American Containment Policy in East Asia*, Norton, 1982.

6. Lillian C.Harris，*China's Foreign Policy Toward the Third World*，Praeger Publishers, 1985.

7. Henry S.Bradsher，*Afghanistan and the Soviet Union*, Duke University Press, 1985.

8. Richard F. Nyrop and Donald M, *Afghanistan: A country study*, Foreign Area Studies, The American University, Jan. 1986.

9. Sajjad Hyder, *Foreign Policy of Pakistan—Reflections of An Ambassador*. Progressive Publishers, 1987.

10. Mohammad Ma' Aroof, *Afghanistan in World Politics: A Study of Afghanistan-U.S. Relations*, Gyan Books Pvt Ltd, 1987.

11. Rosanne Klass, *Afghanistan, the Great Game Revisited*, Freedom House;

Lanham, MD: Distributed by National Book. Network,1990.

12. Rasanayagam, Angelo, *Afghanistan: A Modern History: Monarchy, Despotism or Democracy? the Problems of Governance in the Muslim Tradition*, I. B. Tauris, 2003.

13. Abdul-Qayum Mohmand, *American Foreign Policy Toward Afghanistan: 1919-2001*, ProQuest Information and Learning Company, 2007.

14. Shaista Wahab and Barry Youngerman, *A Brief History of Afghanistan*, University of Nebraska at Omaha, Arthur Paul Afghanistan Collection, 2007.

15. *The Durand Line*, *History, Consequences, and Future*, Report of a Conference Organized in July 2007 by the American Institute of Afghanistan Studies and the Hollings Center in Istanbul,Turkey.

16. Dr Noor ul Haq, *Pakistan-Russia Relations*, Islamabad Policy Research Institute, 2007.

17. Paul Clammer, *Afghanistan*, Lonely Planet, 2007.

18. Nicklas Norling, *The Emerging China-afghanistan Relationship*, Issue of the CACI Analyst, May 14, 2008.

19. Corinna Vigier, *Conflict Assessment Afghanistan*, American Friends Service Committee, 2009.

20. Shibil Siddiqi, Global Youth Fellow, *Afghanistan-Pakistan Relations: History and Geopolitics in a Regional and International Context*, Implications for Canadian Foreign Policy, Walter and Duncan Gordon Foundation, 2009.

21. Stephen Tanner, *Afghanistan: A Military History From Alexander the Great to the War Against the Taliban*. Da Capo, 2009.

22. Thomas Barfield, *Afghanistan: A Cultural and Political History*, Princeton University Press, 2010.

23. Thomas Barfield, *Afghanistan: A Cultural and Political History*, Townsend Residential Life Center, 2010.

24. Jerold Angelus, *Afghanistan-People's Republic of China Relations*, International Book Marketing Service Ltd, 2011.

25. Thomas T. Hammond, *Red Flag Over Afghanistan: The Communist Coup*, the Soviet Invasion and the Consequences , Westview Press,1984.

26. Bruce A. Elleman, Stephen Kotkin and Clive Scholield (eds.), *Beijing's Power and China's Borders*: *Twenty Neighbors in Asia*, New York, London: M.E. Sharpe, Inc., 2013.

27. Eric Hyer, T*he Pragmatic Dragon: China's Grand Strategy and Boundary Settlements*, Canada: University of British Columbia Press, 2015.

（四）论文

1. R.K. Ramazani. *Afghanistan and the USSR*, Middle East Journal, Vol. 12, No. 2, Spring, 1958.

2. Shen-Yu Dai, *China and Afghanistan*, The China Quarterly, No. 25, Jan.-Mar., 1966.

3. Department of State, Bureau of Intelligence and Research. Geographer, *Afghanistan-China Boundary*, International Boundary Study, No.89, 1969.

4. Gerald Segal, *China and Afghanistan*, Asia Survey, Vol. 21, No.11, Nov. 1981.

5. Emadi Hafizullah, *China's Politics and Developments in Afghanistan* Journal of Asian and African Studies, Vol 28, Numbers 1-2, 1993.

6. Nick Cullather, *Damming Afghanistan: Modernization in a Buffer State,* The Journal of American History, September 2002.

7. Mussarat Jabeen, Muhammad Saleem Mazhar, Naheed S. Goraya. *US Afghan Relations: A Historical Perspective of Events of 9/11*, A Research Journal of South Asian Studies Vol. 25, No. 1, Jan.-Jun. 2010.

8. Mohib Ullah Durani, *Ashraf Khan. Pakistan - Afghan Relations: Historic Mirror*, Defence Journal, Vol 4, 2010.

（五）网络资源

1. 伍德罗·威尔逊国际学者中心国际冷战史项目：http://www.wilsoncenter.org/index.cfm?fuseaction=topics.home&topic_id=1409

2. 英国国家档案馆：http://www.nationalarchives.gov.uk/

3. 乔治·华盛顿大学国家安全档案馆：http://www.gwu.edu/nsarchiv/

4. 哈佛大学冷战研究项目：http://www.fas.harvard.edu/hpcws/index2.htm

5. 美国中央情报局电子阅览室：http://www.foia.cia.gov/

6. 威斯康辛大学图书馆FRUS文件：http://digicoll.library.wisc.edu/FRUS/Browse.html

7. 美国国务院FRUS文件：http://www.state.gov/www/about_state/history/frusonline.html

8. 杜鲁门总统图书馆及博物馆：http://www.trumanlibrary.org/

9. 艾森豪威尔总统图书馆：http://www.eisenhower.utexas.edu/

10. 肯尼迪总统图书馆：http://www.jfklibrary.org/

11. 美国外交网上文献：http://www.mtholyoke.edu/acad/intrel/coldwar.htm

12. 阿富汗外交部网站：http://mfa.gov.af/en/page/409

附　录

一、《中华人民共和国和阿富汗王国建交公报》

中华人民共和国和阿富汗王国建交公报

在中华人民共和国首都拟发表之公报全文如下：

中华人民共和国和阿富汗王国政府基于增进双方关系的共同愿望，双方同意在中华人民共和国和阿富汗王国之间建立正常外交关系，并互派大使。

在阿富汗王国首都拟发表之公报全文如下：

阿富汗王国和中华人民共和国政府基于增进双方关系的共同愿望，双方同意在阿富汗王国和中华人民共和国之间建立正常外交关系，并互派大使。

二、《中华人民共和国和阿富汗王国交换货物和支付协定》

中华人民共和国和阿富汗王国交换货物和支付协定

阿富汗王国政府和中华人民共和国政府为了在平等互利的基础上建立和发展两国间的贸易，达成协议如下：

第一条　两国间的一切商业交易应符合两国当时有效的进口、出口和外汇条例。

第二条　甲、两国在本协定第一年度内可以向对方出口的商品，分列为附表“甲”和“乙”。

乙、在本协定第一年度内两国间交换的某些商品的价格和数量，将由两国政府指定代表订定于另一议定书内。

丙、两国在本协定每下一年度可向对方出口的商品和各该年度两国间交换的某些商品的价格和数量，将在本协定现年度期满前90天内，由两国政府所授权的代表订定于新的附表和议定书内。

丁、附表“甲”和“乙”以及以后每一年度的附表均为本协定的组成部分。

戊、关于两国间交换商品的价格和数量的议定书均附属于本协定。

第三条　未列入本协定附表内的商品的贸易，如经两国政府核准，并符合两国当时有效的法令和条例，本协定不加限制。

第四条　两国间的商品交换，应在阿富汗王国政府为此目的正式委托的各个组织、公司、贸易商和中国各进出口公司签订的合同的基础上进行。

第五条　买卖双方在执行根据本协定所签订的一切贸易合同时所发生的一切异议和争端，应以友好协商的方式予以解决；如协商未能达成协议，应通过仲裁解决。

第六条　凡根据本协定签订的贸易合同和一切有关单据所列的价格和金额，都应以英镑表示。

第七条　本协定第八条所列举的两国间的一切经常付款，均应遵照本协定的各项规定和两国当时有效的外汇法令办理支付。

第八条　下列各项付款作为经常付款：

甲、阿富汗王国和中华人民共和国间输出入货物的付款；

乙、阿富汗王国和中华人民共和国间输出入货物的一切有关费用；

丙、阿富汗国家银行和中国人民银行双方同意的一切其他付款。

第九条　甲、代表阿富汗王国政府的阿富汗国家银行，应以代表中华人民共和国政府的中国人民银行的名义，开立一无息无费的英镑账户，户名为“中国人民银行账户”。

凡在阿富汗王国的法人和自然人向在中华人民共和国的法人和自然人的一切付款，均贷记于此账户：凡在中华人民共和国的法人和自然人向在阿富汗王国的法人和自然人的一切付款，均借记于此账户。

乙、代表中华人民共和国政府的中国人民银行，应以代表阿富汗王国政府的阿富汗国家银行的名义，开立一无息无费的英镑账户，户名为“阿富汗国家银行账户”。

凡在中华人民共和国的法人和自然人向在阿富汗王国的法人和自然人的一切付款，均贷记于此账户；凡在阿富汗王国的法人和自然人向在中华人民共和国的法人和自然人的一切付款，均借记于此账户。

第十条　第九条所述的账户上的贷差或借差，应在每六个月末检查一次；六个月末的差额如超过三万英镑，则该超额部分，债务一方应在以后的六个月中用双方同意的货物来偿付；倘六个月中未能偿清，可以延长六个月。在延长期间内，这个差额必须偿清；债务一方如不能以双方同意的货物来偿付这个差额，则必须以可转移的英镑或双方同意的其他外汇来偿付。在延长的六个月清偿期间，此项差额应按年息三厘（3%）的利率偿付利息。

第十一条　阿富汗国家银行和中国人民银行应协商并规定两国间根据本协定交换商品的一切支付和清算事项所需的详细办法和技术细则。

第十二条　英镑的票面值（含金量）如有变动,（现每一英镑相等于2.48828公分的纯金），则以英镑表示的账户上的未清算差额和以英镑表示的未履行的合同义务，将根据新的票面值（含金量）加以调整。

第十三条　为保证本协定的顺利执行，在本协定有效期间，双方可指定代表，于必要时在喀布尔或北京举行会议，检查两国贸易关系，提出有关履行本协定的建议，并解决在执行本协定中可能发生的任何问题。

第十四条　本协定经中华人民共和国政府核准和阿富汗王国立法机构批准后生效。

第十五条　本协定有效期为二年。缔约任何一方未在协定期满四个月前以书面向对方提出修改或废除，本协定的有效期将自动延长一年。

本协定于1957年7月28日在喀布尔签订，共二份，每份都用中文、波斯文和英文写成，三种文本具有同等效力。

中华人民共和国政府代表	阿富汗王国政府全权代表
康矛召	阿卜杜·华哈伯·海德
（签字）	（签字）
中华人民共和国驻阿富汗王国临时代办	阿富汗王国商业部代理副大臣

三、《中华人民共和国和阿富汗王国友好和互不侵犯条约》

中华人民共和国和阿富汗王国友好和互不侵犯条约

中华人民共和国主席和阿富汗王国国王陛下，

愿意保持和进一步发展中华人民共和国和阿富汗王国之间的持久和平和深厚友谊，

深信加强中华人民共和国和阿富汗王国之间的睦邻关系和友好合作符合两国人民的根本利益，并且有利于巩固亚洲和世界的和平，

为此目的，决定根据联合国宪章的基本原则和万隆会议的精神，缔结本条约，并且各派全权代表如下：

中华人民共和国主席特派国务院副总理兼外交部长陈毅，

阿富汗王国国王陛下特派副首相兼外交大臣萨达尔·穆罕默德·纳伊姆。

上述全权代表互相校阅全权证书，认为妥善后，议定下列各条：

第一条　缔约双方承认和尊重彼此的独立、主权和领土完整。

第二条　缔约双方将保持和发展两国之间的和平友好关系，双方保证用和平协商的办法解决双方之间的一切争端，而不诉诸武力。

第三条　缔约双方保证互不侵犯，不参加针对另一方的军事同盟。

第四条　缔约双方同意本着友好合作的精神，根据平等互利和互不干涉内政的原则，发展和进一步加强两国之间的经济和文化关系。

第五条　本条约须经批准，批准书应尽速在北京互换。

本条约在互换批准书以后立即生效，有效期十年。

除非缔约一方在期满前至少一年用书面通知另一方终止本条约，本条约将无限期有效，但是，任何一方都有权在条约生效十年后终止本条约，只要在终止前一年用书面将此种意图通知另一方。

1960年8月26日在喀布尔签订，共两份，每份都用中文、波斯文和英文写成，三种文本具有同等效力。

中华人民共和国全权代表	阿富汗王国全权代表
陈　毅	萨达尔·穆罕默德·纳伊姆
（签字）	（签字）

附　件

中华人民共和国国务院副总理兼外交部部长陈毅和阿富汗王国政府副首相兼外交大臣萨达尔·穆罕默德·纳伊姆关于两国友好和互不侵犯条约的换文

中华人民共和国国务院副总理兼外交部部长陈毅的照会

殿下和我在关于签订“中华人民共和国和阿富汗王国友好和互不侵犯条约”的会谈中，业已代表贵我两国政府同意：在签订上述条约的同时，废除中国前政府、即中华民国国民政府和阿富汗王国政府于1944年3月2日在安哥拉签订并且于同年9月30日互换批准书的“中国阿富汗友好条约”。

以上协议如获殿下确认，则本照会和您的复照即成为“中华人民共和国和阿富汗王国友好和互不侵犯条约”的附件，并和上述条约同时发表。

顺致最崇高的敬意。

中华人民共和国国务院副总理兼外交部长
陈毅（签字）
1960年8月26日于喀布尔

阿富汗王国政府副首相兼外交大臣萨达尔·穆罕默德·纳伊姆的复照

1960年8月26日来照敬悉，内容如下：

“殿下和我在关于签订‘中华人民共和国和阿富汗王国友好和互不侵犯条约’的会谈中，业已代表贵我两国政府同意：在签订上述条约的同时，废除中国前政府、即中华民国国民政府和阿富汗王国政府于1944年3月2日在安哥拉签订并且于同年9月30日互换批准书的‘中国阿富汗友好条约’。

“以上协议如获殿下确认，则本照会和您的复照即成为‘中华人民共和国和阿富汗王国友好和互不侵犯条约’的附件，并和上述条约同时发表”。

以上内容恰当地表达了贵我之间所达成的谅解。

顺致最崇高的敬意。

阿富汗王国政府副首相兼外交大臣
穆罕默德·纳伊姆（签字）
1960年8月26日于喀布尔

四、《中华人民共和国和阿富汗王国边界条约》

中华人民共和国和阿富汗王国边界条约

中华人民共和国主席和阿富汗国王陛下，为了保证存在于中国和阿富汗两个独立和主权国家之间愉快的友好睦邻关系获得进一步的发展；决定根据互相尊重主权和领土完整、互不侵犯等原则和万隆会议十项原则，本着友好合作和互相谅解的精神，正式划定和标定中国和阿富汗在帕米尔地区的边界，坚信，两国边界的正式划定和标定，将进一步加强这一地区的和平和安全；为此目的，决定缔结本条约并各派全权代表如下：中华人民共和国主席特派外交部长陈毅；阿富汗国王陛下特派内务大臣阿布杜·卡尤姆。双方全权代表互相校阅全权证书，认为妥善后，议定下列各条：

第一条 缔约双方同意，两国之间的边界，从南端高程为5630米的山峰（参考坐标约为东经74度36分、北纬37度03分）起，沿着以塔什科老干河的支流卡拉秋库尔苏河为一方、阿克苏河的源流和瓦罕河的上游瓦合知尔河为另一方的穆斯塔格山脉的分水岭而行，经过高程为4923米的南瓦根基达坂（阿方图称瓦根基山口）、北瓦根基达坂（仅中方图有此名）、西克克吐鲁克达坂（仅中方图有此名）、东克克吐鲁克达坂（阿方图称卡拉吉勒尕山口）、托克满素达坂（阿方图称米赫满育里山口）、沙拉克他什达坂（仅中方图有此名）、克克拉去考勒达坂（阿方图称铁盖满苏山口），到高程为5698米的克克拉去考勒峰（阿方图称波万洛什维科夫斯基峰）。本条所述的全部边界线，标明在本条约所附的比例尺为1：200,000的中方的中文地图和比例尺为1：253,440的阿方的波斯文地图上。上述两种地图都附有英文。

第二条 缔约双方同意，两国沿分水岭和达贩（山口）而行的边界，以分水岭山脊和达坂（山口）的分水线为边界线。

第三条 缔约双方同意：

一、本条约生效后，即成立由双方同等人数的代表和若干名顾问所组成的中国阿富汗联合勘界委员会，根据本条约第一条的规定，实地具体勘察两国间的边界并树立界桩，然后起草关于两国边界的议定书并绘制边界地图，详细载明边界线的走向和界桩的实地位置。

二、本条第一款所述的议定书和边界地图，经双方政府代表签字生效后，即成为本条约的附件，联合勘界委员会绘制的边界地图将代替本条约所附的地图。

三、上述议定书和边界地图签字后，中国阿富汗联合勘界委员会的任务即告终止。

第四条 缔约双方同意，在两国边界正式划定后，如果发生任何边界争议，应由双方友好协商解决。

第五条 本条约自签字之日起生效。本条约于一九六三年十一月二十二日在北京签订，共两份，每份都用中文、波斯文和英文写成，三种文本具有同等效力。

中华人民共和国全权代表	阿富汗王国全权代表
陈　毅	阿布杜·卡尤姆
（签字）	（签字）

五、《中华人民共和国政府和阿富汗王国政府关于两国边界的议定书》

中华人民共和国政府和阿富汗王国政府关于两国边界的议定书

（签订日期1965年3月24日 生效日期1965年3月24日）

中华人民共和国政府和阿富汗王国政府，鉴于中国阿富汗联合勘界委员会根据一九六三年十一月二十二日中华人民共和国和阿富汗王国边界条约的规定，本着友好合作、平等协商和互谅互让的精神，顺利地完成了两国边界的勘察和树立界桩的工作，从而明确地标定了两国的边界线，深信这将进一步巩固两国的睦邻关系，为此，根据中阿边界条约第三条的规定，签订本议定书。

第一部分　总则

第一条

中阿两国之间从南端起点到克克拉去考勒峰（波万洛什维科夫斯基峰）的边界线，已经双方根据中阿边界条约第一条所述沿穆斯塔格山脉分水岭而行的规定，结合实际情况，进行了实地勘察，予以标定。对于双方所勘定的两国之间的边界线的走向，在本议定书第二部分内作了比条约更为详细和准确的叙述，并已标在本议定书所附的“中华人民共和国和阿富汗王国边界地图”上。今后，两国边界线的具体走向即以本议定书的规定和上述附图为准。

第二条

为了明确地标定两国的边界线，双方在边界线上的四个达坂（山口）处树立了五颗界桩，并依次编为1号到5号。

第三条

一、中阿边界界桩全部用钢筋混凝土制成，每颗界桩长215厘米，露出地面部分的高度为165厘米。在界桩底座中心埋有直径为1.5厘米、长80厘米的铁杆一根。

二、界桩上刻有国名、界桩编号和界桩树立年份。对着中国的一面刻有中文的“中国”字样，国名下刻有阿拉伯数码的界桩号和树桩年份；对着阿富汗的一面刻有波斯文的“阿富汗”字样，国名下刻有波斯文数码的界桩号和树桩年份。树桩年份中方用公历，阿方用阿历。

三、界桩的式样和大小尺寸见附件。

第四条

一、本议定书中所述的界线长度是水平距离，系从实测的1:50,000图上量取的；其他任何两点之间的距离都是对直水平距离，已分别注明是实地量取或根据有关两点实测的坐标计算而得的。

二、本议定书中所述的磁方位角是在实地测定的，真方位角是根据有关两点实测的坐标计算得来的。

三、本议定书中所述的和本议定书附图中的1:50,000图上所注的高程，凡用正体数字表示的，是在实地测定的；凡用斜体数字表示的，是按图上的等高线推得的。

第二部分　界线走向

第五条

从中阿边界南端起点即塔什科老干河、瓦罕河和洪札河三水系之间分水岭相交处高程为5587米的山峰（东经74度34分00.9秒、北纬

37度01分57.4秒）起到克克拉去考勒峰（波万洛什维科夫斯基峰）的一段边界线，系沿着以中国境内的塔什科老干河的支流卡拉秋库尔苏河为一方、阿富汗境内的瓦罕河的上游瓦合知尔河和阿克苏河的上游诸支流为另一方的穆斯塔格山脉的分水岭而行，长度为92.45公里。根据本议定书附图中的1∶50,000图写成的这段界线走向的详细叙述，载于本议定书第六条到第十条。

第六条

从中阿边界南端起点即塔什科老干河、瓦罕河和洪札河三水系之间分水岭相交处高程为5587米的山峰（东经74度34分00.9秒、北纬37度01分57.4秒）到南瓦根基达坂（瓦根基达坂）上的2号界桩的一段边界线，长度为16.54公里，这段界线走向详细叙述如下：

从高程为5587米的山峰起，界线沿着以中国境内的卡拉秋库尔苏河的支流铁铁吉勒尕沟和瓦根基河为一方、阿富汗境内的瓦合知尔河为另一方的穆斯塔格山脉的分水岭大体西北行，经高程为5702米的山峰到高程为5565米的山峰，再大体转西到高程为5585米的山峰，再大体转南到高程为5668米的山峰，再大体西行，经高程为5537米的山峰到高程为5567米的山峰，然后大体转北向西再大体转北行，经4942米高地到南瓦根基达坂（瓦根基达坂）上南部山脚下的1号界桩。这段界线长度为16.28公里。

从1号界桩起，界线继续沿上述分水岭向北偏西行，穿过由中国的克克吐鲁克通往阿富汗的瓦合知尔河的一条驮运路，然后向北偏西转北偏东行，到南瓦根基达坂（瓦根基达坂）上北部山脚下的2号界桩。这段界线长度为0.26公里。

第七条

从南瓦根基达坂（瓦根基达坂）上的2号界桩到东克克吐鲁克达坂

（克克吐鲁克达坂）上的3号界桩的一段边界线，长度为32.94公里，这段界线走向详细叙述如下：

从2号界桩起，界线沿着以中国境内的卡拉秋库尔苏河的支流瓦根基河为一方、阿富汗境内的瓦合知尔河和阿克苏河的上游支流卡拉吉勒尕沟为另一方的穆斯塔格山脉的分水岭而行，向北偏东到高程为5576米的山峰，再大体转西北行，经高程为5703米的山峰，到高程为5578米的山峰，然后大体东北行，经高程为5665米的山峰到北瓦根基达坂（卡拉吉勒尕达坂）。这段界线长度为11.38公里。

从北瓦根基达坂（卡拉吉勒尕达坂）起，界线沿着以中国境内的卡拉秋库尔苏河的支流克克吐鲁克河为一方、阿富汗境内的阿克苏河的上游支流卡拉吉勒尕沟、彼台吉勒尕沟和伊尔卡普恰勒沟为另一方的穆斯塔格山脉的分水岭而行，向北偏东到高程为5605米的山峰，再大体转西北，到高程为5844米的山峰，再向北偏西到高程为5625米的山峰，再大体转东北行，到高程为5709米的山峰，再大体向北经高程为5716米的山峰，到高程为5710米的山峰，然后转东偏北到西克克吐鲁克达坂（伊尔卡普恰勒达坂）。这段界线长度为11.98公里。

从西克克吐鲁克达坂（伊尔卡普恰勒达坂）起，界线沿着以中国境内的卡拉秋库尔苏河的支流克克吐鲁克河为一方、阿富汗境内的阿克苏河的上游支流伊尔卡普恰勒沟和克克吐鲁克沟为另一方的穆斯塔格山脉的分水岭大体向东偏北行，经高程为5482米的山峰到高程为5750米的山峰，再大体转东南行，经高程为5768米的山峰到高程为5685米的山峰，然后转东北到东克克吐鲁克达坂（克克吐鲁克达坂）上的3号界桩。这段界线长度为9.58公里。

第八条

从东克克吐鲁克达坂（克克吐鲁克达坂）上的3号界桩到托克满素达坂（米赫曼育里达坂）上的4号界桩的一段边界线，长度为21.67公里，这段界线走向详细叙述如下：

从3号界桩起，界线沿着以中国境内的卡拉秋库尔苏河的支流克克吐鲁克河和克排恰克吉勒尕沟为一方、阿富汗境内的阿克苏河的上游支流克克吐鲁克沟、乌尔塔吉勒尕沟、卡拉吉勒尕沟为另一方的穆斯塔格山脉的分水岭而行，向北偏东到高程为5634米的山峰，再转东偏南到高程为5544米的山峰西北约55米处的山顶上，再转北偏东到高程为5645米的山峰，然后向东南转南行，到高程为5694米的山峰。这段界线长度为10.43公里。

从高程为5694米的山峰起，界线沿着以中国境内的卡拉秋库尔苏河的支流卡拉吉克的沟和托克满素河为一方、阿富汗境内的阿克苏河的上游支流库尔木尕尔吉勒尕沟、古木尔吉勒尕沟、米赫曼育里河为另一方的穆斯塔格山脉的分水岭而行，向东南到高程为5709米的山峰，再大体转东北，经5196米高地和高程为5638米的山峰，到高程为5601米的山峰，然后向东南再转东北行，到托克满素达坂（米赫曼育里达坂）上的4号界桩。这段界线长度为11.24公里。

第九条

从托克满素达坂（米赫曼育里达坂）上的4号界桩到沙拉克塔什达坂（铁盖满苏达坂）上的5号界桩的一段边界线，长度为18.82公里，这段界线走向详细叙述如下：

从4号界桩起，界线沿着以中国境内的卡拉秋库尔苏河的支流托克满素河和沙拉克他什沟为一方、阿富汗境内的阿克苏河的上游支流米赫曼育里河和铁盖满苏河为另一方的穆斯塔格山脉的分水岭而行，向东到高程为5475米的山峰再大体向东南行，经高程为5496米、5397米和5520米的山峰，到高程为5445米的山峰，然后向东偏北行，经高程为5515米和5445米的山峰，到沙拉克他什达坂（铁盖满苏达坂）上的5号界桩。

第十条

从沙拉克他什达坂（铁盖满苏达坂）上的5号界桩到克克拉去考勒峰（波万洛什维科夫斯基峰）的一段边界线，长度为2.48公里，这段界线走向详细叙述如下：

从5号界桩起，界线沿着以中国境内的卡拉秋库尔苏河的支流沙拉克他什沟为一方、阿富汗境内的阿克苏河的上游支流铁盖满苏河为另一方的穆斯塔格山脉的分水岭而行，向东到高程为5564米的山峰，然后向北到高程为5554米的克克拉去考勒峰（波万洛什维科夫斯基峰）。

第三部分　界桩位置

第十一条

1号界桩

位于南瓦根基达坂（瓦根基达坂）上南部山脚下的边界线上，东经74度29分12秒、北纬37度05分54秒处，高程为4861米。

双方境内各有一方位物：在磁方位角32度28分、距离130米处中国境内有一独立石；在磁方位角176度35分、距离71米处阿富汗境内有一独立石。上述磁方位角和距离都是实地量取的。

1号界桩到高程为5587米的山峰的真方位角为135度37分45秒，距离为10. 21公里（根据有关两点实测的坐标计算得来）。

2号界桩

位于南瓦根基达坂（瓦根基达坂）上北部山脚下的边界线上，东经74度29分13秒、北纬37度06分01秒处，高程为4865米。

双方境内各有一方位物：在磁方位角153度49分、距离108米处中国境内有一独立石；在磁方位角336度11分、距离56米处阿富汗境内有一独立石。上述磁方位角和距离都是实地量取的。

2号界桩到1号界桩的真方位角为183度21分02秒，距离为0.21公里（实地量取）。

3号界桩

位于东克克吐鲁克达坂（克克吐鲁克达坂）的边界线上，东经74度35分17秒、北纬37度14分25秒处，高程为5246米。

双方境内各有一方位物：在磁方位角142度06分、距离360米处中国境内有一人工垒成的石堆（下埋有铁杆）；在磁方位角318度47分、距离287米处阿富汗境内有一刻有“十”字的岩石。上述磁方位角及距离都是实地量取的。

3号界桩到2号界桩的真方位角为210度06分51秒，距离为17.96公里（根据有关两点实测的坐标计算得来）。

4号界桩

位于托克满素达坂（米赫曼育里达坂）的边界线上，东经74度44分10秒、北纬37度17分11秒处，高程为4959米。

双方境内各有一方位物：在磁方位角225度22分、距离113米处中国境内有一人工垒成的石堆（下埋有铁杆）；在磁方位角296度45分、距离102米处阿富汗境内有一人工垒成的石堆（下埋有铁杆）。上述磁方位角和距离都是实地量取的。

4号界桩到3号界桩的真方位角为248度47分59秒，距离为14.09公里（根据有关两点实测的坐标计算得来）。

5号界桩

位于沙拉克他什达坂（铁盖满苏达坂）的边界线上，东经74度52分45秒、北纬37度13分25秒处，高程为5210米。

双方境内各有一方位物：在磁方位角179度00分、距离103米处中国境内有一人工垒成的石堆（下埋有铁杆）；在磁方位角308度00分、距离557米处阿富汗境内有一人工垒成的石堆（下埋有铁杆）。上述磁方位角和距离都是实地量取的。

5号界桩到4号界桩的真方位角为298度47分26秒，距离为14.47公里（根据有关两点实测的坐标计算得来）。

第四部分　关于边界线和界桩的维护

第十二条

缔约双方应对界桩加以维护，并应采取必要的措施防止界桩被移动、损坏或毁灭。

任何一方不得单方面另立新的界桩或其他任何形式的分界标志。

第十三条

一、为了有效地维护界桩，双方同意1号到5号界桩由双方共同维护。

二、如果任何一方发现界桩被移动、损坏或毁灭，应尽速以书面通知另一方，并由双方具体商定在原址按原定规格予以恢复、修理或重建。如果被移动、损坏或毁灭的界桩由于自然原因不能在原址恢复、修理或重建，在不改变边界线的原则下，可以由双方协商另行选择适当地点树立。

三、对于界桩的恢复、修理或重建，双方应作成共同纪要。如果另行选择地点树立界桩，双方应就此签订文件，按照本议定书第三部分的内容和格式说明该界桩的位置，并测绘标明该界桩位置的地图。上述文件和地图经双方签署后，即成为本议定书的附件。

第十四条

缔约双方对于本议定书第三部分所述用以说明界桩位置的方位物应加以保护，使其不受移动或损坏。

第十五条

缔约双方应在本议定书生效后每十年对两国之间的边界进行一次联合检查，但是经双方同意，可以推迟检查的时间或只对边界的某些地段进行联合检查。如一方提议并经另一方同意，双方可对边界的某些地段进行临时性的联合检查。

在检查时，双方应根据本议定书第十三条的规定，商定他们认为必要的措施。

每次联合检查后，应作成共同纪要，双方各执一份。

第十六条

缔约双方同意，凡需就本议定书第四部分所规定的有关事宜彼此联系或协商处理时，由双方为此指定的官员负责进行。

第五部分　最后条款

第十七条

本议定书所叙述的边界线走向和界桩位置，标明在本议定书所附的“中华人民共和国和阿富汗王国边界地图”上。

上述附图分别印成中波（斯）文本和波（斯）中文本，两种文本内容一致，计各包括1:200,000图一幅、1:50,000图四幅和1:25,000的界桩位置图二幅共四图。

第十八条

本议定书自签字之日起生效。

根据一九六三年十一月二十二日中华人民共和国和阿富汗王国边界条约第三条的规定，本议定书自生效时起即成为该条约的附件，本议定书所附的“中华人民共和国和阿富汗王国边界地图”即代替该条约原附的地图。

本议定书于一九六五年三月二十四日在喀布尔签订，共两份，每份都用中文、波斯文和英文写成，三种文本具有同等效力。

注：界桩式样和边界地图略。

中华人民共和国政府	阿富汗王国政府
全　权　代　表	全　权　代　表
（签字）	（签字）

六、《中华人民共和国政府和阿富汗王国政府经济技术合作协定》

中华人民共和国政府和阿富汗王国政府经济技术合作协定

中华人民共和国政府和阿富汗王国政府，为了促进两国之间的经济技术合作，签订本协定，条文如下：

第一条

根据阿富汗发展经济的需要，中华人民共和国政府同意在一九六五年七月一日至一九七〇年六月三十日的时期内，给予阿富汗王国政府以无息的和不附带任何条件的贷款，金额为一千万英镑，每个英镑的含金量为2.48828克，如含金量有变动，贷款金额应按变动的比例，作相应的调整。

第二条

上述贷款将以中华人民共和国政府可能提供的并且为阿富汗王国政府发展农业和工业所需要的成套设备、单项设备、消费商品和技术援助分期拨付，具体项目将由两国政府另行商定。

第三条

上述贷款将由阿富汗王国政府自一九七五年七月一日至一九八五年六月三十日的十年内，分期以两国政府商定的阿富汗出口货物偿还，每年偿还上述贷款的十分之一。

第四条

根据阿富汗王国政府的需要和中华人民共和国政府的可能，中国政府将派遣专家和技术人员前往阿富汗提供技术援助，其待遇和工作条件将由两国政府另行商定。

第五条

有关实施本协定的账务处理问题，将由中国人民银行和阿富汗国家银行另行商定技术细则。

第六条

本协定自签字之日起生效，有效期至双方履行完毕协定一切有关义务之日止。

本协定于一九六五年三月二十四日，在喀布尔签订，共两份，每份都用中文、波斯文和英文写成，三种文本具有同等效力。

中华人民共和国政府
全权代表副总理兼外交部长
陈　毅
（签字）

阿富汗王国政府
全权代表财政大臣
赛义德·卡赛姆·列希蒂亚
（签字）

七、《中华人民共和国政府和阿富汗王国政府文化合作协定》

中华人民共和国政府和阿富汗王国政府文化合作协定

中华人民共和国政府和阿富汗王国政府，本着万隆会议十项原则的精神，愿意建立两国之间的文化合作关系，以便促进两国文化交流和民族文化的发展，增进两国人民的互相了解和友谊。为此，决定签订本协定。条文如下：

第一条

缔约双方鼓励和支持两国文化、教育、文学、艺术、宗教、医药卫生、体育、新闻、广播、电影等方面人士互相进行友好访问、考察和交流经验。

第二条

缔约双方根据需要与可能，互相聘请教授、学者、专家到对方工作，其工作期限与待遇由双方另行协商。

第三条

缔约双方根据各自的学制接受对方的留学生，并可设置一定名额的奖学金。

第四条

缔约双方鼓励和支持双方艺术表演家和艺术团体互相访问演出。

第五条

缔约双方鼓励和支持双方体育团体之间的友好合作和交流经验，派遣运动员和体育队相互访问，进行友谊比赛。

第六条

缔约双方鼓励和支持两国新闻、广播机构之间的友好合作。

第七条

缔约双方根据需要与可能，通过下列办法进行文化交流：

（一）鼓励和支持双方有关机构组织交换文化、艺术和其他方面的出版物及艺术品、幻灯片、唱片、录音带等；

（二）互相举办各种图片、文化艺术展览会；

（三）互相举办电影放映和各种友好活动；

（四）互相推荐各自的优秀文学、艺术作品供对方翻译出版。

第八条

缔约双方为实施本协定将在每年第一季度提出各自对本年度执行计划的建议，并通过双方同意的途径协商。

第九条

本协定须经双方政府核准并互相通知后生效，有效期为五年。

本协定期满前六个月，如缔约任何一方未提出废止本协定，则本协定的有效期将延长五年，并依此法顺延。

本协定于一九六五年三月二十四日在喀布尔签订，共两份，每份都用中文、波斯文和英文写成，三种文本具有同等效力。

中华人民共和国政府	阿富汗王国政府
全权代表副总理兼外交部长	全权代表教育大臣
陈　毅	穆罕默德·安纳斯
（签字）	（签字）

八、《中华人民共和国政府和阿富汗王国政府民用航空运输协定》

中华人民共和国政府和阿富汗王国政府民用航空运输协定

中华人民共和国政府和阿富汗王国政府，为便利中国人民和阿富汗人民之间的友好往来，发展两国航空运输方面的相互关系，根据互相尊重独立和主权、互不干涉内政、平等互利和友好合作的原则，就建立并经营两国间以及延伸至两国以外地区的定期航班，协议如下：

第一条

一、缔约一方给予缔约对方在本协定附件所规定的航线（以下简称“规定航线”）上建立定期航班（以下简称“协议航班”）的权利，以载运国际旅客、行李、货物和邮件。

二、缔约一方指定航空运输企业（以下简称“指定空运企业”）在规定航线上飞行协议航班的飞机，经缔约对方航空当局同意，可以不降停飞越缔约对方领土或在上述领土内作技术经停。

三、缔约双方指定空运企业有权在本协定附件航线上规定的地点之间载运旅客、行李、货物和邮件。

四、缔约一方指定空运企业无权在缔约对方领土内装载前往缔约对方领土内另一地点的收费旅客、行李、货物和邮件。

五、如授权缔约方业已给予被授权缔约方指定空运企业以适当的经营许可，被授权缔约方指定空运企业可以根据自己的选择，立即或在以后开始飞行规定航线上的协议航班。

第二条

一、中华人民共和国政府指定“中国民用航空总局国际业务局”，阿富汗王国政府指定“阿富汗阿利亚纳航空公司”，为经营各该方规定航线上协议航班的空运企业。

二、缔约一方指定空运企业的主要所有权和有效管理权，应属于该缔约方或其公民。

三、缔约一方指定空运企业如不遵守缔约对方的法令规章，不按照本协定及其附件所规定的条件经营时，缔约对方有权暂停缔约一方指定空运企业行使本协定规定的权利，或对行使这些权利规定它认为必要的条件。但除非为了防止进一步违犯法令规章必须立即采取上述措施外，在通常情况下应同缔约一方协商后方可行使这种权利。

第三条

一、缔约双方指定空运企业在经营规定航线的协议航班方面，应享有平等合理的机会。

二、缔约一方指定空运企业在经营协议航班时，应照顾到缔约对方指定空运企业的利益，以免不适当地影响后者在相同航线或其航段上提供的航班。

三、缔约双方指定空运企业提供的协议航班，应与公众对在规定航线上运输的需要保持密切关系。

四、为经营协议航班有关的班次、机型、班期时刻以及运输章程、业务代理和地面服务事项，应由缔约双方指定空运企业协商确定，并应经缔约双方各自的航空当局同意。

第四条

一、缔约一方应在其领土内，为缔约对方指定空运企业指定供经营规定航线所使用的机场和备降机场，并提供飞行协议航班所需的通信、导航、气象和其他附属服务。具体办法由缔约双方航空当局协议。

二、缔约一方指定空运企业使用缔约对方的机场、设备和技术服务，应按照缔约对方规定的公平合理的费率付费。

第五条

一、缔约一方指定空运企业在规定航线上飞行的飞机及其留置在飞机上的正常设备、零备件、燃料、润滑油和机上供应品，在进出缔约对方领土时，缔约对方应在互惠基础上豁免任何关税、检验费和其他税捐。

二、缔约一方指定空运企业的飞机在缔约对方领土内加注供飞行规定航线使用的燃料、润滑油和装上供消耗的机上供应品，应在互惠基础上豁免关税、检验费和其他税捐。

三、缔约一方指定空运企业运入缔约对方领土供在规定航线上飞行的飞机维修用的零备件和机上正常设备，亦应在互惠基础上豁免关税、检验费和其他税捐，但应由海关监管，不得在缔约对方领土内转售或移作他用，并应按照缔约对方的规定缴纳保管费用。

第六条

缔约一方关于从事国际航班飞行的飞机进出其国境和在其领土内停留、航行的法令规章，以及关于旅客、空勤组、行李、货物和邮件进出其国境和在其领土内停留的法令规章，均适用于缔约对方指定空运企业在缔约一方领土内的飞机、空勤组和所载运的旅客、行李、货物和邮件。缔约一方应及时 向缔约对方提供有关的法令规章资料。

第七条

缔约一方指定空运企业在缔约对方领土内的收入应在互惠的基础上豁免所得税，并应准予结汇。

第八条

一、缔约双方指定空运企业在协议航班上所采取的运价，应在合理的水平上制定，适当地考虑一切有关因素，包括比较经济的经营成本、合理的利润和航班特点的区别，以及在同样航线或航段上经营定期航班的其他空运企业的运价。

二、缔约一方指定空运企业对根据本协定所载运前往或来自缔约对方境内的业务所采取的运价，首先应经缔约双方指定空运企业间同意，并考虑国际上所实行的有关运价。按此协议的任何运价，应经缔约双方航空当局批准。如空运企业和／或航空当局间未能达成协议，缔约双方应自行达成协议，并采取一切可能的步骤，使这一协议生效。在分歧未解决前，业已制定的运价仍应有效。

第九条

缔约一方航空当局应在缔约对方航空当局提出要求时，向后者提供缔约一方指定空运企业在协议航班上所载前往和来自缔约对方领土的业务的有关资料和统计。

第十条

一、缔约一方指定空运企业为了经营规定航线，有权在缔约对方领土内规定航线的通航地点设立代表机构。代表机构的人员成为中华人民共和国和阿富汗王国公民，其人数由缔约双方指定空运企业商定，并经缔约双方航空当局批准。代表机构人员必须遵守驻在国的现行法令规章。

二、缔约一方应为缔约对方指定空运企业的代表机构和工作人员提供协助和便利。

第十一条

一、缔约一方指定空运企业在规定航线上飞行的飞机应具有本国国籍标志和登记标志，并携带有关证件。缔约一方所颁发和核准的有效证件，缔约对方应承认其有效。缔约一方对缔约对方发给缔约一方公民，供在缔约一方领土飞行使用的合格证和执照，保留拒绝承认的权利。

二、缔约双方指定空运企业在规定航线上飞行的空勤组成员，应分别为本国公民。缔约一方指定空运企业如欲使用第三国国籍的空勤组成员飞行规定航线，缔约一方应通过外交途径事先取得缔约对方同意。

第十二条

缔约一方指定空运企业的飞机在缔约对方领土内遇险或失事时，缔约对方应指示有关当局：

1. 立即将失事情况通知缔约一方；
2. 立即进行寻找和营救；
3. 对旅客和空勤组提供协助和援救；
4. 对飞机和机上装载物，采取一切安全措施；
5. 调查事故情况；
6. 允许缔约一方的代表接近飞机，并参加对事故的调查；
7. 如调查中不再需要遇险或失事的飞机和其装载物，应予放行；
8. 将调查结果书面通知缔约一方。

第十三条

缔约双方应密切合作，互相支持，保证本协定正确实施。如对本协定的解释和实施发生分歧，缔约双方指定空运企业应本着友好合作、互相谅解的精神直接协商解决，如不能达成谅解，应由缔约双方 航空当局协商解决，如仍不能达成协议，则通过外交途径解决。

第十四条

一、缔约一方如认为需要修改或补充本协定的任何条款，可随时要求与缔约对方进行协商，此项协商应于缔约对方接到要求之日起六十天内进行。本协定的任何修改或补充，经缔约双方以外交换文达成协议后生效。

二、对本协定附件的修改或补充，除缔约一方指定空运企业在缔约对方境内的经停点外，缔约双方航空当局可以直接协商达成协议。

第十五条

缔约一方可随时通知缔约对方终止本协定。本协定在缔约对方接到通知之日起十二个月后终止，如在期满前，缔约一方提出撤销上述通知，并取得缔约对方同意后，则本协定继续有效。

第十六条

一、本协定的附件和有关换文应被认为是本协定的组成部分，除非另有明确规定，对本协定的所有援引，应包括对附件的援引。

二、本协定自签字之日起临时适用，在缔约双方正式完成所需手续并以外交换文相互通知后生效。

下列代表，经其各自政府的正式授权，已在本协定上签字为证。

本协定于一九七二年七月二十六日，相当于阿历一三五一年五月四日在喀布尔签订，一式两份，每份都用中文、波斯文和英文写成。三种文本具有同等效力。

中华人民共和国政府代表	阿富汗王国政府代表
马仁辉	阿卡杜勒·哈利克
（签字）	（签字）

附 件

一、中华人民共和国政府指定空运企业所经营的协议航班的往返航线如下：

中国境内的地点——喀布尔和／或 坎大哈—德黑兰—延伸点（喀布尔和／或坎大哈至德黑兰以远无业务权）。

二、阿富汗王国政府指定空运企业所经营的协议航班的往返航线如下：

阿富汗境内的地点——乌鲁木齐和／或北京—东京—延伸点（乌鲁木齐和／或北京至东京以远无业务权）。

三、缔约一方指定空运企业如欲飞行前往或来自缔约对方领土内的专机和包机缔约一方航空当局应向缔约对方航空当局提出申请，缔约对方航空当局应尽速将其答复通知缔约一方航空当局。

四、缔约一方指定空运企业如在规定航线上作加班飞行，应在飞机起飞四十八小时前通知缔约对方航空当局，并在获得其许可后方可飞行。

五、缔约双方指定空运企业在规定航线上飞行的飞机，可以在一定时期内或某次飞行中，不降停规定航线上一个或多个降停点，并应尽早相互通知。

后　记

从博士阶段开始，本人开始关注当代中国与阿富汗关系史，博士论文就以新中国睦邻外交为视域，梳理和分析了1949—1965年的中阿关系。博士毕业后，本人仍然以中阿关系作为研究主题，继续进行博士后研究，而且在前期研究的基础上，又有幸申请到了教育部人文社会科学研究青年项目《新中国成立以来中阿关系发展演变的历史考察和经验研究》（项目批准号：15YJC770043）。现在呈现的本书，就是该项目的研究成果之一。它既是本人学习、研究过程中的阶段性总结，也是展望未来的一个阶梯。

虽然屈指算来，关注中阿关系已有经年，但笔者自知个人外语能力有限，知识积累薄弱，学术视野不广，虽时时勉力前行，但无奈力不从心，呈现的研究成果不尽如人意。每每思此，汗颜不已。在本书写作过程中，笔者虽付出不少心血，既抄录了中国外交部大量解密档案，也收集了一些北京市档案馆、江苏省档案馆、湖北省档案馆、天津市档案馆以及新疆伊犁档案馆的档案，还查找到一些外国的档案，但综观全文，研究资料的多元化方面还有待提升，尤其缺少阿富汗和苏联的档案，再加上本人写作水平有限，导致本书缺憾甚多，殊为遗憾。

回顾自己的学术生涯，实有赖于博士导师齐鹏飞教授、硕士导师李敬煊教授的谆谆教诲与无私指点，但奈何本人天资有限、才疏学浅，且性格疏懒，迄今仍无拿得出手的代表性成果，实有愧于恩师的教导也。惟愿在以后的研究中能以勤补拙，不辜负众多师长的期望。

本书在写作、出版的过程中，受到众多师友的指点与机构的帮助。华东师范大学沈志华教授、李丹慧教授、戴超武教授（现为云南大学教授）、梁志教授、冯一鸣博士、武汉大学关培凤教授等，或指点过本书中的某些章节（某些章节以学术论文的形式参加过相关学术会议，在会议上诸多师友提出过修改意见），或提供了不少档案、资料。中国外交部档案馆、北京市档案馆等为本人抄录档案提供了诸多方便。华中师范大学马克思主义学院为本书的出版提供了资助。世界知识出版社的编辑车胜春、王晓娟老师对书稿的出版付出了大量的劳动。在此一并致谢！

囿于学识，本书疏漏之处肯定很多，恳请方家不吝赐教，以便日后修订时予以更正、完善。

张　安

2019年4月21日

于武汉桂子山